STEUERFACHKURS/STEUERRECHT IN KURZFORM
Lehrbuch der Erbschaftsteuer
und der Verkehrsteuern

Steuerfachkurs / Steuerrecht in Kurzform

Lehrbuch der Erbschaftsteuer und der Verkehrsteuern

Erbschaftsteuer · Kapitalverkehrsteuern
Grunderwerbsteuer · Wechselsteuer
Versicherungsteuer · Kraftfahrzeugsteuer

Von
Regierungsdirektor Dr. D. Schulze zur Wiesche

2., veränderte Auflage

**VERLAG NEUE WIRTSCHAFTS-BRIEFE
HERNE/BERLIN**

CIP-Kurztitelaufnahme der Deutschen Bibliothek

Schulze ZurWiesche, Dieter:
Lehrbuch der Erbschaftsteuer und der Verkehrsteuern : Erbschaftsteuer, Kapitalverkehrsteuern, Grunderwerbsteuer, Wechselsteuer, Versicherungsteuer, Kraftfahrzeugsteuer / von D. Schulze zur Wiesche. – 2., veränd. Aufl. – Herne ; Berlin : Verlag Neue Wirtschafts-Briefe, 1982.

(Steuerfachkurs, Steuerrecht in Kurzform)
1. Aufl. u. d. T.: Schulze ZurWiesche, Dieter: Lehrbuch der Verkehrsteuern
ISBN 3-482-75502-7
Wiesche, Dieter Schulze zur; Schulze-ZurWiesche, Dieter

Verlag Neue Wirtschafts-Briefe GmbH, Herne/Berlin
ISBN 3-482-75502-7 – 2., veränderte Auflage 1982
Herausgeber: RA StBer Dr. Karl Peter, Recklinghausen
© 1977 by Verlag Neue Wirtschafts-Briefe GmbH, Herne/Berlin
Alle Rechte vorbehalten.
Ohne Genehmigung des Verlages ist es nicht gestattet, das Buch oder Teile daraus nachzudrucken oder auf fotomechanischem Wege zu vervielfältigen, auch nicht für Unterrichtszwecke.
Druck: Georg Wagner, Nördlingen

Vorwort

Die Lehrbuchreihe STEUERFACHKURS/STEUERRECHT IN KURZFORM enthält die Darstellung der wichtigsten Steuerarten. Die Lehrbuchreihe will dem Leser das Grundwissen über die einzelnen Steuerrechtsgebiete vermitteln. Der Lernende findet eine systematische und anschauliche Darstellung, die ihn befähigt, sich auf die beruflichen Prüfungen und die praktische Arbeit vorzubereiten.

Das vorliegende Lehrbuch dient der Vorbereitung der Finanzanwärter auf die Inspektorenprüfung und der Vorbereitung auf die Steuerberaterprüfung. Wegen dieser Zielsetzung wurde bewußt auf eine lückenlose Darstellung des gesamten Wissensstoffs verzichtet, vielmehr wurde auf die Vermittlung des Grundwissens und die Erörterung einiger wichtiger Problemkreise Wert gelegt. Die Kurzdarstellung wird auch den Praktikern, insbesondere Steuerberatern, Steuerbevollmächtigten, Rechtsanwälten und Notaren eine Hilfe sein, die sich einen schnellen Überblick über die Erbschaftsteuer und die Verkehrsteuern verschaffen wollen.

Die zum Teil wesentlichen Änderungen des Erbschaftsteuergesetzes und des Kraftfahrzeugsteuergesetzes sowie die umfangreiche Rechtsprechung zur Erbschaftsteuer, Kapitalverkehrsteuer und Grunderwerbsteuer haben eine Überarbeitung notwendig gemacht.

Die systematische Darstellung ist durch Schaubilder und Fälle/Lösungen angereichert, um auf diese Weise den Wissensstoff anschaulicher zu machen. Zu Übungszwecken sind der Broschüre 10 Fälle mit Lösungen beigefügt worden.

Der Bundesrat hat einen Gesetzesentwurf zur Vereinfachung des Grunderwerbsteuergesetzes eingebracht, der die Beseitigung der Grunderwerbsteuerbefreiungen und die Herabsetzung der Grunderwerbsteuer auf 2 v. H. zum Gegenstand hat. Der Gesetzesentwurf wird z. Z. im Finanzausschuß des Bundestages beraten. Da die Meinungsbildung der im Bundestag vertretenen Parteien noch nicht abgeschlossen ist, ist davon abgesehen worden, hierauf einzugehen.

Verfasser und Verlag hoffen, daß das Lehrbuch auch in der 2. Auflage den Lesern und Lernenden nützlich ist.

Für Anregungen und Hinweise sind wir jederzeit verbunden.

Herne, im Januar 1982   Der Verlag

Inhaltsverzeichnis

Vorwort 5
Inhaltsverzeichnis 7
Literaturverzeichnis 15

Einleitung 17

Teil I: Erbschaftsteuer 18
  I. *Allgemeiner Überblick* 18
    1. Gegenstand der Erbschaftsteuer 18
    2. Verhältnis zu den anderen Steuerarten 19
    3. Grundsatz der Maßgeblichkeit des bürgerlichen Rechts 19
    4. Gesamtrechtsnachfolge 20
  II. *Persönliche Steuerpflicht* 20
    1. Unbeschränkte Steuerpflicht 21
    2. Bedeutung von Doppelbesteuerungsabkommen 22
    3. Beschränkte Steuerpflicht 24
    4. Erweiterte beschränkte Steuerpflicht 24
    5. Steuerpflicht im Verhältnis zur DDR 25
  III. *Erwerb von Todes wegen* 25
    1. Erbfolge 25
      a) Gesetzliche Erbfolge 25
      b) Testamentarische Erbfolge 27
      c) Erbvertrag 27
      d) Wirkungen der Erbfolge 29
      e) Teilungsanordnungen und Vorausvermächtnisse 29
      f) Erfüllung von formnichtigen Testamenten 30
      g) Gerichtlicher Vergleich und sonstige Vereinbarungen zur Beseitigung von Ungewißheiten 30
    2. Erbersatzanspruch des unehelichen Kindes 32
    3. Vermächtnis 32
    4. Pflichtteilsanspruch 34
    5. Schenkung auf den Todesfall 34
    6. Sonstige Erwerbe, die als Erwerbe von Todes wegen gelten 35
      a) Die sonstigen Erwerbe, auf die die für Vermächtnisse geltenden Vorschriften des bürgerlichen Rechts Anwendung finden 35
      b) Erwerb von Todes wegen (Verträge zugunsten Dritter) 35
      c) Anordnung einer Stiftung 36
      d) Erwerb auf Grund einer Auflage 37
      e) Erwerbe, die von einer staatlichen Genehmigung abhängig sind 37
      f) Abfindungen für Erbverzichte 37
      g) Entgelte für die Übertragung von Anwartschaften 38
      h) Abfindung für ein aufschiebend bedingtes, betagtes oder befristetes Vermächtnis 38

7. Fortgesetzte Gütergemeinschaft 39
8. Erwerb des anderen Ehegatten im Falle des Güterstandes der Zugewinngemeinschaft 39
9. Vorerbschaft, Nacherbschaft, Nießbrauch- und Rentenvermächtnis 40
   a) Vorerbschaft 40
   b) Nacherbschaft 41
   c) Zusammentreffen von Erbfall und Nacherbschaft 42
   d) Nachvermächtnis 44

IV. *Schenkungen unter Lebenden* 44
1. Begriff der Schenkung 45
   a) Schenkung als Zuwendung 45
   b) Übrige Schenkungstatbestände 46
   c) Gemischte Schenkung und Schenkung unter Auflage 49
   d) Verdeckte Schenkung 50
2. Zuwendungen im Rahmen eines Gesellschaftsverhältnisses 51
   a) Schenkungen mit Buchwertklausel 51
   b) Überhöhte Gewinnbeteiligung 52
   c) Abfindungen unter dem Wert des Anteils 53

V. *Stiftung und Zweckzuwendung* 54
1. Stiftung 54
   a) Grundsätzliches 54
   b) Begriff der Stiftung 54
   c) Übergang von Vermögen auf eine vom Erblasser angeordnete Stiftung . . 55
   d) Stiftung unter Lebenden 55
   e) Erbschaftsteuerliche Behandlung der Zuwendungen der Stiftung an die Destinatäre 56
   f) Stiftungszweck 56
   g) Erbersatzsteuer der Stiftung 57
   h) Steuerbegünstigte Auflösung bestehender Stiftungen während einer Übergangszeit 58
2. Die Zweckzuwendung 58

VI. *Entstehung der Steuerschuld* 59
1. Entstehung der Steuerschuld bei Erwerben von Todes wegen 60
   a) Erwerb durch Erbfall 60
   b) Erwerb unter einer aufschiebenden Bedingung 60
   c) Erwerb des Pflichtteils 61
   d) Erwerb durch Stiftung 62
   e) Erwerb infolge Auflage 62
   f) Genehmigungspflichtige Erwerbe 62
   g) Abfindungen für Erbverzicht 62
   h) Veräußerung von Anwartschaftsrechten 62
   i) Erwerb im Nacherbfall 63
   k) Abfindungsvereinbarungen bei Vermächtnissen 63
2. Schenkung unter Lebenden 63
3. Zweckzuwendungen 64
4. Familienstiftung 64
5. Sonderregelungen im Falle der Aussetzung der Versteuerung 64

VII. *Wertermittlung* 65
    1. Steuerpflichtiger Erwerb 65
    2. Zeitpunkt für die Wertermittlung 66
    3. Anzuwendende Bewertungsvorschriften 67
    4. Nachlaßverbindlichkeiten 69
       a) Verbindlichkeiten des Erblassers 69
       b) Erbanfallverbindlichkeiten 70
    5. Steuerbefreiungen 72
    6. Wertermittlung bei mehreren Erben 74

VIII. *Berechnung der Steuer* 76
    1. Berücksichtigung früherer Erwerbe (§ 14 ErbStG) 76
    2. Steuerklassen 77
    3. Freibeträge 79
    4. Besonderer Versorgungsfreibetrag 79

IX. *Steuerfestsetzung und Erhebung* 81
    1. Steuerschuldner 81
    2. Haftung für Erbschaftsteuer 81
    3. Mehrfacher Erwerb desselben Vermögens 82
    4. Anmeldung des Erwerbs 84
    5. Steuererklärung und Steuerfestsetzung 85
    6. Fälligkeit der Erbschaftsteuer 86
    7. Aufhebung oder Änderung von Erbschaftsteuerbescheiden, Erlöschen der Steuer in besonderen Fällen 86
       a) Nichtigkeit des Testaments 86
       b) Anfechtung des Testaments 87
       c) Erwerb auf Grund eines ungültigen Testaments bzw. sonstige unwirksame Erwerbe 87
       d) Erlöschen der Steuer in besonderen Fällen 87

X. *Renten- und Nießbrauchsvermächtnisse* 88
    1. Erbschaftsteuerliche Behandlung eines Rentenvermächtnisses . . 88
       a) Behandlung beim Rentenberechtigten 88
       b) Behandlung beim Verpflichteten 88
    2. Nießbrauchsvermächtnis 89
       a) Behandlung beim Nießbrauchsberechtigten 89
       b) Behandlung der Nießbrauchslast 90

Teil II: Kapitalverkehrsteuern 91

A. *Einleitung* 91

B. *Gesellschaftsteuer* 92

  I. *Steuergegenstand* 93

  II. *Allgemeine Begriffsbestimmungen* 93
    1. Inländische Kapitalgesellschaften 93
       a) Kapitalgesellschaften 93

b) GmbH & Co KG als Kapitalgesellschaft 94
c) Inland 94
2. Gesellschaftsrechte 95
3. Gesellschafter 96

III. *Gesellschaftsteuerpflichtige Tatbestände* 96
1. Ersterwerb von Gesellschaftsrechten 96
   a) Neugründung von inländischen Kapitalgesellschaften 96
   b) Gründung einer GmbH & Co KG 97
   c) Kapitalerhöhung 98
2. Pflichtleistungen 98
3. Freiwillige Leistungen 100
   a) Zuschüsse 100
   b) Forderungsverzichte 100
   c) Überlassung und Übernahme von Gegenständen 101
4. Gewinnvorträge, Rücklagenbildung und Umwandlung von Rücklagen in Nennkapital 102
   a) Gewinnvorträge bei der GmbH und der AG 102
   b) Zuführung zu Rücklagen 102
   c) Umwandlung von Rücklagen in Nennkapital 102
   d) Besonderheiten bei der GmbH & Co KG hinsichtlich der nichtentnommenen Gewinne 103
      aa) Behandlung der Privat- und Darlehenskonten bei der GmbH & Co KG 103
      bb) Verwendung von laufenden Gewinnen und Guthaben aus den Privatkonten zur Erhöhung von Einlagen 105
      cc) Abdeckung von Verlusten durch Verrechnung mit laufenden Gewinnen bzw. Guthaben auf dem Privatkonto 105
      dd) Rücklagenbildung bei der GmbH & Co KG 106
      ee) Umwandlung von Rücklagen in Haftkapital 107
5. Sitzverlegung einer Kapitalgesellschaft vom Ausland ins Inland 108
6. Kapitalzuführung ausländischer Kapitalgesellschaften an inländische Zweigniederlassungen 108

IV. *Gesellschaftsteuerpflichtige Vorgänge innerhalb einer Organschaft* 109

V. *Gesellschaftsteuerliche Behandlung von Umwandlungsvorgängen* 110
1. Grundsätzliches 110
2. Formwechselnde Umwandlung 111
3. Übertragende Umwandlung 111

VI. *Sonstige Steuerbefreiungen* 112

VII. *Steuermaßstab* 113
1. Bargeldzahlung als Entgelt 114
2. Einbringung von Sachwerten bzw. Betrieben 114
3. Sonstige Leistungen 116

VIII. *Steuersätze* 116
1. Normaltarif 116
2. Ermäßigter Steuersatz 116

    a) Überschuldung und Verlust am Stamm- oder Grundkapital 116
    b) Übertragung des ganzen Vermögens 117
  IX. *Entstehung der Steuerschuld, Steuerschuldner, Steuerhaftung* 118
    1. Entstehung der Steuerschuld 118
    2. Steuerschuldner, Steuerhaftender 118
    3. Erhebungsverfahren 119

C. *Börsenumsatzsteuer* 119

  I. *Gegenstand der Steuer* 119

  II. *Anschaffungsgeschäfte* 120
    1. Begriff 120
    2. Arten der Anschaffungsgeschäfte 121
      a) Händlergeschäfte 121
      b) Kundengeschäfte 121
      c) Privatgeschäfte 121
    3. Sonstige Anschaffungsgeschäfte 122

  III. *Wertpapiere* 124
    1. Schuldverschreibungen 124
    2. Dividendenwerte 124
    3. Anteilscheine an Kapitalanlagegesellschaften 125

  IV. *Ausnahmen von der Besteuerung* 125
    1. Händlergeschäfte 125
    2. Geschäfte, die die Zuteilung von Wertpapieren an den ersten Erwerber zum Gegenstand haben 125
    3. Annahme von Schuldverschreibungen bestimmter öffentlich-rechtlicher Körperschaften 126
    4. Anschaffungsgeschäfte über Schatzanweisungen des Bundes oder eines Landes 126
    5. Tauschgeschäfte über Wertpapiere gleicher Gattung 126
    6. Rückerwerb der in § 19 Abs. 1 Nr. 3 KVStG bezeichneten Wertpapieren . . 126

  V. *Steuermaßstab, Steuersatz, Steuerschuldner* 127
    1. Steuermaßstab 127
    2. Steuersatz 127
    3. Steuerschuldner 128

Teil III: Grunderwerbsteuer 129

  I. *Einleitung* 130

  II. *Steuerpflichtige Tatbestände* 132
    1. Grunderwerbsteuerpflichtige Rechtspersonen 132
    2. Grundstücksbegriff 133
      a) Grundstücke 133
      b) Grundstücksgleiche Rechte 134
    3. Erwerbsvorgänge im Sinne des Grunderwerbsteuergesetzes 135
      a) Verpflichtungsgeschäft 135

aa) Kaufvertrag 136
bb) Andere Verpflichtungsgeschäfte 136
b) Auflassung und Übergang des Eigentums am Grundstück als grunderwerbsteuerpflichtige Tatbestände (§ 1 Abs. 1 und Nr. 2 und 3 GrEStG) 137
c) Meistgebot im Zwangsversteigerungsverfahren (§ 1 Abs. 1 Nr. 4 GrEStG) 137
d) Übertragung von Verwertungsbefugnissen 137
e) Anteilsvereinigung 138

III. *Allgemeine Steuerbefreiung* 140
1. Erwerb von Todes wegen 140
2. Grunderwerbsteuerliche Behandlung der Erbauseinandersetzung 141
3. Schenkung unter Lebenden 142
   a) Grunderwerbsteuerliche Behandlung von gemischten Schenkungen . . . 142
   b) Schenkungen unter einer Auflage (Rentenverpflichtung, Nießbrauch) . . 142
   c) Hypothek und Grundschuld als Auflage 143
4. Grundstückserwerb zwischen Ehegatten 143
   a) Grundsätzliches 143
   b) Grundstückserwerb durch einen Ehegatten bei Begründung der ehelichen Gütergemeinschaft 144
   c) Teilung des Gesamtgutes der ehelichen Gütergemeinschaft 144
   d) Auseinandersetzung innerhalb einer Ehescheidung 144
5. Erwerb durch Abkömmlinge 145
6. Übertragung von Grundstücken auf eine Familiengesellschaft 145

IV. *Steuerbefreiungen aus sozialen und anderen Gründen* 146
1. Kleinwohnungsbau (Sozialer Wohnungsbau) 146
   a) Bauherr 147
   b) Absicht der Errichtung eines Gebäudes beim Erwerb 147
   c) Schaffung von öffentlich gefördertem oder als steuerbegünstigt anerkanntem Wohnraum 147
2. Erwerb eines Eigenheims oder einer Eigentumswohnung 148
3. Steuerbefreiungen beim Erwerb von Einfamilienhäusern, Zweifamilienhäusern und Eigentumswohnungen 149
4. Weitere Befreiungen 150
5. Sonstige Steuerbefreiungen 150
6. Nachversteuerung 151

V. *Grundstücksübertragungen auf eine Gesamthand und Auseinandersetzung des gemeinschaftlichen Eigentums an Grundstücken* 152
1. Grundsätzliches 152
2. Übergang auf eine Gesamthand 152
3. Übergang von einer Gesamthand auf eine andere Gesamthand bzw. auf einen oder mehrere Gesellschafter 153
4. Umwandlung von gemeinschaftlichem Eigentum in Flächeneigentum 154

VI. *Steuerbefreiungen auf Grund des Umwandlungssteuergesetzes (§ 27 UmwStG)* 154

VII. *Bemessungsgrundlage* 155

VIII. *Steuersatz* 156
IX. *Steuerschuld* 157
X. *Zuständigkeit, Steuererhebung und Fälligkeit der Steuer* 157

Teil IV: Wechselsteuer 158
   I. *Gegenstand der Wechselsteuer* 158
      1. Wechsel 158
      2. Aushändigung des Wechsels 158
   II. *Ausnahmen von der Besteuerung* 159
      1. Transitwechsel 159
      2. Exportwechsel 159
      3. Schecks und Platzanweisungen 159
   III. *Besteuerungsgrundlage* 160
   IV. *Steuersatz* 160
   V. *Steuerschuldner* 160

Teil V: Versicherungsteuer 161
   I. *Gegenstand der Versicherungsteuer* 161
      1. Allgemeines 161
      2. Versicherungsverträge 161
      3. Versicherungsentgelt 162
   II. *Steuerbefreiungen* 162
   III. *Steuerberechnung* 162
   IV. *Steuersatz* 162
   V. *Steuerschuldner* 163

Teil VI: Kraftfahrzeugsteuer 164
   I. *Steuergegenstand* 164
      1. Allgemeines 164
      2. Kraftfahrzeug 164
      3. Halten eines Fahrzeugs zum Verkehr auf öffentlichen Straßen 165
   II. *Steuerbefreiungen und Ermäßigungen* 165
   III. *Steuerschuldner* 165
   IV. *Dauer der Steuerpflicht* 166
   V. *Bemessungsgrundlage für die Steuer* 166
   VI. *Höhe der Steuer* 166
   VII. *Entstehung, Fälligkeit, Entrichtung, Festsetzung, Erstattung* 167

Fälle und Lösungen

Fall Nr. 1 168
Fall Nr. 2 169
Fall Nr. 3 171
Fall Nr. 4 174
Fall Nr. 5 176
Fall Nr. 6 178
Fall Nr. 7 180
Fall Nr. 8 183
Fall Nr. 9 184
Fall Nr. 10 185

Stichwortverzeichnis 187

Literaturverzeichnis

Kommentare
Brönner-Kamprad	Kapitalverkehrsteuergesetz, 2. Aufl. 1973
Boruttau-Klein	
Egly-Sigloch	Grunderwerbsteuergesetz, 10. Aufl. 1977
Egly	Gesellschaftsteuer, 3. Aufl. 1974
Kapp	Kommentar zum Erbschaft- und Schenkungssteuergesetz, 8. Aufl.
Kinnebrock	Kapitalverkehrsteuergesetz, 4. Aufl. 1974
Megow-Michel	Erbschaftsteuergesetz, 6. Aufl. 1974
Schultze-Förger	Grunderwerbsteuer-Kommentar, 3. Aufl. 1973
Troll	Erbschaftsteuergesetz, 2. Aufl. 1974

Sonstiges
Hesselmann	Handbuch der GmbH & Co KG, 16. Aufl.

Einleitung

Zu den Verkehrsteuern rechnen die Steuerarten, die nicht vom Besitz bzw. vom Verbrauch erhoben werden, sondern die an einen Rechtsvorgang anknüpfen, wie an die Schenkung, das Erben, Erwerb eines Grundstücks, Leistung an eine Kapitalgesellschaft gegen Gewährung von Gesellschaftsrechten usw.

Zu den Verkehrsteuern gehören die Kraftfahrzeugsteuer, Versicherungsteuer, Erbschaft- und Schenkungsteuer, Grunderwerbsteuer einschließlich Zuschlag zur Grunderwerbsteuer, die Wechselsteuer, Gesellschaftsteuer, Börsenumsatzsteuer, Renn-, Wett- und Lotteriesteuer usw.

Das Aufkommen der einzelnen Verkehrsteuern betrug 1980 etwa:

Kraftfahrzeugsteuer (KfzSt)	6 585 TDM
Versicherungsteuer (VersSt)	1 779 TDM
Erbschaftsteuer (ErbSt)	1 017 TDM
Grunderwerbsteuer (GrESt)	1 019 TDM
Zuschlag zur GrESt	1 329 TDM
Wechselsteuer (WSt)	319 TDM
Gesellschaftsteuer (GesSt)	256 TDM
Börsenumsatzsteuer (BörsenUSt)	136 TDM

Ausführlich behandelt werden in den nachfolgenden Ausführungen die Erbschaft- und Schenkungsteuer, die Gesellschaftsteuer, die Börsenumsatzsteuer und die Grunderwerbsteuer. Wechselsteuer, Versicherungsteuer und Kraftfahrzeugsteuer jedoch nur im Überblick.

Teil I: Erbschaftsteuer

I. Allgemeiner Überblick

1. Gegenstand der Erbschaftsteuer

Gegenstand der Erbschaftsteuer (ErbSt) ist nicht nur der Erwerb von Todes wegen, sondern auch der unentgeltliche Übergang von Vermögenswerten auf eine andere Rechtspersönlichkeit. Durch die Beteiligung des Staates am Nachlaß über die Erbschaftsteuer, greift das Erbschaftsteuergesetz (ErbStG) in erheblichem Umfange in das Erbrecht ein. Es steht somit in Kollision zu Artikel 14 GG, wonach das private Eigentum und das Erbrecht gewährleistet sind. Die ErbSt und die Besteuerung der sonstigen unentgeltlichen Vermögensübergänge dürfen daher keine konfiskatorische Wirkung haben. Gemäß § 1 ErbStG unterliegen der ErbSt

1. der Erwerb von Todes wegen,
2. die Schenkungen unter Lebenden,
3. die Zweckzuwendungen,
4. das Vermögen einer Stiftung im Zeitabstand von je 30 Jahren.

Die ErbSt wird von dem Vermögen erhoben, das bei Tod einer natürlichen Person oder bei Aufhebung eines Zweckvermögens (Stiftung) auf einen Dritten übergeht. Es handelt sich hierbei um den Grundtatbestand. Alle anderen Tatbestände sind gewissermaßen Ersatztatbestände.

Durch das Erbschaftsteuerreformgesetz ist der Vermögensübergang unter Lebenden durch neue Tatbestände erweitert worden. Das gilt insbesondere für Vermögensübertragungen im Rahmen eines Gesellschaftsverhältnisses. Auch die Erbersatzsteuer der Stiftung ist neu hinzugekommen.

Die ErbSt ist keine Nachlaßsteuer wie im Angelsächsischen Recht, sondern eine Erbanfallsteuer. Es wird also nicht der Nachlaß selbst besteuert, sondern lediglich die Bereicherung, die dem einzelnen Erwerber auf Grund der Erbschaft oder Schenkung zufließt. Eine Verteilung des Nachlasses auf möglichst viele Erben mindert daher die erbstliche Gesamtbelastung.

Als Erbanfallsteuer ist sie eine Verkehrsteuer, denn sie besteuert den Vermögensübergang vom Erblasser bzw. Schenker auf den Erben bzw. den Beschenkten. Sie schließt an Rechtsvorgänge an. Vielfach wird sie auch als die letzte Vermögensteuer des Erblassers bezeichnet.

2. Verhältnis zu den anderen Steuerarten

Die Erhebung der ErbSt bzw. Schenkungsteuer (SchenkSt) für einen Vermögensübergang schließt nicht aus, daß gleichzeitig auch noch andere Steuertatbestände erfüllt sind. Dennoch kommt eine doppelte Besteuerung desselben Vorgangs nur ausnahmsweise in Betracht.

Der Vermögensübergang durch Schenkung oder Erbschaft fällt als einmaliger Vermögensanfall unter keine Einkunftsart des EStG. Es ist aber dennoch nicht auszuschließen, daß mit ErbSt belastete Vermögensgegenstände, wie das Rentenstammrecht und der Nießbrauch, noch einmal der ESt unterliegen. Es werden hier zwar verschiedene Tatbestände besteuert, aber es handelt sich um die gleiche Quelle. Eine doppelte Erfassung ist auch für den Fall gegeben, daß beim Erblasser angefallene stille Reserven oder ein sonstiger privater Vermögenszuwachs, der der ErbSt unterlegen hat, im Falle einer Veräußerung noch einmal der ESt unterliegen. Hier schafft § 35 EStG 1975 eine Milderung.

Eine Vermögensteuer (VSt) kommt neben der ErbSt nicht zur Erhebung, jedoch führt der Erwerb durch die Erbschaft oder Schenkung beim Erwerber zu einer Vermögenserhöhung, die eine Neuveranlagung für die VSt zur Folge haben kann.

ErbSt und GrESt schließen sich gegenseitig aus. Im Falle einer Schenkung unter Auflage oder einer gemischten Schenkung kann jedoch neben der Schenkung bzw. ErbSt auch GrESt anfallen, aber er erfaßt lediglich den Teil des Vermögensübergangs, der nicht der SchenkSt unterliegt (Ausnahme Nießbrauch und Renten).

ErbSt und USt schließen sich gegenseitig aus, da es bei der Schenkung bzw. im Falle der Erbschaft an einem Leistungsaustausch mangelt.

SchenkSt und Kapitalverkehrsteuer (KapVSt) werden sich in der Regel ausschließen. Ein gegenseitiger Ausschluß von SchenkSt und GesSt ist jedoch gesetzlich nicht vorgesehen. Lediglich im Falle von freiwilligen Leistungen des § 2 Abs. 1 Nr. 4 KVStG kann eine Überschneidung auftreten.

3. Grundsatz der Maßgeblichkeit des bürgerlichen Rechts

Die gesetzlichen Tatbestände, die die ErbSt auslösen, sind Vorgänge des bürgerlichen Rechts. Die erbstlichen Vorgänge sind daher grundsätzlich nach bürgerlichem Recht zu beurteilen. Für die Anwendung der im Steuerrecht sonst gebotenen wirtschaftlichen Betrachtungsweise ist daher, anders als im Ertragsteuerrecht, bei der ErbSt bzw. SchenkSt grundsätzlich kein Raum. Handelt es sich jedoch um einen Mißbrauch von Gestaltungsmöglichkeiten des Rechts i. S. des § 42 AO 1977, entsteht der Steueranspruch so, wie er bei einer den wirtschaftlichen Vorgängen angemessenen rechtlichen Gestaltung entstehen würde.

4. Gesamtrechtsnachfolge

Der Grundsatz der Gesamtrechtsnachfolge wird auch im Steuerrecht anerkannt. Im Gegensatz zum Bürgerlichen Recht geht das Vermögen bei einer Mehrheit von Erben nicht als ungeteiltes Ganzes (§ 2032 BGB) auf die Erben über, da das Steuerrecht Gesamthandvermögen als Sondervermögen nicht kennt. Steuerlich wird gem. § 39 Abs. 2 Nr. 2 AO jeder Erbe so behandelt, als ob er an dem Vermögen nach Quoten berechtigt sei. Maßgebend für die Zurechnung des Vermögens ist das, was der einzelne Erbe erhalten würde, wenn am Stichtag die Gesamthandgemeinschaft aufgelöst und die Auseinandersetzung vorgenommen wäre. Die Höhe des Anteils richtet sich nach den bürgerlich-rechtlichen Bestimmungen.

II. Persönliche Steuerpflicht

	Steuerpflicht	
unbeschränkte Steuerpflicht	beschränkte Steuerpflicht	erweiterte beschränkte Steuerpflicht
Erblasser bzw. Schenker *oder* Erwerber Inländer	Erblasser bzw. Schenker *und* Erwerber *nicht* Inländer	Erblasser bzw. Schenker *und* Erwerber *nicht* Inländer
1. unabhängig von der Staatsangehörigkeit Wohnsitz oder gewöhnlicher Aufenthalt im Inland 2. deutscher Staatsangehöriger a) mit Auslandsaufenthalt von weniger als 5 Jahren im Zeitpunkt des Erwerbes	Vermögen i. S. des § 121 BewG	1. deutsche Staatsangehörige 2. mit Wohnsitz von mehr als 5 Jahren innerhalb der letzten 10 Jahre im Inland 3. mit Wohnsitzbegründung in einem Niedrigbesteuerungsland 4. und wesentlichen wirtschaftlichen Interessen im Inland

b) unabhängig von der Fünf-Jahresfrist Auslandsbeamte ohne Wohnsitz im Inland, die von einer inländischen Kasse Arbeitslohn beziehen
c) sowie deren Familienangehörige, soweit sie deutsche Staatsangehörige sind.

Umfang der Steuerpflicht

| die gesamte Zuwendung, unabhängig davon, wo das Vermögen belegen ist. Einschränkung durch DBA | inländisches Vermögen i. S. des § 121 BewG | inländisches Vermögen i. S. des § 121 BewG zuzüglich anteilige von Zwischengesellschaft gehaltenen Vermögens § 5 Abs. 1 AStG des Vermögens, dessen Erträge nicht ausländische Einkünfte i. S. des § 68 b EStDV wären. |

1. Unbeschränkte Steuerpflicht

Ist der Erblasser zur Zeit des Todes oder der Schenker im Zeitpunkt der Zuwendung oder der Erwerber zur Zeit der Entstehung der Steuerpflicht ein Inländer, so tritt die Steuerpflicht für den gesamten Erbfall bzw. Erwerb ein (§ 18 ErbStG). Ist der Erblasser ein Inländer, so unterliegt der gesamte Nachlaß, unabhängig davon, ob er im Inland oder im Ausland belegen ist, oder wo der Begünstigte (Erbe, Vermächtnisnehmer, Pflichtteilsberechtigte und sonst irgendwie begünstigte) seinen Wohnsitz oder seinen gewöhnlichen Aufenthalt hat, der ErbSt. In diesem Falle hat der Erwerber, gleichgültig, ob er ein Inländer ist oder nicht, seinen gesamten Erwerb zu versteuern. Ist der Erblasser nicht Inländer im Sinne dieses Gesetzes, so ist der Erwerb unbeschränkt steuerpflichtig, wenn der Erwerber Inländer im Sinne des Gesetzes ist.

Beispiel 1: Der niederländische Staatsangehörige A aus Rotterdam ist verstorben. Er hinterließ ein Vermögen von 500 000,- DM. Hiervon befanden sich 200 000.- DM in der Bundesrepublik. Erben sind seine Neffen Hans und Fritz zu je ½.
Hans lebt in der Bundesrepublik, Fritz in den Niederlanden.
Der Erwerb ist steuerpflichtig, soweit es den Erwerb von Hans betrifft. Es besteht unbeschränkte Steuerpflicht, daher ist der gesamte Erwerb steuerpflichtig, und zwar einschließlich des in den Niederlanden belegenen Nachlasses. Für die unbeschränkte Steuerpflicht kommt es allein darauf an, daß entweder der Erblasser oder der Erbe Inländer ist.
Anders sieht es mit dem Erwerb durch Fritz aus. Da Fritz ebenso wie der Erblasser nicht als Inländer anzusehen ist, unterliegt nur der im Inland belegene Teil des Nachlasses der ErbSt (Inlandsvermögen i. S. des § 121 BewG).

Beispiel 2: X aus Bad Homburg ist verstorben. Er hinterläßt ein Vermögen von 5 Millionen DM, das in der BRD (2 Millionen DM in Frankreich 2 Millionen DM und in den Niederlanden 1 Million DM) belegen ist. Erben sind seine Söhne A und B, die beide seit 10 Jahren in den USA leben und im Inland keinen Wohnsitz haben.

Der ErbSt unterliegt der gesamte Erwerb, da der Erblasser im Zeitpunkt seines Todes den Wohnsitz im Inland hatte. Es ist daher unerheblich, daß die Erben nicht Inländer im Sinne des ErbSt sind.

Ist also entweder der Erblasser oder der Erbe bzw. ein sonstiger Erwerber als Inländer anzusehen, so unterliegt insoweit der gesamte Erwerb der ErbSt, gleichgültig in welchem Lande der Nachlaß belegen ist.

Als Inländer gelten:

a) natürliche Personen, die im Inland (Bundesgebiet und West-Berlin) einen Wohnsitz oder einen gewöhnlichen Aufenthaltsort haben.

b) Deutsche Staatsangehörige, die sich nicht länger als 5 Jahre im Ausland aufgehalten haben, ohne im Inland einen Wohnsitz zu haben.

c) Unabhängig von der 5-Jahresfrist deutsche Staatsangehörige, die
   aa) weder einen Wohnsitz noch ihren gewöhnlichen Aufenthalt im Inland haben,
   bb) nichtselbständig oder nicht nur vorübergehend freiberuflich für eine inländische juristische Person des öffentlichen Rechts tätig sind, und für diese Tätigkeit aus einer inländischen Kasse Zahlungen erhalten,
   cc) sowie die zu ihrem Haushalt gehörenden Angehörigen deutscher Staatsangehörigkeit.

Dies gilt nicht für Personen, die auf Grund internationaler Vereinbarung oder völkerrechtlicher Übung der unbeschränkten Steuerpflicht eines ausländischen Staates unterliegen, wenn deren Nachlaß oder deren Erwerb in dem ausländischen Staat in einem der Steuerpflicht nach Nr. 3 entsprechenden Umfang zu einer staatlichen Regional- oder Kommunalerbschaftsteuer herangezogen werden.

d) Körperschaften, Personenvereinigungen und Vermögensmassen, die ihre Geschäftsleitung oder ihren Sitz im Inland haben.

2. Bedeutung von Doppelbesteuerungsabkommen

Die unbeschränkte Steuerpflicht des Erwerbers wird im Verhältnis zu Staaten, mit denen ein Doppelbesteuerungsabkommen (DBA) besteht, eingeschränkt. Das ist zur Zeit gegenüber Schweden, Österreich und der Schweiz der Fall.

Das in dem anderen Vertragsstaat belegene Vermögen ist daher im Zweifel aus der Bemessungsgrundlage herauszunehmen.

Auch findet im Verhältnis zu diesen Staaten die Ausdehnung des Inländerbegriffs über den Zeitpunkt des Wohnsitzwechsels hinaus keine Anwendung. Die unbeschränkte Steuerpflicht endet hier im Gegensatz zu § 2 Abs. 1 Nr. 1 b ErbStG mit dem Zeitpunkt der Verlegung des Wohnsitzes.

Mit dem Abkommen vom 30. 11. 1978 besteht nunmehr auch zwischen der Bundesrepublik Deutschland und der schweizerischen Eidgenossenschaft ein Abkommen zur Vermeidung der Doppelbesteuerung auf dem Gebiet der Nachlaß- und Erbschaftsteuer. Es regelt die Nachlaßbesteuerung für Personen, die entweder in der Schweiz oder in der Bundesrepublik bzw. in beiden Staaten ihren Wohnsitz haben. Das Abkommen stellt im wesentlichen auf den Wohnsitz, nicht auf die Staatsangehörigkeit ab. Nach dem Abkommen hat grundsätzlich der Wohnsitzstaat, also der Staat, in dem der Erblasser seinen Wohnsitz hat, das Besteuerungsrecht. Unabhängig hiervon kann jedoch die Bundesrepublik Deutschland das Nachlaßvermögen versteuern, wenn der Erwerber im Zeitpunkt des Todes des Erblassers in der Bundesrepublik Deutschland über eine ständige Wohnstätte verfügte oder dort seinen gewöhnlichen Aufenthalt hatte. Im Falle eines Doppelwohnsitzes wird ein Wohnsitz fingiert. Hiernach hat der Staat das Besteuerungsrecht, in welchem der Erblasser den Mittelpunkt seiner Lebensinteressen hatte. Ausschlaggebend hierfür ist die Staatsangehörigkeit des Erblassers.

Unter bestimmten Voraussetzungen steht jedoch der Bundesrepublik Deutschland auch bei Wohnsitz in der Schweiz ein subsidiäres Besteuerungsrecht zu. Das gilt insbesondere für den Fall, daß der Erblasser neben seinem Wohnsitz in der Schweiz im Zeitpunkt seines Todes seit mindestens 5 Jahren ebenfalls eine ständige Wohnstätte in der Bundesrepublik hatte. In diesem Falle kann das Nachlaßvermögen auch nach deutschem Recht besteuert werden. Allerdings ist nach Art. 10 Abs. 1 die schweizerische Steuer auf die deutsche Steuer anzurechnen, sofern es sich nicht um die Besteuerung von Grundvermögen in der Schweiz handelt und der Erblasser schweizerischer Staatsangehöriger ist. Im letzteren Falle wird das in der Schweiz gelegene unbewegliche Vermögen allerdings unter Progressionsvorbehalt von der deutschen Besteuerung ausgenommen. Zum Zwecke des Steuertarifs kann jedoch der schweizerische Grundbesitz wieder einbezogen werden.

Darüber hinaus hat die Bundesrepublik Deutschland in Wegzugfällen ein subsidiäres Steuerrecht. Das gilt insbesondere dann, wenn der Erblasser in den letzten Jahren vor seinem Tod in die Schweiz verzogen ist, ohne in Deutschland eine ständige Wohnstätte behalten zu haben. Jedoch müssen folgende Voraussetzungen erfüllt sein: Der Erblasser mit Wohnsitz in der Schweiz muß
a) vor seinem Wohnsitz über eine ständige Wohnstätte in der Bundesrepublik verfügt haben;
b) während mindestens 5 Jahren, nicht notwendigerweise zusammenhängend, aber in den letzten 10 Jahren vor Aufgabe der deutschen Wohnstätte, hierüber verfügt haben;

c) im letzten Jahr der Verfügung über eine solche Wohnstätte oder in den folgenden fünf Jahren gestorben sein.

Jedoch greift Art. 4 Abs. 4 Satz 1 nicht ein, wenn der Wohnsitz in der Schweiz zum Zwecke der Aufnahme einer unselbständigen Tätigkeit bei einem dem Erblasser nicht nahestehenden Arbeitgeber oder der Heirat mit einer schweizerischen Staatsangehörigen gegründet war, oder der Erblasser im Zeitpunkt der Aufgabe der letzten Wohnstätte in der Bundesrepublik die schweizerische Staatsangehörigkeit besaß.

Die Zuteilung der Besteuerungsrechte richtet sich nach der Zusammensetzung des Vermögens. Hiernach ist zu unterscheiden zwischen unbeweglichem Vermögen, Betriebsvermögen und sonstigem Vermögen. Für das unbewegliche Vermögen hat sowohl der Wohnsitzstaat als auch der Belegenheitsstaat das Besteuerungsrecht. Im Falle von Betriebsvermögen kann dieses grundsätzlich im Betriebstättenstaat besteuert werden. Der Wohnsitzstaat behält jedoch sein Besteuerungsrecht und vermeidet die Doppelbesteuerung in der in Art. 10 vorgesehenen Weise. Beim sonstigen Vermögen hat grundsätzlich der Wohnsitzstaat das Besteuerungsrecht (Art. 8 Abs. 1 DBA Erbschaftsteuer Schweiz).

Eine Sonderregelung gilt auch für den Schuldenabzug. Schulden, die mit einem bestimmten Vermögensgegenstand in wirtschaftlichem Zusammenhang stehen, werden vom Wert dieses Vermögens abgezogen (Art. 9 Abs. 1). Der wirtschaftliche Zusammenhang ist immer dann gegeben, wenn die Schulden durch den Erwerb begründet oder die Erhaltung des betreffenden Wirtschaftsgutes Anlaß sind. Unabhängig hiervon werden grundpfandlich gesicherte Schulden immer vom Wert des haftenden Grundstücks abgezogen.

3. Beschränkte Steuerpflicht

Hatten sowohl der Erblasser als auch die Erwerber ihren Wohnsitz im Ausland und sind sie auch nicht als Inländer i. S. des § 2 ErbStG anzusehen, so unterliegt der Erwerb nur insoweit der ErbSt bzw. SchenkSt, als das Vermögen im Inland belegen ist. Nach § 2 Abs. 1 Nr. 3 ErbStG tritt Steuerpflicht nur für den Vermögensanfall ein, der in Inlandsvermögen i. S. des § 121 BewG oder in einem Nutzungsrecht an einen solchen Vermögensgegenständen besteht.

4. Erweiterte beschränkte Steuerpflicht

Die beschränkte Steuerpflicht wird erweitert, wenn der Erblasser seinen Wohnsitz in ein sogenanntes Steueroasenland verlegt hat. Im einzelnen müssen die

Voraussetzungen des § 2 AStG erfüllt sein. Liegen diese Voraussetzungen vor, beschränkt sich die Steuerpflicht in diesem Falle nicht auf das inländische Vermögen i. S. des § 121 BewG, sondern erstreckt sich auf alle Vermögensgegenstände, deren Erträge nicht ausländische Einkünfte i. S. des § 68 EStDV sind. Darüber hinaus unterliegt auch das von einer Zwischengesellschaft gehaltene Vermögen des Erblassers der erweiterten beschränkten Steuerpflicht (§ 5 Abs. 1, § 8 AStG).

Die erweiterte beschränkte Steuerpflicht beginnt mit dem Ende der unbeschränkten Steuerpflicht, also 5 Jahre nach dem Wohnsitzwechsel, und zwar für weitere 5 Jahre.

5. Steuerpflicht im Verhältnis zu DDR

Erwirbt ein Inländer von einem Bewohner der DDR, so wird dieser Erwerb genauso behandelt, wie jeder andere inländische Erwerber von entsprechenden Vermögensgegenständen von einem Ausländer. Grundsätzlich unterliegt daher der Erwerb der unbeschränkten Steuerpflicht. Die Steuerpflicht bezieht sich lediglich nicht auf Vermögensgegenstände und auf Nutzungsrechte an solchen Gegenständen, die auf das Währungsgebiet der Mark der DDR entfallen. Lediglich in der DDR belegenes Vermögen ist von der Besteuerung ausgenommen.

III. Erwerb von Todes wegen (§ 3 ErbStG)

1. Erbfolge

Was als Erwerb von Todes wegen anzusehen ist, ist in § 3 ErbStG im einzelnen geregelt. § 3 umfaßt nicht nur die im BGB geregelten Erbtatbestände, sondern alle sonstigen Erwerbe und Vorteile, die im Zusammenhang mit einer Erbschaft, also mit dem Tode einer Person, anfallen. Mit dem Tode des Erblassers (Erbfall) geht dessen Vermögen (Erbschaft) als Ganzes auf die gesetzlichen oder die durch Verfügung von Todes wegen (Testament oder Erbvertrag) berufenen Erben, unbeschadet des Rechts, die Erbschaft auszuschlagen, über (§§ 1922, 1942 BGB).

Als Erbanfall gilt auch der Anspruch auf Ergänzung der Abfindung gem. § 13 Höfeordnung (vgl. BFH v. 28. 7. 1976, BStBl 1977 II S. 79). Es handelt sich hier um einen aufschiebend bedingten Ergänzungsanspruch, der eintritt, wenn Hofgrundstücke später veräußert werden (vgl. BFH v. 2. 2. 1977, BStBl II S. 425).

Die Erbfolge ist entweder eine gesetzliche oder eine gewillkürte. Sie ist eine gesetzliche, wenn der Erblasser selbst keine Regelung getroffen hat, sie ist eine gewillkürte, wenn der Erblasser testamentarisch verfügt oder einen Erbvertrag abgeschlossen hat. Die gesetzliche Erbfolge ist ausgeschlossen, wenn der Erblasser eine Verfügung von Todes wegen getroffen hat.

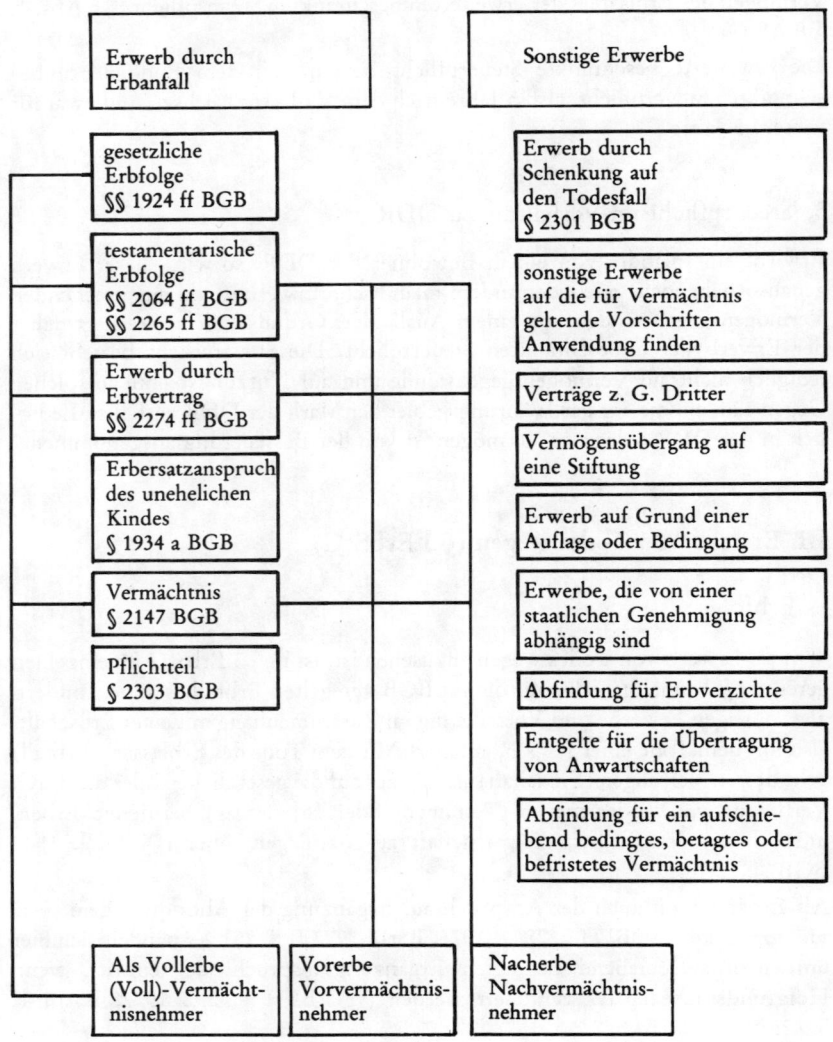

a) Gesetzliche Erbfolge

Die gesetzliche Erbfolge richtet sich nach dem Verwandtschaftsgrad. Im Vordergrund steht der Grundsatz der ersten Auswahl aus dem Kreise aller Verwandten nach dem sogenannten Parenteln, die das BGB Ordnungen nennt. Parentel – oder Ordnungssystem. Die Erbfolge nach Ordnungen trifft aus der Vielzahl aller vorhandenen Verwandten dadurch eine erste Auswahl, daß sie die in eine unbegrenzte Zahl übereinander stehender Parenteln (Ordnungen) einteilt und bestimmt, daß kein Verwandter einer entfernteren Ordnung zur Erbfolge berufen ist, solange auch nur ein einziger Verwandter einer Ordnung, die dem Erblasser nähersteht, vorhanden ist, auch wenn ihm nur ein Erbersatzanspruch zusteht. Jede Ordnung wird durch einen gemeinsamen Stammeselternteil (Stammvater oder Stammutter), durch das gemeinsame Stammelternpaar oder die gemeinsamen Vorelternpaare, bestimmt, die den Erblasser und den Erben miteinander verwandtschaftlich verbindet (vgl. hierzu Bartholomeyczik, Kurzlehrbuch des Erbrechts, S. 44 ff.).

Zur *ersten Ordnung* gehören alle Abkömmlinge des Erblassers, die mit ihm nach dem Familienrecht verwandt sind (§ 1598 BGB), seine Kinder, Enkel, Urenkel usw., mögen sie aus verschiedenen oder geschiedenen Ehen des Erblassers stammen oder nicht ehelich sein.

Zur *zweiten Ordnung* gehören die Eltern des Erblassers und ihre Abkömmlinge. Sie sind nur berufen, wenn Verwandte der ersten Ordnung nicht erben.

Verwandte der *dritten Ordnung* sind die vier Großeltern und ihre Abkömmlinge.

Ist der Erblasser verheiratet, erbt der Ehegatte neben den Erben erster Ordnung ein Viertel des Nachlasses. Sind Erben der ersten Ordnung nicht vorhanden, jedoch Erben der zweiten Ordnung, so erbt der Ehegatte des Erblassers daneben die Hälfte des Nachlasses.

b) Testamentarische Erbfolge

Will der Erblasser die gesetzliche Erbfolge ausschließen, so kann der Ausschuß durch Testament oder Erbvertrag erfolgen. Der Erblasser kann ein Testament nur persönlich errichten (§ 2064 BGB). Ein Minderjähriger kann ein Testament erst errichten, wenn er das 16. Lebensjahr vollendet hat (§ 2229 BGB). Der Erblasser kann ein Testament durch eine eigenhändig geschriebene und unterschriebene Erklärung errichten (§ 2247 BGB). Der Erblasser soll in der Erklärung angeben, zu welcher Zeit (Tag, Monat und Jahr) und an welchem Ort er sie niedergeschrieben hat.

Die Unterschrift soll den Vornamen und den Familiennamen des Erblassers enthalten. Unterschreibt der Erblasser in anderer Weise und reicht diese Unterzeichnung zur Feststellung der Urheberschaft des Erblassers und der Ernstlichkeit seiner Erklärung aus, so steht eine solche Unterzeichnung der Gültigkeit des Testamentes nicht entgegen. Das private Testament ist handschriftlich abzufassen. Es darf nicht mit Schreibmaschine geschrieben sein.

An Stelle eines *privatschriftlichen Testamentes* kann der Erblasser auch ein *öffentliches Testament* zur Niederschrift eines Notars errichten, indem der Erblasser dem Notar seinen letzten Willen mündlich erklärt oder ihm eine schriftliche Erklärung übergibt, daß die Schrift seinen letzten Willen enthalte. Der Erblasser kann die Schrift offen oder verschlossen übergeben; sie braucht nicht von ihm geschrieben zu sein. Hinsichtlich der Wirksamkeit von Nottestamenten wird auf die Vorschriften der §§ 2249 ff. BGB verwiesen. Geht der Wille des Erblassers aus dem Testament nicht eindeutig hervor oder enthält das Testament aufschiebende oder auflösende Bedingungen, so sind die Vorschriften der §§ 2074 ff. BGB zu beachten.

Ehegatten können ein *gemeinschaftliches Testament* errichten (§ 2265 BGB). Zur Errichtung eines gemeinschaftlichen Testaments nach § 2247 BGB (eigenhändiges Testament) genügt es, wenn einer der Ehegatten das Testament eigenhändig errichtet, also abfaßt, und der andere Ehegatte die gemeinschaftliche Erklärung eigenhändig mitunterzeichnet. Der mitunterzeichnende Ehegatte soll hierbei angeben, zu welcher Zeit, an welchem Ort er seine Unterschrift beigefügt hat.

Von besonderer Bedeutung ist hier das sogenannte *Berliner Testament* (§ 2269 BGB). Haben die Ehegatten in einem gemeinschaftlichen Testament, durch das sie sich gegenseitig als Erben einsetzen, bestimmt, daß nach dem Tode des Überlebenden der beiderseitige Nachlaß an einen Dritten fallen sollte, so ist im Zweifel anzunehmen, daß der Dritte über den gesamten Nachlaß als Erbe des zuletzt verstorbenen Ehegatten eingesetzt ist.

Auch steuerlich ist der Erbanfall bei dem auf Grund eines gemeinschaftlichen Testamentes zuletzt Begünstigten so zu behandeln, als habe er den Nachlaß von dem zuletzt Verstorbenen als Ganzes erhalten. Handelt es sich bei dem zuletzt Begünstigten nicht um einen gemeinsamen Abkömmling, so entscheidet der Verwandtschaftsgrad vom zuletzt Versterbenden über die Zugehörigkeit zu einer Steuerklasse.

c) Erbvertrag

Der Erblasser kann die Erbfolge auch durch einen Erbvertrag regeln (§ 2274 BGB). Ein Erbvertrag kann nur zur Niederschrift eines Notars bei gleichzeitiger Anwesenheit beider Teile geschlossen werden. Bei einem Erbvertrag zwischen Ehegatten oder Verlobten genügt die für den Ehevertrag vorgeschriebene Form. Derjenige, der auf Grund eines Erbvertrages erwirbt, hat den gesamten Erwerb zu versteuern, unbeschadet der Tatsache, daß er evtl. seinerseits Leistungen an den Erblasser erbracht hat, z. B. Unterhaltszahlungen. Diese Leistungen werden auf den Erwerb nicht angerechnet.

d) Wirkungen der Erbfolge

Mit dem Tode des Erblassers geht der gesamte Nachlaß auf den Erben bzw. die Erben über. Die Erbschaft geht auf den berufenen Erben unbeschadet des Rechtes über, sie auszuschlagen (Anfall der Erbschaft, § 1942 BGB).
Sind mehrere Erben vorhanden, so steht das Vermögen den Erben zur gesamten Hand zu. Der Anteil eines jeden Miterben (Erbteil) wird in einem Bruchteil (Quote) ausgedrückt. Bei gesetzlicher Erbfolge erbt die Ehefrau neben den Erben erster Ordnung ein Viertel, die Kinder zu gleichen Teilen.

Beispiel: A ist verstorben. Er hat mit seiner Ehefrau nicht im Güterstand der Zugewinngemeinschaft gelebt. Das Ehepaar hatte zwei Kinder, die noch im Erbfall beide lebten. Ein Testament ist nicht vorhanden. In vorliegendem Falle erbt die Ehefrau ein Viertel und die beiden Kinder je drei Achtel.

Auch im Falle der gewillkürten Erbfolge wird der Erbanteil eines jeden Erben im Zweifel nach einer bestimmten Quote ausgedrückt sein. Die auf Grund des Erwerbes von Todes wegen erlangte Zuwendung gilt als steuerpflichtiger Erwerb von Todes wegen. Auf eine Bereicherung und den Bereicherungswillen des Erblassers kommt es hier nicht an. Bei einer Mehrzahl von Erben ist die spätere Erbauseinandersetzung für die Festsetzung der ErbSt ohne Belang. Der ErbSt unterliegt allein dasjenige, was auf Grund einer Verfügung von Todes wegen erlangt ist. Also auf Grund des Erbanfalls selbst, nicht jedoch auf Grund seiner Auseinandersetzung. Da dem Steuerrecht das Gesamthandseigentum unbekannt ist, werden nach § 39 Abs. 2 Nr. 2 AO dem Erben Wirtschaftsgüter, die mehreren zur gesamten Hand zustehen, anteilig zugerechnet, soweit eine getrennte Zurechnung für die Besteuerung erforderlich ist. Für die Berechnung der ErbSt ist grundsätzlich die im Erbschein oder Testament ausgewiesene Quote maßgeblich.

Beispiel: A hat seine Witwe zu einem Viertel, seine Söhne A und B zu je ³/₈ als Erben eingesetzt. Der steuerliche Wert des Nachlasses beträgt 400 000 DM. Hiervon entfallen auf die Witwe ¹/₄ = 100 000 DM, auf Sohn A ³/₈ = 150 000 DM, Sohn B ³/₈ = 150 000 DM.

e) Teilungsanordnungen und Vorausvermächtnisse

Hat der Erblasser Anordnungen über die Aufteilung des Nachlasses getroffen, so kann bürgerlich-rechtlich entweder eine Anordnung über die Erbauseinandersetzung (§ 2048 BGB) oder die Anordnung eines Vorausvermächtnisses (§ 2150 BGB) vorliegen. Derartige Anordnungen des Erblassers haben keinerlei dingliche Wirkung mit der Folge, daß der Gegenstand, der einem Erben testamentarisch zugeteilt wird, auf den Erben unmittelbar übergeht. Sie haben lediglich schuldrechtlichen Charakter. Sie verpflichten lediglich die Erben, den Nachlaß entsprechend dinglich aufzuteilen. Eine Teilungsanordnung unterscheidet sich insofern von dem Vorausvermächtnis, als der Nachlaßgegenstand voll auf den Miterbenanteil angerechnet wird. Im Falle der Teilungsanordnung will der Erblasser dem Bedachten durch die Zuweisung nicht über seinen Erbteil hinaus begünstigen. Hat jedoch der Erblasser dem Bedachten den Nachlaßgegenstand dagegen in der Weise zugewendet, daß dessen Wert bei der Verteilung des übrigen Nachlasses überhaupt nicht berücksichtigt werden soll, so handelt es sich bei dieser Anordnung um ein reines Vorausvermächtnis.

Teilungsanordnungen i. S. des § 2048 BGB sind für die Verteilung der ErbSt-Last ohne Bedeutung. Die ErbSt-Last richtet sich vielmehr allein nach der Erbquote. Teilungsanordnungen beeinflussen daher nicht die ErbSt.

Anders jedoch ist die Rechtslage bei einem sog. Vorausvermächtnis. Hier erhält der Erbe neben seiner Quote eine besondere Zuwendung, die als Bereicherung seiner Erbquote hinzugerechnet werden muß.

Setzen sich jedoch die Erben abweichend von der Teilungsanordnung des Erblassers auseinander, so kann evtl. eine zusätzliche Schenkung seitens der Erben vorliegen.

Eine Teilungsanordnung des Erblassers (§ 2048 Satz 1 BGB), die einen Nachlaßgegenstand einem Miterben unmittelbar zuweist, ist für die erbschaftsteuerliche Bemessung des Vermögensanfalls an diesen Erben zu berücksichtigen (BFH v. 16. 3. 1977, BStBl II S. 640).

f) Erfüllung von formnichtigen Testamenten

Grundsätzlich ist auch erbstlich ein nichtiges Testament steuerlich unbeachtlich, insbesondere dann, wenn die bürgerlich-rechtlich vorgeschriebene Form nicht gewahrt ist. Nach § 41 AO ist jedoch die Unwirksamkeit eines Rechtsgeschäftes für die Besteuerung unerheblich, soweit und solange die Beteiligten das wirtschaftliche Ergebnis dieses Rechtsgeschäfts gleichwohl eintreten und bestehen lassen. Setzen sich also die Erben über ein formnichtiges Testament hinweg und betrachten sie die getroffenen Anordnungen als gültig, steht ein solches formnichtiges Testament einem gültigen Testamente gleich. Voraussetzung für die steuerliche Anerkennung eines formungültigen Testamentes ist jedoch, daß die Regelung auch so vorgenommen wird, wie es dem in der nichtigen Verfügung zum Ausdruck gekommenen Willen des Erblassers entspricht.

g) Gerichtlicher Vergleich und sonstige Vereinbarungen zur Beseitigung von Ungewißheiten

Wie bereits ausgeführt, hat die Erbauseinandersetzung selbst auf die ErbSt keinen Einfluß, sondern nur der Erbanfall selbst. Besondere Teilungsanordnungen des Erblassers für die Erbauseinandersetzung und auch Auseinandersetzungsvereinbarungen der Erben berühren nicht die steuerliche Aufteilung des Nachlasses. Eine Ausnahme liegt jedoch nach ständiger Rechtsprechung für den Fall vor, daß zwischen den Erben Streit oder Ungewißheit über die Erbteile oder die den Erben zufallenden Beträge besteht und dieser Streit durch einen ernstgemeinten Vergleich beigelegt wird (BFH vom 11. 10. 57, BStBl 1957 III S. 447, vom 7. 12. 1960, BStBl 1961 III S. 49).

Haben die Beteiligten ein streitiges erbrechtliches Rechtsverhältnis rechtlich bindend durch ein Gericht feststellen lassen, was als das maßgebende erbrechtliche Verhältnis unter ihnen gelten soll, so ist auch die Steuerbehörde an das gerichtliche Urteil gebunden, ebenso wie an einen ernstgemeinten Vergleich (vgl. auch Urteil des BFH vom 24. 7. 1972, BStBl 1972 III S. 886).

Werden mit Rücksicht auf ein streitiges Erbrecht Abfindungen gezahlt, so gelten diese als aus dem Nachlaß gezahlt, auch wenn sie ersatzweise oder vorschüssig aus dem eigenen Vermögen des Erben gezahlt sind. Zwischen Erbfall und Gewährung der Abfindung muß ein ursächlicher und rechtlicher Zusammenhang bestehen (BFH vom 1. 2. 1961, BStBl 1961 III S. 133).

Nachlaßteilungen, die von der letztwilligen Anordnung abweichen, sind für die Besteuerung nur beachtlich, wenn das Testament nach § 2078 BGB mit Erfolg hätte angefochten werden können, und die Nachlaßteilung den Anfechtungsgrund berücksichtigt.

Einigen sich die Anspruchsberechtigten (§ 13 Höfeordnung) mit dem Hoferben über die Verteilung des zu erwartenden Verkaufserlöses, ist diese Einigung für die Besteuerung nach § 3 Abs. 1 Nr. 1 ErbStG maßgebend (BFH v. 23. 3. 1977, BStBl II S. 730).

2. Erbersatzanspruch des unehelichen Kindes

Das nichteheliche Kind gehört nicht zu den Erben erster Ordnung. Nach § 1934 a BGB steht einem nichtehelichen Kinde und seinen Abkömmlingen beim Tode des Vaters des Kindes sowie beim Tode von väterlichen Verwandten neben ehelichen Abkömmlingen des Erblassers und neben dem überlebenden Ehegatten des Erblassers anstelle des gesetzlichen Erbteils ein Erbersatzanspruch gegen den Erben in Höhe des Wertes des Erbteils zu. Das gleiche gilt für den Vater des nichtehelichen Kindes, wenn das nichteheliche Kind vor ihm stirbt. Das nichteheliche Kind wird also nicht in die Miterbengemeinschaft mit aufgenommen, sondern erhält lediglich einen obligatorischen Anspruch auf Zahlung des Wertes, der seinem Erbteil entsprechen würde, gegen die Erben. Dieser obligatorische Anspruch unterliegt auch der ErbSt (§ 3 Abs. 1 Nr. 1 ErbStG).

3. Vermächtnis

Nach § 1939 BGB ist ein Vermächtnis dann gegeben, wenn der Erblasser durch Testament einem anderen, ohne ihn als Erben einzusetzen, einen Vermögensvorteil zuwendet. Vermächtnisnehmer ist nicht Mitglied der Erbengemeinschaft. Er erhält den vermachten Gegenstand nicht unmittelbar vom Erblasser, sondern hat lediglich einen schuldrechtlichen Anspruch auf Erfüllung des Vermächtnisses gegen die Erben. Der vermachte Gegenstand geht somit nicht mit dem Erbfall unmittelbar dinglich auf den Vermächtnisnehmer über. Das vom Erblasser angeordnete Vermächtnis stellt eine *Verbindlichkeit* der Erben dar.

In Ausnahmefällen kann jedoch auch ein Erbe Vermächtnisnehmer sein. Man spricht in diesem Falle von einem *Vorausvermächtnis*. Das Vorausvermächtnis wird zusätzlich zum Erbanteil gewährt.

Die Person, die die Zuwendung schuldet, nennt man *Beschwerter,* der bedachte Gläubiger heißt *Vermächtnisnehmer*. Beschwert mit dem Vermächtnis ist in der Regel der Erbe, es kann jedoch auch ein Vermächtnisnehmer mit einem Vermächtnis beschwert werden. In diesem Falle spricht man von einem Untervermächtnis.

Gegenstand eines Vermächtnisses sind *Sachen* und *Rechte*. Neben der Übertragung des Eigentums an einem Gegenstand (§ 2169 Abs. 2 BGB) können auch die Übertragung oder die Bestellung eines beschränkten dinglichen Rechts, die Aufhebung eines Rechts, das den Vermächtnisnehmer belastet, die Verschaffung von Ansprüchen jeder Art, die Gebrauchsgewährung einer Sache usw. Gegenstand des Vermächtnisses sein. Gegenstand eines Vermächtnisses sind vielfach die Einräumung eines Nießbrauchs und die Gewährung einer Rente.

Die Bestimmung des vermachten Gegenstandes muß der Erblasser selbst treffen (§ 2065 Abs. 2 BGB).

Er kann aber ein *Wahlvermächtnis* anordnen. Dann hat der Vermächtnisnehmer nach seiner Wahl oder nach der des Beschwerten oder eines Dritten den Anspruch auf den einen oder anderen vom Erblasser bestimmten Gegenstand (§ 2154 BGB).

Beim *Gattungsvermächtnis* braucht der Erblasser die vermachte Sache nur nach Gattung und Menge zu bestimmen. Der häufigste Unterfall des Gattungsvermächtnisses ist das Geldvermächtnis. Es kann auf eine bestimmte Summe oder auf einen Bruchteil des Nachlaßwertes (Quotenvermächtnis) lauten.

Beim sog. *Zweckvermächtnis* braucht der Erblasser nur den Zweck, z. B. die Inneneinrichtung eines Hauses usw. zu bestimmen, dem die Leistung des Beschwerten dienen soll.

Beim *Stückvermächtnis* hat der Erblasser einen bestimmten Gegenstand oder alle Gegenstände eines bestimmten Sach- oder Vermögensinbegriffs vermacht, die beim Erbfall zum Nachlaß gehören.

Ist Gegenstand des Vermächtnisses die Übertragung eines bestimmten Gegenstandes, so ist die Verfügung unwirksam, soweit dieser Gegenstand beim Erbfall nicht zur Erbschaft gehört, auch wenn dieser Gegenstand durch Testament oder Erbvertrag zugewandt sein sollte (§ 2169 Abs. 1 BGB).

Beim *Verschaffungsvermächtnis* hat der Erblasser dem Vermächtnisnehmer einen Gegenstand oder die Bestellung eines Rechts an diesem Gegenstand auch für den Fall zugewandt, daß er nicht zum Nachlaß gehört. In diesem Falle hat der Beschwerte dem Bedachten diese Rechte zu verschaffen, bei Sachen mit Zubehör, und diese Sachen zu übergeben (§§ 2170 Abs. 1, 2182; § 433 Abs. 1 BGB).

Im Gegensatz zum bürgerlichen Recht gilt im Falle des Vermächtnisses die Bereicherung unmittelbar vom Erblasser als zugewandt. Die Bereicherung bemißt sich daher nicht nach dem Wert des Anspruchs, sondern nach dem Wert des vermachten Gegenstandes selbst.

Beispiel: Hat z. B. der Erblasser einem Vermächtnisnehmer ein Haus im Werte von 300 000,- DM vermacht, aber nur mit einem Einheitswert von 100 000,- DM, so ist dieser Wert maßgebend, obwohl nach dem Bewertungsrecht der Anspruch auf Auflassung nicht mit dem Einheitswert, sondern mit dem gemeinen Wert zu bewerten ist.

Beim sog. *Verschaffungsvermächtnis,* bei dem der Vermächtnisgegenstand noch aus den Mitteln des Nachlasses erworben werden muß, kommt es darauf an, was der Erblasser vermachen wollte, den Geldbetrag oder den Gegenstand. Im Zweifel wird sich das Vermächtnis auf den zu verschaffenden Gegenstand beziehen, so daß der Wert des zu verschaffenden Gegenstandes maßgeblich ist. Beim Grundstück wäre das der Einheitswert.

4. Pflichtteilsanspruch

Als Erwerb von Todes wegen gilt auch der Pflichtteilsanspruch, der nach § 3 Abs. 1 Nr. 1 ErbStG der ErbSt unterliegt.

Pflichtteilsberechtigt sind nur Abkömmlinge, Eltern und Ehegatten des Erblassers, die nach gesetzlicher Erbfolge zu Erben berufen, aber vom Erblasser durch Verfügung von Todes wegen so von der Erbfolge ausgeschlossen worden sind, daß ihnen die gesetzliche Mindestbeteiligung am Erbgut nicht verbleibt. Kein Pflichtteilsrecht haben Geschwister, Voreltern und andere Verwandte des Erblassers.

Der Pflichtteilsanspruch geht auf Zahlung einer Geldsumme, die der Hälfte des Wertes des gesetzlichen Erbteils oder des Erbersatzanspruchs entspricht (§ 2303 Abs. 1 Satz 2; § 2338 a Satz 2 BGB). Ihre Höhe bestimmt sich nach der Bruchteilsgröße des gesetzlichen Erbteils und nach dem Geldwert des Nachlasses. Der gesetzliche Erbteil des Pflichtteilsberechtigten ist daher zunächst in einem Bruchteil des Nachlasses zu bestimmen. Seine Höhe hängt von der Zahl der Miterben ab, die neben den Pflichtteilsberechtigten zu berücksichtigen sind. Dabei sind Miterben mitzuzählen, die letztwillig von der Erbfolge ausgeschlossen (§ 1938 BGB), für erbunwürdig erklärt worden sind oder die Erbschaft ausgeschlagen haben, nicht jedoch Miterben, die vorverstorben sind oder auf ihren Erbteil, nicht nur auf ihren Pflichtteil, verzichtet haben (§ 2310 BGB). Der Pflichtteilsanspruch richtet sich nach dem Wert des Nachlasses im Zeitpunkt des Todes. Wertsteigerungen bis zur Geltendmachung des Pflichtteilsanspruches bleiben unberücksichtigt. Auf den Pflichtteil bzw. Ergänzungsanspruch soll hier nicht eingegangen werden. ErbStlich ist der Pflichtteilsanspruch in jedem Falle als Kapitalforderung zu behandeln, auch wenn der Pflichtteilsberechtigte später von den Erben mit einem Nachlaßgegenstand abgefunden wird.

Beispiel: A ist als gesetzlicher Erbe durch testamentarische Verfügung von der Erbfolge ausgeschlossen. Sein Pflichtteilsanspruch gegenüber den Erben beträgt 100 000,– DM. Er kommt mit den Erben überein, daß diese ihm zur Abgeltung des Pflichtteilsanspruchs ein Grundstück i. Werte von 100 000,– DM übereignen. Der Steuerwert des Grundstücks beträgt 40 000,– DM. Da es sich bei dem Pflichtteilsanspruch um eine Kapitalforderung handelt, ist der Wert der Forderung, nicht der Wert des Abfindungsgegenstandes (Grundstück), der Bereicherung zu Grunde zu legen.

5. Schenkung auf den Todesfall

Als Erwerb von Todes wegen gilt auch der Erwerb durch Schenkung auf den Todesfall (§ 2301 BGB). Es handelt sich hier um ein *Schenkungsversprechen zu*

Lebzeiten des Erblassers unter der Bedingung, daß der Beschenkte den Schenker überlebt. Auf dieses Schenkungsversprechen von Todes wegen finden die Vorschriften über die Verfügungen von Todes wegen Anwendung (§ 2301 BGB). Nach § 3 Abs. 1 Nr. 2 ErbStG gilt als Schenkung auf den Todesfall auch der auf einen Gesellschaftsvertrag beruhende Übergang des Anteils oder des Teils eines Anteils eines Gesellschafters bei dessen Tod auf die anderen Gesellschafter oder die Gesellschaft, soweit der Wert, der sich für seinen Anteil zur Zeit seines Todes nach § 12 ErbStG ergibt, Abfindungsansprüche Dritter übersteigt. Diese Bestimmung betrifft im wesentlichen die häufig in den Gesellschaftsverträgen vereinbarte Buchwertklausel.

Beispiel: A, B und C sind Gesellschafter der A-OHG. Sie sind jeweils mit einem Buchkapital von 100 000,- DM an der Gesellschaft beteiligt. Im Gesellschaftsvertrag ist vereinbart, daß im Falle des Todes eines Gesellschafters die Gesellschaft mit den übrigen Gesellschaftern fortgesetzt wird, und die Erben des durch den Tod ausgeschiedenen Gesellschafters lediglich den Buchwert des Anteils im Zeitpunkt des Todes des Gesellschafters als Abfindung erhalten.

B ist am 1. 4. 1976 gestorben. Der Buchwert seines Anteils einschließlich der Darlehnskonten betrug im Zeitpunkt des Todes 125 000,- DM. Der Verkehrswert des Anteils 250 000,- DM, der Steuerwert (anteiliger Einheitswert am Betriebsvermögen) 200 000,- DM.

Die Bereicherung, die die übrigen Gesellschafter dadurch erfahren, daß der Gesellschafter C mit seinem Tode aus der Gesellschaft unter Abfindung lediglich zum Buchwert ausscheidet, unterliegt der ErbSt nach § 3 Abs. 1 Nr. 2 ErbStG. Als Bereicherung gilt die Differenz zwischen dem Steuerwert des Anteils und der Abfindungssumme. Der Steuerwert des Anteils beträgt 200 000,- DM, die Abfindungssumme jedoch lediglich 125 000,- DM, so daß die steuerpflichtige Bereicherung 75 000,- DM beträgt.

6. Sonstige Erwerbe, die als Erwerbe von Todes wegen gelten

a) Die sonstigen Erwerbe, auf die die für Vermächtnisse geltenden Vorschriften des bürgerlichen Rechts Anwendung finden

Steuerpflichtig sind auch die sonstigen Erwerbe, auf die die für Vermächtnisse geltenden Vorschriften des bürgerlichen Rechts Anwendung finden. Diese Vorschrift ist neu und ergänzt lediglich Nr. 1.

b) Erwerb von Todes wegen (Verträge zugunsten Dritter)

Als Erwerb von Todes wegen gilt auch der Erwerb von Vermögensvorteilen, der auf Grund eines vom Erblasser geschlossenen Vertrages bei dessen Tode von einem Dritten unmittelbar erworben wird.

Es handelt sich hier im wesentlichen um Verträge zugunsten Dritter (§ 328 BGB). Soll die Leistung an den Dritten nach dem Tode desjenigen erfolgen, welchem sie versprochen wird. So erwirbt der Dritte das Recht auf die Leistung im Zweifel mit dem Tode des Versprechensempfängers (§ 331 BGB). Es vollendet sich die unmittelbare Zuwendung des versprochenen Leistungsgegenstandes erst mit oder nach dem Tode des Erblassers. Sogar der Anspruch auf die Leistung entsteht im Zweifel erst mit seinem Tode (§ 331 BGB). Vorher besteht keine Rechtsanwartschaft, die eine unmittelbare Rechtsänderung einleitet.

Hauptanwendungsfall dieser Vorschrift sind die Lebens- und Rentenversicherungsverträge zugunsten eines Dritten. Wenn durch den Tod eines Versicherten eine Lebensversicherung anfällt, so unterliegt dieser Erwerb in jedem Falle der ErbSt. Gehört diese Versicherungssumme zum Nachlaß, so liegt ein Erwerb durch Erbfall vor. Fällt im Falle des Todes die Versicherungssumme einem besonders benannten Begünstigten zu, dann erwirbt der Begünstigte einen unmittelbaren Anspruch auf die Versicherungssumme gegen die Versicherungsgesellschaft. Nicht unter diese Vorschrift jedoch fallen die Renten, die aus der Sozialversicherung und einer sonstigen gesetzlichen Zwangsversicherung geleistet werden. Ruhegehälter und ähnliche Zuwendungen, die ohne rechtliche Verpflichtungen früheren oder jetzigen Angestellten oder Bediensteten gewährt werden, sind nicht mehr steuerfrei. Ebenfalls unterliegen der ErbSt Lebensversicherungen, die mit der Bestimmung abgeschlossen sind, daß die Versicherungssumme zur Bezahlung der ErbSt und zur Ablösung von Lastenausgleichsabgaben oder zu einer der beiden zu verwenden und nach dem Tode des Versicherungsnehmers an das Finanzamt unmittelbar abzuführen ist. Den Versicherungsverträgen gleich zu behandeln sind auch Pensionsverträge, die zwischen Gesellschaftern einer Personengesellschaft oder einer freiberuflichen Sozietät abgeschlossen worden sind für den Fall des Todes eines Gesellschafters. Die vereinbarte Rente fällt im Zweifel nicht in den Nachlaß, sondern steht der Witwe als Begünstigungen unmittelbar zu. Hinsichtlich der Versorgungsrente, die vom Arbeitgeber der Witwe des verstorbenen Ehemannes zugewandt werden, vgl. BFH v. 12. 4. 1978, BStBl II S. 400.

c) Anordnung einer Stiftung

Hat der Erblasser testamentarisch angeordnet, daß sein Vermögen auf eine zu errichtende Stiftung zu übertragen ist, so unterliegt auch dieser Erwerb als Erwerb von Todes wegen der ErbSt (§ 3 Abs. 2 Nr. 1 ErbStG).

d) Erwerb auf Grund einer Auflage

Der Erblasser kann durch Testament den Erben oder einen Vermächtnisnehmer zu einer Leistung verpflichten, ohne einem anderen ein Recht auf die Leistung zuzuwenden (Auflage, § 1940 BGB). Derjenige, der infolge Vollziehung der vom Erblasser angeordneten Auflage oder infolge Erfüllung einer vom Erblasser gesetzten Bedingung erwirbt, hat die Bereicherung, die er hierdurch erfahren hat, zu versteuern (§ 3 Abs. 2 Nr. 2 ErbStG). Dieser Erwerb unterliegt jedoch keiner besonderen Behandlung, wenn eine einheitliche Zweckzuwendung vorliegt (Megow, § 2 ErbStG). Der Erwerb infolge einer Auflage oder Bedingung unterscheidet sich jedoch dadurch vom Vermächtnis, daß der Begünstigte keinen schuldrechtlichen Anspruch auf Leistung erhält. Mit der Vollziehung der Auflage bzw. Erfüllung der Bedingung entsteht die Steuerpflicht des Begünstigten (§ 9 Abs. 1 Nr. 1 ErbStG).

Beispiel: A hat seinem Neffen B im Wege eines Testamentes sein gesamtes Vermögen übertragen. Er hat angeordnet, daß dieser eine Lebensversicherung weiter bedienen soll, die der Erblasser zugunsten seiner Haushälterin abgeschlossen hatte. Die Haushälterin hat hier keinen unmittelbaren Anspruch gegen den Erben. Mit der Vollziehung jedoch liegt eine Bereicherung der Begünstigten vor.

e) Erwerbe, die von einer staatlichen Genehmigung abhängig sind

Der Erwerb von Todes wegen kann einer staatlichen Genehmigung bedürfen, wenn der Erblasser eine juristische Person ist und es sich um einen Gegenstand im Werte von mehr als 5000,– handelt (EGBGB Art. 86). Wird eine solche Genehmigung davon abhängig gemacht, daß bestimmte Leistungen an Dritte entrichtet werden, oder erfolgen zur Erlangung der Genehmigung freiwillig solche Leistungen, so ist dieser Anfall erbstpfl.

f) Abfindungen für Erbverzichte

Als vom Erblasser zugewendet gilt auch die Abfindung für einen Verzicht auf den entstandenen Pflichtteilsanspruch oder für die Ausschlagung einer Erbschaft oder eines Vermächtnisses, das von dritter Seite gewährt wird (§ 3 Abs. 2 Nr. 4 ErbStG). Verzichtet ein Erbe in Form eines Erbvertrages auf seinen Erbteil und den Pflichtteilsanspruch, so liegt hierin keine Schenkung des Verzichtenden gegenüber dem Erblasser. Das gleiche gilt für den Fall, daß der Erbe die Erbschaft oder der Vermächtnisnehmer das Vermächtnis ausschlägt. In diesen Vorgängen ist keine Schenkung zu erblicken, auch wenn der Verzichtende bzw. Ausschlagende hierfür nichts erhält. Erhält jedoch der Erbe dafür etwas, daß er die Erbschaft ausschlägt, so ist diese Abfindung erbstpfl. Das gleiche gilt für den

Verzicht auf den Pflichtteilsanspruch, wenn er für diesen Verzicht eine Gegenleistung erhält (§ 3 Abs. 2 Nr. 2 ErbStG).

Hat jedoch der gesetzliche Erbe bereits zu Lebzeiten des Erblassers einen Erbverzicht erklärt und hierfür eine Abfindung erhalten, so liegt eine Schenkung i. S. des § 7 Abs. 1 Nr. 5 ErbStG vor.

g) Entgelte für die Übertragung von Anwartschaften

Als vom Erblasser zugewendet gilt auch das, was als Entgelt für die Übertragung der Anwartschaft eines Nacherben gewährt wird (§ 3 Abs. 2 Nr. 5 ErbStG). Verzichtet also der Nacherbe nach Eintritt der Vorerbschaft gegen ein Entgelt gegenüber dem Vorerben auf sein Nacherbenrecht, so unterliegt diese Abfindung des Nacherbenanspruchs der ErbSt.

Das gilt sowohl für die entgeltliche Übertragung der Anwartschaft an den Vorerben selbst, als auch für die entgeltliche Übertragung an einen Dritten. Das Entgelt gilt in diesem Falle als vom Erblasser selbst zugewendet, mit der Folge, daß für die Besteuerung der Verwandtschaftsgrad zum Erblasser und nicht der zum Abfindenden maßgebend ist (vgl. auch BFH v. 30. 10. 1979, BStBl 1980 II S. 46).

h) Abfindung für ein aufschiebend bedingtes, betagtes oder befristetes Vermächtnis

Als vom Erblasser zugewendet gilt auch, was als Abfindung für ein aufschiebend bedingtes, betagtes oder befristetes Vermächtnis, für das die Ausschlagungsfrist abgelaufen ist, vor dem Zeitpunkt des Eintritts der Bedingung oder des Ereignisses gewährt wird (§ 3 Abs. 2 Nr. 6 ErbStG). Diese Bestimmung ist neu, sie stellt eine Ergänzung der Vorschrift des § 3 Abs. 2 Nr. 4 ErbStG dar, nach der u. a. auch das vom Erblasser als zugewendet gilt, was als Abfindung für die Ausschlagung eines Vermächtnisses gewährt wird. Diese Regelung erfaßt dem Wortlaut nach nicht die Fälle, in denen jemand auf ein aufschiebend bedingtes, betagtes oder befristetes Vermächtnis, das er nicht ausgeschlagen hat, vor dem Zeitpunkt des Eintritts der Bedingung oder des Ereignisses gegen eine Abfindung verzichtet. Zwar hat die Rechtsprechung solche Abfindungen im Wege der Gesetzesauslegung dem erbstpfl. Tatbeständen zugeordnet, es erschien dem Gesetzgeber jedoch angebracht, diese Abfindungen nunmehr auch ausdrücklich als stpfl. Tatbestand in die Vorschrift über den Erwerb von Todes wegen aufzunehmen.

7. Fortgesetzte Gütergemeinschaft

Wird die gütergemeinschaftliche Ehe durch den Tod eines Ehegatten aufgelöst, so gehört der Anteil des verstorbenen Ehegatten am Gesamtgut zu seinem Nachlaß. Beerbt wird er nach den allgemeinen Vorschriften. In den Ehevertrag können die Ehegatten aber die Fortsetzung der Gütergemeinschaft zwischen den überlebenden Ehepartnern und den gemeinschaftlichen Abkömmlingen vereinbaren. Das Gesamtgut der fortgesetzten Gütergemeinschaft besteht aus dem ehelichen Gesamtgut, soweit es nicht nach § 1483 Abs. 2 BGB einem nicht anteilsberechtigten Abkömmling zufällt, und aus dem Vermögen, das der überlebende Ehegatte aus dem Nachlaß des verstorbenen Ehegatten oder nach dem Eintritt der fortgesetzten Gütergemeinschaft erwirbt. Nicht jedoch zum Gesamtgut gehört das sonstige Vermögen der gemeinschaftlichen Abkömmlinge (§ 1485 BGB). Rechte und Verbindlichkeiten des überlebenden Ehegatten sowie der anteilsberechtigten Abkömmlinge bestimmen sich hinsichtlich des Gesamtgutes grundsätzlich nach dem für die eheliche Gütergemeinschaft geltenden Vorschriften (§ 1487 BGB).

Gemäß § 4 Abs. 1 ErbStG wird der Anteil des verstorbenen Ehegatten am Gesamtgut so behandelt, als ob er ausschließlich den anteilsberechtigten Abkömmlingen angefallen wäre.

Beim Tode eines anteilsberechtigten Abkömmlings gehört dessen Anteil am Gesamtgut zu seinem Nachlaß. Nach § 1490 BGB treten an seine Stelle seine Abkömmlinge, soweit diese anteilsberechtigt sein würden, wenn er den verstorbenen Ehegatten nicht überlebt hätte. Sind jedoch solche Abkömmlinge nicht vorhanden, so wächst sein Anteil den übrigen anteilsberechtigten Abkömmlingen, und wenn solche fehlen, dem überlebenden Ehegatten zu.

8. Erwerb des anderen Ehegatten im Falle des Güterstandes der Zugewinngemeinschaft

Haben die Ehegatten im Zeitpunkt des Todes nicht im Güterstand der Zugewinngemeinschaft gelebt, so unterliegt der gesamte Erwerb des anderen Ehegatten von Todes wegen der ErbSt.

Haben die Eheleute im Güterstand der Zugewinngemeinschaft gelebt, und wird der Güterstand der Zugewinngemeinschaft durch den Tod eines Ehegatten beendet, so wird der Zugewinn des überlebenden Ehegatten dadurch ausgeglichen, daß sich der Erbteil des überlebenden Ehegatten um ein weiteres Viertel erhöht (§ 1371 Abs. 2 BGB). Nach § 6 ErbStG a. F. galt bei dem überlebenden Ehegatten dieser zusätzliche vierte Teil als steuerfrei.

Wird der überlebende Ehegatte nicht Erbe, so kann er den Zugewinnausgleichsanspruch geltend machen. Das gleiche gilt, wenn er die Erbschaft bzw. ein Vermächtnis ausschlägt. Auch in diesem Falle kann er neben dem Pflichtteilsanspruch den Zugewinnausgleich geltend machen.

Dieser Zugewinnausgleich gem. § 1371 Abs. 2 BGB ist nach § 5 ErbStG grundsätzlich steuerfrei. Zur Frage, ob Ruhegehaltsbezüge in die Ausgleichsforderungen miteinzubeziehen sind, vgl. BFH v. 12. 4. 1978, BStBl II S. 400.

Auch für den Fall, daß der überlebende Ehegatte nicht den Ausgleichsanspruch, nach § 1371 Abs. 2, sondern nach § 1371 Abs. 1 BGB geltend machte, gilt beim überlebenden Ehegatten der Betrag, den er im Falle des § 1371 Abs. 2 BGB als Ausgleichsforderung hätte geltend machen können, nicht als Erwerb i. S. des § 3 ErbStG. Im Falle der Zugewinngemeinschaft ist daher zur ErbSt-Berechnung in jedem Falle ein fiktiver Zugewinnausgleich durchzuführen. Dieser Zugewinnausgleich mindert den Wert des Nachlasses. Als Ausgleichsforderung kann jedoch höchstens der den Steuerwert des Nachlasses entsprechende Betrag steuerfrei sein. Das gilt insbesondere für die Fälle, in denen der Steuerwert des Nachlasses unter dem Verkehrswert liegt, so wenn sich erhebliches Grundvermögen im Nachlaß befindet.

Beispiel: A hinterließ seiner Ehefrau und seinen beiden Söhnen ein Vermögen von 500 000, - DM. Der für die ErbSt maßgebende Wert betrug 400 000,- DM. Der Zugewinn des Verstorbenen während der Ehe betrug 250 000,- DM. Die Ehefrau hatte kein Vermögen. Die Eheleute lebten im Güterstand der Zugewinngemeinschaft. Der Erblasser hatte kein Testament errichtet. Im Falle des Ausgleichs nach § 1371 Abs. 2 BGB hätte der überlebende Ehegatte einen Ausgleichsanspruch in Höhe von 125 000, - DM. Die fiktive Ausgleichsforderung kann jedoch lediglich im Verhältnis zum Steuerwert = $4/5$ = 100 000,- DM von dem ihr zustehenden Anteil des Reinnachlasses abgezogen werden.

Ist kein Zugewinnausgleich vorhanden, so stände dem überlebenden Ehegatten kein Ausgleichsanspruch zu, mit der Folge, daß ihr gesamter Erbteil auch hinsichtlich des zusätzlichen Viertels als Erwerb von Todes wegen gelte.

9. Vorerbschaft, Nacherbschaft, Nießbrauch- und Rentenvermächtnisse

a) Vorerbschaft

Der Erblasser kann einen Erben in der Weise einsetzen, daß dieser erst Erbe wird, nachdem zunächst ein anderer Erbe geworden ist (§ 2100 BGB). Derjenige, der zunächst Erbe wird, ist der *Vorerbe*. Denjenigen, der nach dem Vorerben als Erbe eingesetzt wird, bezeichnet man als *Nacherben*. Die *Vor- und Nacherbschaft* hat zwei Aufgaben: Sie soll dem Vorerben zwar die Erbenstellung, aber dem Nacherben beim Nacherbfall die gleichen Rechte am ungeschmälerten Bestand des Nachlasses sichern. Dazu muß sie die Erbschaft des Vorerben von seinem Eigenvermögen so trennen, daß beim Nacherbfall ihr Bestand bzw. ihr Wert erhalten bleibt. Der Vorerbe hat sich also aller Verfügungen zu enthalten, die das Recht des Nacherben in irgendeiner Weise beeinträchtigen. Die Beschränkungen des Vorerben sind unterschiedlich, je nach dem, ob es sich um einen *befreiten* oder *nicht befreiten Vorerben* handelt. In beiden Fällen darf er im wesentlichen die Substanz des Nachlasses nicht angreifen. Sehr weit geht die Beschränkung beim nicht befreiten Vorerben, ihm stehen lediglich die Nutzungen des Nachlaßvermögens zu. Wirtschaftlich gesehen unterscheidet sich daher der nicht befreite Vorerbe nicht vom Nießbraucher am Nachlaß. Da es aber, wie bereits ausgeführt wurde, allein auf die bürgerlich-rechtliche Gestaltung ankommt, ist der Vorerbe Gesamtrechtsnachfolger. Das gilt auch für den nicht befreiten Vorerben, obwohl er, wirtschaftlich gesehen, lediglich Nießbraucher des Vermögens ist.

Der Vorerbe gilt auch erbstlich als Vollerbe. Er hat den Nachlaß voll zu versteuern, gleichgültig ob der Nacherbfall im Zeitpunkt seines Todes oder zu einem anderen vom Erblasser bestimmten Zeitpunkt eintritt, z. B. im Zeitpunkt der Wiederverheiratung des überlebenden Ehegatten. Der volle Wert des Nachlasses wird bei ihm als Bereicherung erfaßt. Das Anwartschaftsrecht des Nacherben wird beim Vorerben nicht als Belastung behandelt. Der Vorerbe hat daher, gleichgültig, ob er befreiter oder nicht befreiter Vorerbe ist, den gesamten Nachlaß zu versteuern. Er unterscheidet sich insofern nicht vom Vollerben.

b) Nacherbschaft

Der Nacherbe hat bereits mit dem Erbfall ein dingliches Anwartschaftsrecht erhalten, über das er, wenn keine Beschränkungen vorliegen, auch verfügen darf. Obwohl dieses Anwartschaftsrecht gewissermaßen ein Wirtschaftsgut darstellt, unterliegt dieses nicht der ErbSt. Der Erbanfall beim Vorerben hat daher für den Nacherben grundsätzlich keine steuerlichen Auswirkungen. Verwertet jedoch der Nacherbe dieses Anwartschaftsrecht, indem er es einem Dritten überträgt, so gilt dieses Entgelt als vom Erblasser zugewendet (§ 3 Abs. 2 Nr. 5 ErbStG). Der Veräußerungspreis des Anwartschaftsrechts unterliegt daher der ErbSt.

Gibt der Vorerbe an den Nacherben mit Rücksicht auf die angeordnete Nacherbschaft vor ihrem Eintritt etwas heraus, so wird diese Zuwendung als Schenkung des Vorerben behandelt.

Auf Antrag jedoch kann bei der Besteuerung das Verhältnis des Nacherben zum Erblasser zugrunde gelegt werden. Die vorzeitige Herausgabe der Erbschaft wird wirtschaftlich und auch steuerlich dem Eintritt der Erbschaft bzw. der Nacherbschaft gleichgestellt. Gegenstand der Schenkung ist nicht die zwischenzeitliche Nutzung bis zum Eintritt der Nacherbschaft, sondern die gesamte vorzeitig überlassene Erbschaft.

Beim Eintritt des Nacherbfalles haben diejenigen, auf die das Vermögen übergeht, den Erwerb als vom Vorerben stammend zu versteuern (§ 6 Abs. 2 ErbStG). Es ist also für die Besteuerung grundsätzlich der Verwandtschaftsgrad zum Vorerben maßgebend. Allerdings ist auf Antrag des Nacherben der Versteuerung des Erwerbs das Verhältnis des Nacherben zum Erblasser zugrunde zu legen, was zweckmäßig erscheint, wenn das verwandtschaftliche Verhältnis zum Erblasser günstiger ist als das zum Vorerben.

Beispiel: A hat zunächst seine Geschwister zu Vorerben eingesetzt, zu Nacherben jedoch seine eigenen Abkömmlinge. Für die Nacherben gilt im Verhältnis zu dem Vorerben die Steuerklasse III, im Verhältnis zum Erblasser wäre die Steuerklasse I anzuwenden.

c) Zusammentreffen von Erbfall und Nacherbschaft

Geht im Falle der Nacherbschaft auch eigenes Vermögen des Vorerben auf den Nacherben über, so sind beide Vermögensanfälle hinsichtlich der Steuerklasse getrennt zu behandeln. Das gilt sowohl für das Vermögen des Erben als auch für das Vermögen des Vorerben.

Beispiel: Wie zuvor.
Im Verhältnis zum Erblasser ist die Steuerklasse I anwendbar, im Verhältnis zum Vorerben die Steuerklasse III.

Für das eigene Vermögen des Vorerben kann ein Freibetrag nur gewährt werden, soweit der Freibetrag für das der Nacherbfolge unterliegende Vermögen nicht verbraucht ist. Die Steuer ist für jeden Erwerb jeweils nach dem Steuersatz zu erheben, der für den gesamten Erwerb gelten würde. Nach dieser ergänzenden Vorschrift, die neu eingefügt wurde, sind zunächst die beiden Vermögensmassen des gesamten Erwerbs nach ihrer Herkunft zu trennen. Auf jede dieser Vermögensmassen ist dann die ihrer Herkunft entsprechenden Steuerklasse anzuwenden. Damit hieraus für den Nacherben sich keine ungerechtfertigten Vorteile hinsichtlich des Freibetrages ergeben, wird weiter bestimmt, daß dem Nacherben nicht für jede Vermögensmasse des Gesamterwerbs gesondert ein Freibetrag zusteht, sondern ihm insgesamt nur ein Freibetrag zu gewähren ist, und zwar den Freibetrag, der für sein günstigeres Verwandtschaftsverhältnis zum Erblasser maßgebend ist. Für das zusätzlich anfallende Vermögen des Vorerben soll der für diese Steuerklasse maßgebende Freibetrag nur noch gewährt werden, wenn bzw. soweit der höhere nach dem Verwandtschaftsverhältnis zum Erblasser maßgebende Freibetrag durch den Anfall des Nacherbschaftsvermögens nicht verbraucht ist.

Beispiel: A hat seinem kinderlosen Bruder B zum Vorerben eingesetzt. Nacherbe sollte sein Sohn C sein. B stirbt am 1. 5. 1976. Er hinterläßt dem C
a) den Nachlaß des A – Wert 50 000, – DM, eigenes Vermögen 40 000,– DM
b) den Nachlaß des A – Wert 80 000,– DM, eigenes Vermögen 40 000, – DM
c) den Nachlaß des A im Werte von 100 000,– DM und eigenes Vermögen im Werte von 40 000, – DM

zu a)
Der Freibetrag beträgt bei den Erben der I. Klasse 90 000, – DM. Da der Erwerb nur 50 000,– DM beträgt, können 40 000, – DM auf den Erwerb des Vermögens des B übertragen werden. Da sich jedoch der Erwerb des Vermögens von C nach der Steuerklasse III richtet, steht dem C hierfür nur ein Freibetrag von 10 000,– DM zu. Der steuerpflichtige Erwerb beträgt daher 30 000,– DM.

zu b)
Von dem Freibetrag von 90 000,– DM sind für die Nacherbschaft 10 000,– DM nicht verbraucht. Da der Freibetrag hinsichtlich des Erwerbes des Vermögens des B nach der Steuerklasse III 10 000,– DM beträgt, kann dem C der Freibetrag in Höhe von 10 000,– DM gewährt werden, so daß der steuerpflichtige Erwerb in diesem Falle 30 000,– DM beträgt.

zu c)
Da der Wert der Nacherbschaft den Freibetrag von 90 000,– DM um 10 000,– DM übersteigt, unterliegen 10 000 DM der ErbSt. Dem Steuerpflichtigen steht jedoch für beide Erwerbe nur ein Freibetrag zu, so daß hinsichtlich des zweiten Erwerbes ein Freibetrag nicht mehr gewährt werden kann. Somit unterliegt der zweite Erwerb voll der ErbSt.

Um zu vermeiden, daß der Steuerpflichtige durch die Aufgliederung des Gesamtvermögens in zwei Vermögensteile einen Progressionsvorteil hat, bestimmt § 6 ErbStG weiter, daß die Steuer für jeden Vermögensteil nach dem Steuersatz zu erheben ist, der für den gesamten Erwerb gelten würde.

Beispiel: wie zuvor Fall c)
Der Gesamterwerb beträgt 50 000,– DM. Bei 50 000,– DM steuerpflichtigem Erwerb beträgt die ErbSt in der Steuerklasse I 3% und in der Steuerklasse III 11%. Die ErbSt für beide Erwerbe berechnet sich somit wie folgt:

10 000,– DM × 3%	= 300,– DM
40 000,– DM × 11 v. H.	= 4400,– DM
Steuer	4700,– DM

Tritt der Fall der Nacherbfolge nicht durch den Tod des Vorerben ein, so gilt die Nacherbfolge als aufschiebend bedingter Anfall. In diesem Falle ist dem Nacherben die vom Vorerben entrichtete Steuer abzüglich desjenigen Steuerbetrages anzurechnen, welche der tatsächlichen Bereicherung des Vorerben entspricht (§ 6 Abs. 3 ErbStG). Eine Erstattung kommt nicht in Betracht, wenn die Steuer des Vorerben die des Nacherben übersteigt.

d) Nachvermächtnis

Der Erblasser kann einen Vermächtnisnehmer dadurch beschweren, daß er den vermachten Gegenstand von einem nach dem Anfall des Vermächtnisses eintretenden bestimmten Zeitpunkt oder Ereignis an einen Dritten zuwendet (§ 2191 BGB). Auf das Vermächtnis finden die für die Einsetzung eines Nacherben geltenden Vorschriften entsprechende Anwendung. Nach § 6 Abs. 4 ErbStG stehen Nachvermächtnisse und beim Tode des beschwerten fällige Vermächtnisse den Nacherbschaften gleich.

IV. Schenkungen unter Lebenden

Jede freigebige Zuwendung	a) Schenkungen i. S. des § 516 BGB b) Sonstige Zuwendungen mit Bereicherungsabsicht
Sonstige Zuwendungen im Zusammenhang mit einer Schenkung	a) Erwerb auf Grund der Vollziehung einer Auflage b) Erwerb im Zusammenhang mit der Genehmigung einer Schenkung
sonstige vorweggenommene Erbregelungen	a) Abfindungen für Erbverzicht b) Erwerb durch vorzeitigen Erbausgleich § 1934 d BGB c) Erwerbe des Nacherben vom Vorerben mit Rücksicht auf die Nacherbfolge vor deren Eintritt
Erwerbe im Zusammenhang mit einer Stiftung	a) Zuwendungen an die Stiftung b) Erwerb im Zusammenhang mit der Auflösung einer Stiftung

Zuwendungen im Rahmen eines Gesellschaftsverhältnisses	a) Anteilsschenkungen mit Buchwertklausel b) überhöhte Gewinnbeteiligung c) Abfindungen unter Wert des Anteils

1. Begriff der Schenkung

a) Schenkung als Zuwendung

Der erbstliche Begriff der Schenkung geht wesentlich weiter als der des bürgerlichen Rechtes. Die Schenkungstatbestände sind in § 7 Abs. 1 Nr. 1 ErbStG abschließend aufgezählt.

§ 7 Abs. 1 Nr. 1 ErbStG versteht unter einer Schenkung jede freigebige Zuwendung unter Lebenden, soweit der Bedachte durch sie auf Kosten des Zuwendenden bereichert wird. Es handelt sich hier um den Grundtatbestand. Der Zuwendungsbegriff der Nr. 1 geht weit über den Schenkungsbegriff des bürgerlichen Rechts (§ 516 BGB) hinaus.

Das bürgerliche Recht versteht unter einer Schenkung eine Zuwendung, durch die jemand aus seinem Vermögen einen anderen bereichert, wenn beide Teile darüber einig sind, daß die Zuwendung unentgeltlich erfolgt. Das bürgerliche Recht setzt also voraus, daß beide Teile, nämlich der Schenker und der Beschenkte, das Bewußtsein einer unentgeltlichen Zuwendung haben. Eine freigebige Zuwendung unter Lebenden i. S. des § 7 Abs. 1 Nr. 1 ErbStG liegt bereits vor, wenn lediglich der Schenker das Bewußtsein der unentgeltlichen Zuwendung hatte. Der steuerrechtliche Begriff der Schenkung umfaßt daher in jedem Falle auch den Begriff der Schenkung i. S. des § 516 BGB. Er ist insofern weiter, als das Bewußtsein der Bereicherung nur beim Schenker vorliegen muß. Keine Zuwendung i. S. des § 7 Abs. 1 Nr. 1 ErbStG ist jedoch gegeben, wenn diese im Rahmen der Unterhaltspflicht und der Personensorge erfolgt.

Beispiele: Der Vater bezahlt das Studium seines Sohnes. A zahlt seinem Bruder einen Krankheits- bzw. Sanatoriumsaufenthalt.
Eine freigebige Zuwendung wird immer dann zu verneinen sein, wenn die Aufwendungen im Ertragsteuerrecht unter §§ 33 und 33a EStG fallen.

Zuwendung bedeutet die Hingabe eines Vermögensbestandteils von einer Person zugunsten einer anderen. Sie muß zu einer Bereicherung des Beschenkten, zu einer endgültigen Vermögensvermehrung bei diesem führen.

Eine freigebige Zuwendung ist nicht bereits zu verneinen, wenn der Beschenkte eine Auflage übernimmt oder seinerseits eine Leistung erbringt. In diesem Falle ist in der Regel in der Übertragung eines KG-Anteils unter Nießbrauchsvorbehalt eine freigebige Zuwendung i. S. des § 7 Abs. 1 Nr. 1 ErbStG zu erblicken (BFH v. 3. 11. 1976 BStBl 1977 II S. 159).

Der Bereicherung auf der Seite des Bedachten muß eine Vermögensminderung auf der Seite des Schenkers gegenüberstehen. Das bedeutet jedoch nicht, daß der Gegenstand der Vermögensminderung gleichzeitig den Vermögensgegenstand der Bereicherung darstellt. Entscheidend ist, auf welchen Zuwendungsgegenstand sich die in § 516 BGB geforderte Einigung der Parteien bezieht.

Die Bereicherung aus dem Vermögen des Schenkers erfordert nicht, daß der Gegenstand, um den der Beschenkte bereichert wird, sich zuvor in derselben Gestalt im Vermögen des Schenkers befunden haben muß, die Bereicherung aus dem Vermögen des Schenkers kann auch darin liegen, daß dieser einem anderen mit seinen Mitteln einen Gegenstand von einem Dritten verschafft, ohne daß der Schenker selbst zunächst Eigentümer zu sein braucht (BFH v. 17. 4. 1976 II R 87-89/70, BStBl 1976 II S. 632).

> *Beispiel:* A möchte dem B ein Grundstück schenken, was noch nicht in seinem Eigentum steht. Sie vereinbaren, daß A dem B 150 000,- DM unter der Auflage schenkt, daß sich B von diesem Geld das Grundstück kauft.
> Im vorliegenden Falle waren sich beide Parteien darüber einig, daß Gegenstand der Schenkung nicht das Geld, sondern das Grundstück sein sollte. Daher gilt auch steuerlich als Bereicherung die Verschaffung des Grundstücks. Die Bereicherung ist daher nicht der Geldbetrag, sondern der Wert des Grundstücks.

In der Hingabe von Geld für den Erwerb eines Grundstücks kann u. U. eine Grundstücksschenkung erblickt werden (BFH v. 15. 11. 1978 BStBl 1979 II S. 201). Es liegt u. U. eine Grundstücksschenkung vor, wenn der Beschenkte ein Grundstück unter Übernahme der auf diesem ruhenden Lasten und der entsprechenden persönlichen Schulden kauft, der Barpreis jedoch von dem Schenker aufgebracht wird (BFH v. 13. 4. 1977, BStBl II S. 663). Werden jedoch dem Eigentümer eines Grundstücks zur Errichtung eines Gebäudes auf diesem die Mittel geschenkt, liegt die Schenkung eines Geldbetrages, nicht die Schenkung eines Gebäudes vor (BFH v. 27. 4. 1977, BStBl II S. 731). Auch die Zuwendung einer Einlage-Rückzahlungsforderung mit der Maßgabe, sie ausschließlich zum Kauf eines Hauses zu verwenden, ist eine Schenkung (BFH v. 11. 10. 1978, BStBl 1979 II S. 533).

b) Übrige Schenkungstatbestände

aa) *Als Schenkung unter Lebenden* gilt auch, was infolge *Vollziehung einer von dem Schenker angeordneten Auflage* oder *infolge Erfüllung einer einem Rechts-*

geschäft unter Lebenden beigefügten Bedingung ohne entsprechende Gegenleistung erlangt wird, es sei denn, daß eine einheitliche Zweckzuwendung vorliegt. Bürgerlichrechtlich versteht man unter einer Auflage die vom Schenker einseitig getroffene Nebenbestimmung, die dem Bedachten zu einer Leistung verpflichtet. Begünstigt durch die Auflage kann der Schenker selbst, ein Dritter, oder auch der Beschenkte sein. Der unter einer Auflage Beschenkte ist nach § 7 Abs. 1 Nr. 1 ErbStG steuerpflichtig. Jedoch wird der Wert der Bereicherung durch den Wert der Auflage gemindert. Es ist allerdings zu beachten, daß Gegenleistungen, die nicht in Geld veranschlagt werden können, bei der Feststellung, ob eine Bereicherung vorliegt oder nicht, nicht berücksichtigt werden können. Ist die Auflage also nicht in Geld umzurechnen, kann sie nicht als Wertminderung berücksichtigt werden.

Derjenige, dem die Auflage zugute kommt, ist dagegen nach § 7 Abs. 1 Nr. 2 ErbStG steuerpflichtig. Der Vollzug der Auflage erfolgt durch den Beschenkten, also durch den, der die Auflage erfüllt. Mittelbar erhält jedoch derjenige, der durch die Auflage begünstigt ist, die Zuwendung aus dem Vermögen dessen, der die Auflage angeordnet hat. Der Besteuerung ist deshalb das Verhältnis zum Schenker, der die Auflage angeordnet hat, zugrunde zu legen. Die Bereicherung durch die Auflage gilt daher als eine Zuwendung des Schenkers.

Beispiel: A schenkt dem B ein Mietshaus unter der Auflage, seiner unverheirateten Schwester eine Wohnung in diesem Hause unentgeltlich bis zu deren Lebensende zu überlassen.

Die Zuwendung am B ist belastet mit der Auflage (Wohnrechteinräumung an die Schwester).

Die Zuwendung an die Schwester durch Vollziehung der Auflage seitens B erfolgt durch die Einräumung des Wohnrechts.

Die Einräumung des Wohnrechts durch B gilt jedoch als eine Zuwendung des A an seine Schwester. Für die Besteuerung ist also das Verwandtschaftsverhältnis A zu seiner Schwester zugrunde zu legen.

bb) Als *Schenkung unter Lebenden* gilt auch, was jemand dadurch erlangt, daß bei *Genehmigung einer Schenkung* Leistungen an andere Personen angeordnet oder zur Erlangung der Genehmigung freiwillig übernommen werden. Dieser Tatbestand ist § 3 Abs. 2 Nr. 3 nachgebildet.

cc) Als *Schenkung unter Lebenden* gilt ebenfalls die Bereicherung, die ein Ehegatte bei *Vereinbarung der Gütergemeinschaft* erfährt. Unentgeltliche Verfügungen zwischen Ehegatten unterliegen grundsätzlich der SchenkSt. Sie sind lediglich im Rahmen des Freibetrages von 250 000,- DM steuerfrei. Ebenfalls steuerfrei sind die gesetzlichen Ansprüche eines jeden Ehegatten gegen den anderen im Rahmen der Ehescheidung oder sonstigen Auflösung der Ehe. Dies betrifft insbesondere den Zugewinnausgleich. Nunmehr wird eine freigebige

Zuwendung auch darin gesehen, was ein Ehegatte durch die Vereinbarung einer Gütergemeinschaft i. S. des § 1415 BGB erhält. Nach der Rechtsprechung wurde die Bereicherung, die ein Ehegatte durch die Vereinbarung einer Gütergemeinschaft erfährt, nur erfaßt, wenn die Ehegatten mit der Vereinbarung einer Gütergemeinschaft gleichzeitig eine Erbregelung treffen wollten. Nunmehr unterliegt die Vereinbarung einer Gütergemeinschaft allgemein der Besteuerung, wenn ein Ehegatte hierdurch eine Bereicherung erfährt.

Keine Schenkung liegt vor, wenn Ehegatten, die bisher im Güterstand der Zugewinngemeinschaft gelebt haben, nunmehr Gütertrennung vereinbart und der Ausgleichsverpflichtete zum Ausgleich ein Grundstück überträgt (BFH v. 16. 3. 1977, BStBl II S. 648).

Beispiel: A heiratet die B. A hat im Zeitpunkt der Heirat ein Vermögen von 100 000,– DM, B eines von 400 000,– DM (jeweils Steuerwert). Sie vereinbaren Gütergemeinschaft und bringen ihr Vermögen als Gesamtgut in diese ein. Da A bisher ein Gesamtvermögen von 100 000,– DM hatte und nunmehr zur Hälfte an der Gütergemeinschaft beteiligt ist (250 000,– DM) hat er durch die Vereinbarung der Gütergemeinschaft eine Bereicherung von 150 000,– DM erfahren.

dd) Als *Schenkung unter Lebenden* gilt auch, was *als Abfindung für einen Erbverzicht* (§ 2346 und 2352 BGB) gewährt wird. Nach § 2346 können Verwandte sowie der Ehegatte des Erblassers durch Vertrag mit dem Erblasser auf ihr gesetzliches Erbrecht verzichten. Der Verzicht kann auch auf das Pflichtteilsrecht beschränkt werden. Der Erbverzichtsvertrag bedarf der notariellen Beurkundung (§ 2348). Verzichtet jemand im Rahmen der Erbfolge auf das gesetzliche Erbrecht, gilt dieser Verzicht im Zweifel auch für seine Abkömmlinge (§ 2349 BGB). Dieser Verzicht auf das Erbrecht wird steuerlich nicht als Zuwendung seitens des Verzichtenden angesehen. Erhält jedoch der Verzichtende für seinen Verzicht auf das Erbrecht eine Abfindung, so gilt diese Abfindung als Zuwendung.

Wird die Abfindung für einen Erbverzicht nicht vom künftigen Erblasser, sondern von einem Dritten gezahlt, richtet sich die Steuerklasse dennoch nach dem Verhältnis des Verzichtenden zum künftigen Erblasser (vgl. BFH v. 25. 5. 1977, BStBl II S. 733).

Beispiel: A ist Gewerbetreibender und Vater von drei Söhnen (X, Y, Z). Er möchte, daß sein Unternehmen einmal auf X übergehen soll. Um den Bestand des Unternehmens nicht durch die Geltendmachung von Pflichtteilsansprüchen zu gefährden, schließt er mit Y und Z Erbverzichtsverträge. Es wurde vereinbart, daß diese auch auf ihren Pflichtteil gegen eine Abfindung von jeweils 500 000,– DM verzichten. Dieser Geldbetrag wurde sofort ausgezahlt.
Diese Abfindung unterliegt nach § 7 Abs. 1 Nr. 5 der SchenkSt.

ee) Erhält ein nichteheliches Kind, welches das 21. Lebensjahr, aber noch nicht das 27. Lebensjahr vollendet hat, von seinem Vater den Erbausgleich in Geld nach § 1934 BGB, so unterliegt der *vorzeitige Erbausgleich* nach § 7 Abs. 1 Nr. 6 der SchenkSt. Der vom nichtehelichen Kind zu beanspruchende Ausgleichsbetrag beläuft sich auf das Dreifache des Unterhalts, den der Vater dem Kinde im Durchschnitt der letzten fünf Jahre, in denen es voll unterhaltsbedürftig war, jährlich zu leisten hatte. Der Anspruch verjährt in drei Jahren von dem Zeitpunkt an, in dem das Kind das 27. Lebensjahr vollendet hat.

ff) Als Schenkung gilt, *was ein Vorerbe den Nacherben mit Rücksicht auf die angeordnete Nacherbschaft vor ihrem Eintritt herausgibt*. Soweit nichts anderes bestimmt ist, fällt die Erbschaft den Nacherben erst mit dem Tode des Vorerben zu (§ 2016 BGB). Gibt jedoch der Vorerbe die Erbschaft [oder Teile hiervon] vorher an den Nacherben heraus, so schenkt der Vorerbe dem Nacherben bürgerlich-rechtlich nur die Nutzungen der Zwischenzeit. Die vorzeitige Herausgabe der Erbschaft wird wirtschaftlich und daher auch steuerlich dem Eintritt der Nacherbfolge gleichgestellt. Auf den Bereicherungswillen kommt es hier nicht an. Gegenstand der Schenkung ist der Wert der dem Nacherben vorzeitig überlassenen Erbschaft. Grundsätzlich ist für die Steuer das Verhältnis des Vorerben zum Nacherben maßgebend, auf Antrag ist jedoch der Versteuerung das Verhältnis des Nacherben zum Erblasser zu Grunde zu legen (§ 7 Abs. 2 ErbStG).

c) Gemischte Schenkung und Schenkung unter Auflage

Von einer gemischten Schenkung spricht man dann, wenn ein Gegenstand oder sonstiges Vermögensrecht gegen ein ungleichwertiges Entgelt veräußert wird, und sich beide Teile darüber einig sind, daß die Übertragung des nicht durch das Entgelt gedeckte Teiles unentgeltlich sein soll. In diesem Falle ist auch bürgerlich-rechtlich der Rechtsvorgang in einen entgeltlichen, für den die Regeln des Kaufvertrags Anwendung finden, und in einen unentgeltlichen Teil, für den die Regeln der Schenkung (§ 516 ff BGB) Anwendung finden, aufzuteilen. Eine gemischte Schenkung liegt demnach vor, wenn bei einem gegenseitigen Vertrage Leistung und Gegenleistung in einem offenbaren Mißhältnis stehen und anzunehmen ist, daß sich der eine Vertragsteil des Mehrwerts seiner Leistung bewußt ist und dem anderen Teil insoweit eine Zuwendung macht. Keine gemischte Schenkung liegt vor beim Freundeskauf bzw. bei einer Rabattgewährung auf den Kaufpreis. Beim Preisnachlaß fehlt beiden Vertragspartnern das Bewußtsein einer freigebigen Zuwendung.

Auch im Steuerrecht ist im Falle einer gemischten Schenkung der Rechtsvorgang in einen geldlichen und in einen unentgeltlichen Teil aufzuteilen. Der unentgeltliche Teil unterliegt der ErbSt bzw. SchenkSt.

Eine Schenkung unter einer Auflage ist dann gegeben, wenn der Schenker im Zusammenhang mit der Schenkung eine einseitige Nebenbestimmung getroffen hat, die den Bedachten zu einer Leistung verpflichtet, ohne daß der durch die Auflage Begünstigte selbst einen Rechtsanspruch erhält. Bei der Schenkung unter Auflage handelt es sich auch im bürgerlichen Recht grundsätzlich um eine Vollschenkung. Allerdings hat der durch die Auflage Begünstigte keine Möglichkeit, seinen Rechtsanspruch gegen den Beschenkten durchzusetzen. Die Auflage gewährt dem Begünstigten keinen Anspruch. Nach § 525 BGB ist die Auflage die einer Schenkung hinzugefügte Bestimmung, daß der Empfänger zu einer Leistung verpflichtet sein soll. Die Auflage hat zum Inhalt, daß dem Beschenkten eine Leistung auferlegt wird. Die Auflage kann in der Übernahme einer Hypothek oder in der Einräumung eines Nießbrauchs bei Grundstücksübertragungen bestehen. Erbstlich bzw. schenkstlich handelt es sich hier um eine Vollschenkung. Allerdings ist die Auflage, sofern sie in Geld umgerechnet werden kann, wertmindernd zu berücksichtigen.

Hinsichtlich der Frage, ob eine Bereicherung vorliegt, kommt es nicht auf die steuerlichen Werte einer Leistung, sondern auf die tatsächlichen Verkehrswerte an. Für die Berechnung der Steuer selbst sind die Steuerwerte maßgebend. Nach dem Urteil des BFH v. 12. 12. 1979, BStBl 1980 II S. 260, sind gemischte Schenkungen aufzuteilen in einen unentgeltlichen und einen entgeltlichen Teil.

Beispiel: A vereinbarte mit seiner Tochter T, daß diese eine Eigentumswohnung unter Übernahme der Hypothek von 60 000 DM erwirbt und A den Restkaufpreis von 40 000 DM übernimmt. Es wird unterstellt, daß der Wille beider auf den Erwerb der Eigentumswohnung ausgerichtet war. Der Kaufpreis der Eigentumswohnung betrug 100 000 DM.

Es liegt eine gemischte Schenkung vor. Der unentgeltliche Teil des Grundstückserwerbes beträgt 40% (40 000 = 40% von 100 000 DM). Der Einheitswert von 25 000 DM, der Bemessungsgrundlage für die Schenkungsteuer ist, ist in diesem Verhältnis aufzuteilen. 40% von 25 000 DM = 10 000 DM. Der steuerpflichtige Erwerb ist somit mit 10 000 DM zu bewerten.

d) Verdeckte Schenkung

Die Steuerpflicht einer Schenkung wird nicht dadurch ausgeschlossen, daß sie zur Belohnung unter einer Auflage gemacht oder in die Form eines lästigen Vertrages gekleidet wird. Von einer verdeckten bzw. verschleierten Schenkung spricht man dann, wenn die vereinbarten Gegenleistungen nicht ernsthaft gewollt sind. Derartige Gegenleistungen sind steuerlich unbeachtlich. Das Rechtsgeschäft ist steuerlich als Schenkung zu behandeln.

2. Zuwendungen im Rahmen eines Gesellschaftsverhältnisses

Gem. § 7 Abs. 5–7 ErbStG werden gewisse gesellschaftsrechtliche Vorgänge wie freigebige Zuwendungen behandelt und daher der SchenkSt. unterworfen. Nach der Gesetzesbegründung dienen die Abs. 5 und 6 dem Zweck, ungerechtfertigte Steuervorteile durch bestimmte gesellschaftsvertragliche Regelungen auszuschließen. Die neuen Bestimmungen sollen sich nicht gegen die legalen Möglichkeiten richten, durch eine frühzeitige Beteiligung der Kinder am Geschäftsvermögen die künftige ErbSt, die sonst in vollem Umfange erst beim Tode des Erblassers eintreten würde, zu mindern. Gegen solche Schenkungen ist nach der Gesetzesbegründung nichts einzuwenden, solange die gesellschaftsvertraglichen Vereinbarungen eine korrekte Erfassung der wirklich geschenkten Beteiligungen ermöglichen. Es handelt sich hier um

1. Schenkungen mit Buchwertklausel (§ 7 Abs. 5 ErbStG)
2. die überhöhte Gewinnbeteiligung (§ 7 Abs. 6 ErbStG)
3. Abfindungen unter Wert des Anteils (§ 7 Abs. 7 ErbStG).

a) Schenkungen mit Buchwertklausel

Ist Gegenstand der Schenkung eine Beteiligung an einer Personengesellschaft, in deren Gesellschaftsvertrag bestimmt ist, daß der neue Gesellschafter bei Auflösung der Gesellschaft sowie im Falle eines vorherigen Ausscheidens nur den Buchwert eines Kapitalanteils erhält, so werden diese Bestimmungen bei der Ermittlung des Wertes der Bereicherung nicht berücksichtigt. Soweit die Bereicherung dem Buchwert des Kapitalanteils übersteigt, gilt sie als auflösend bedingt erworben. Das bedeutet, daß der geschenkte Anteil zunächst einmal nach § 12 Abs. 5 ErbStG i. V. m §§ 95 ff BewG ohne Berücksichtigung der Buchwertklausel zu bewerten ist. Soweit die Bereicherung allerdings den Buchwert des Kapitalanteils übersteigt, gilt sie als auflösend bedingt erworben (§ 7 Abs. 5 ErbStG). Mit dieser Regelung soll verhindert werden, daß die offenen oder stillen Reserven auf einen steuerlich nicht erfaßbaren Umweg den Beschenkten übertragen werden. Dies könnte nämlich dadurch erreicht werden, daß der Beschenkte zunächst nicht oder nur bedingt an den Reserven beteiligt wird, daß diese dann jedoch in späteren Jahren nach und nach aufgelöst werden mit der Folge, daß sie den Beschenkten über seine Gewinnbeteiligung zufließen. Es sollen deshalb die offenen und stillen Reserven als auflösend bedingt erworben gelten. Dies bedeutet, daß sie zunächst einmal als Teil der geschenkten Geschäftsbeteiligung zur ErbSt. herangezogen werden. Beim späteren Eintritt der Bedingungen könnte dann der Beschenkte eine Berichtigung der Veranlagung nach § 5 Abs. 2 BewG beantragen. Die SchenkSt. wäre in diesem Falle nach dem tatsächlichen Wert des Erwerbs neu festzusetzen. Ein überzahlter Betrag würde dem Beschenkten bzw. seinen Erben erstattet.

Diese Bestimmung trägt der Tatsache Rechnung, daß es nur in seltenen Fällen zum Bedingungseintritt kommt. Die Parteien gehen bei der Vereinbarung der Buchwertklausel davon aus, daß diese unter normalen Umständen nicht zur Anwendung kommt. Der objektive Wert der Beteiligung entspricht daher nicht dem Buchwert.

Beispiel: A schenkt seinem Sohn B eine Beteiligung zum Buchwert von 100 000 DM. Der gemeine Wert der Beteiligung beträgt 200 000 DM, der Steuerwert 150 000 DM. Es ist im Schenkungsvertrag vereinbart worden, daß B im Falle eines Ausscheidens durch Kündigung lediglich den Buchwert seines Kapitalanteils erhält.

Für die Schenkung ist der Steuerwert in Höhe von 150 000 DM maßgebend. In Höhe von 50 000 DM gilt der Erwerb als auflösend bedingt.

b) Überhöhte Gewinnbeteiligung

Wird eine Beteiligung an einer Personengesellschaft mit einer Gewinnbeteiligung ausgestattet, die der Kapitaleinlage, der Arbeit oder sonstigen Leistungen des Gesellschafters für die Gesellschaft nicht entspricht, oder die einem fremden Dritten üblicherweise nicht eingeräumt würde, so gilt das Übermaß an Gewinnbeteiligung als selbständige Schenkung, die mit dem Kapitalwert anzusetzen ist. Diese neue Vorschrift soll lediglich ausschließen, daß die offenen oder stillen Reserven auf einen steuerlich nicht erfaßbaren Umweg auf den Beschenkten übertragen werden. Diese Vorschrift des § 7 Abs. 6 ErbStG bedeutet eine Änderung gegenüber der bis dahin geltenden Auffassung. Hiernach war das Übermaß an Gewinnbeteiligung bei der Bewertung der Kapitalbeteiligung als deren Bestandteil mitzuerfassen. Nach der neuen Regelung ist jedoch der überhöhte Gewinnanteil als eine selbständige Schenkung zu betrachten. Die überhöhte Gewinnbeteiligung ist als selbständige Schenkung mit dem Kapitalwert der SchenkSt zu unterwerfen.

Was als überhöhte Gewinnbeteiligung anzusehen ist, ergibt sich nicht aus dem ErbStG. Hierzu hat die Rechtsprechung in jüngster Zeit zum Ertragsteuerrecht Stellung genommen (BFH v. 15. 11. 1967, BStBl 1968 II S. 152; v. 29. 5. 1972, Großer Senat BStBl 1973 II S. 5; 29. 3. 1973, BStBl 1973 II S. 489; v. 4. 9. 1973, BStBl 1973 II S. 866).

Die vom Großen Senat erarbeiteten Grundsätze dürften auch für das ErbStRecht zu übernehmen sein (vgl. Einführungserl. v. 20. 12. 1974, BStBl 1975 I S. 42 und v. 10. 3. 1976 BStBl I S. 145). Soweit bei der Gesellschaft eine Änderung der Ertragsaussicht nicht zu erwarten ist, kann von dem durchschnittlichen Gewinn der letzten 3 Wirtschaftsjahre vor der Schenkung ausgegangen werden.

Für die Berechnung des Kapitalwerts der überhöhten Gewinnbeteiligung ist, soweit keine anderen Anhaltspunkte für die Laufzeit gegeben sind, davon auszugehen, daß der überhöhte Gewinnanteil dem Bedachten für die Dauer von fünf Jahren in gleichbleibender Höhe zufließen wird.

Beispiel: A schenkt seinem Sohn eine Beteiligung von nominal 100 000 DM. Der Verkehrswert der Beteiligung beträgt 200 000 DM, der Steuerwert 150 000 DM. Er ist mit 20% am Gewinn des Unternehmens beteiligt. Nach dem Durchschnitt der letzten drei Jahre bemessen wären das 60 000 DM.

Nach dem Urteil des Großen Senates ist eine Gewinnbeteiligung von 15%, berechnet vom gemeinen Wert des Anteils, angemessen.

15% von 200 000 DM = 30 000 DM.

30 000 DM = 10% von 300 000 DM.

Somit sind 10% der Gewinnbeteiligung = 30 000 DM überhöht. Der Jahreswert der überhöhten Gewinnbeteiligungen beträgt daher 30 000 DM. Es ist eine Dauer von 5 Jahren zugrunde zu legen. Der Kapitalwert (4505 gem. Hilfszuschl. II VStR) beträgt somit 135 150 DM.

Neben der Schenkung des Anteils (= Wert 150 000 DM) beträgt die überhöhte Gewinnbeteiligung als selbständige Schenkung 135 150 DM.

c) Abfindungen unter dem Wert des Anteils

Als Schenkung gilt auch der auf einen Gesellschaftsvertrag beruhende Übergang des Anteils oder des Teils eines Anteils eines Gesellschafters bei dessen Ausscheiden auf die anderen Gesellschafter oder die Gesellschaft, soweit der Wert, der sich für seinen Anteil zur Zeit seines Ausscheidens nach § 12 ErbStG ergibt, den Abfindungsanspruch übersteigt.

Diese Bestimmung entspricht § 3 Abs. 1 Nr. 2 ErbStG. Bisher wurde die Bereicherung, die die Gesellschafter dadurch erfahren, daß der ausscheidende Gesellschafter nicht mit dem Verkehrswert seiner Beteiligung abgefunden wurde, sondern lediglich mit dem Buchwert, nicht von der ErbSt erfaßt (BFH v. 15. 5. 1953, BStBl 1953 II S. 199). Im Falle des Ausscheidens eines Gesellschafters ist der Wert des Abfindungsanspruchs dem Steuerwert des Anteils gegenüberzustellen. Der Steuerwert des Anteiles errechnet sich nach dem anteiligen Einheitswert. Übersteigt der Steuerwert des Anteils den Abfindungsanspruch, so gilt der Unterschiedsbetrag als Zuwendung. Diese Bestimmung hat nicht nur Bedeutung für alle Abfindungen zum Buchwert, sondern für alle, die unter dem Steuerwert des Anteils liegen. Je nach dem Verwandtschaftsgrad zum Ausscheidenden können sich hier unterschiedliche steuerliche Konsequenzen ergeben.

Beispiel: A, 62 Jahre alt, ist an der X OHG mit 40% beteiligt. Sein buchmäßiger Kapitalanteil beträgt DM 400 000, der Steuerwert 520 000 DM. Weitere Gesellschafter sind B und C, die mit A nicht verwandt sind. A scheidet unter Abfindung zum Buchwert aus der Gesellschaft aus.

```
Abfindungsanspruch              = 400 000 DM
Steuerwert                        520 000 DM
                                  ─────────
Schenkstpfl Übernahmegewinn       120 000 DM
```

Dieser entfällt auf B und C zu gleichen Teilen = je 60 000 DM, Freibeträge und Steuertarif richten sich nach Steuerklasse IV.

V. Stiftung und Zweckzuwendung

1. Stiftung

a) Grundsätzliches

Die Stiftung unterliegt in mehrfacher Hinsicht der ErbSt bzw. SchenkSt. So unterliegt der ErbSt:
1. Der Übergang von Vermögen auf eine vom Erblasser angeordnete Stiftung (§ 3 Abs. 2 Nr. 1 ErbStG),
2. der Übergang von Vermögen auf Grund eines Stiftungsgeschäftes unter Lebenden (§ 7 Abs. 1 Nr. 8 ErbStG),
3. was bei Aufhebung einer Stiftung erworben wird,
4. das Vermögen einer Stiftung, sofern sie wesentlich im Interesse einer Familie oder bestimmter Familien errichtet ist, und eines Vereins, dessen Zweck wesentlich im Interesse einer Familie oder bestimmter Familien auf die Bindung von Vermögen gerichtet ist, in Zeitabständen von je 30 Jahren.

b) Begriff der Stiftung

Stiftung im Sinne des ErbStG ist die rechtsfähige Stiftung i. S. der §§ 80 ff., BGB. Die Stiftung ist eine durch private Willenserklärung geschaffene, für einen dauernden Zweck bestimmte Einrichtung mit selbständiger Rechtspersönlichkeit, die nicht in einem Personenverband besteht, sondern zur Erreichung des im Errichtungsgeschäft festgelegten Zwecks mit Vermögensmitteln (Vermögensmasse) ausgestattet wird. Die Stiftung basiert nicht auf einem Personenverband, sondern es handelt sich hier um eine als selbständiger Rechtsträger anerkannte Einrichtung zur Erreichung eines dauernden Zweckes.

Zur Entstehung der Stiftung ist erforderlich:

ein Stiftungsgeschäft, das die nötige Unterlage für den neuen Rechtsträger schafft, und

die staatliche Mitwirkung (staatliche Genehmigung).

Das Stiftungsgeschäft kann als Rechtsgeschäft unter Lebenden oder von Todes wegen vorgenommen werden. Unter Lebenden bedarf es der schriftlichen Form (§ 81 Abs. 1 BGB). Von Todes wegen kann die Stiftung im Testament oder Erbvertrag angeordnet werden (§ 83 BGB), also durch privatschriftliches eigenhändiges Testament oder öffentliches Testament. Der Erblasser kann die Stiftung zum Erben einsetzen oder sie mit einem Vermächtnis bedenken.

Die Stiftung jedoch entsteht erst mit der Genehmigung des Bundesstaates, in dessen Gebiete die Stiftung ihren Sitz haben soll. Mit der Genehmigung ist die Stiftung entstanden. Wird sie erst nach dem Tode des Stifters genehmigt, so gilt sie für die Zuwendungen des Stifters als schon vor dessen Tode entstanden (§ 84 BGB).

Auch steuerrechtlich wird als rechtsfähige Stiftung nur die Stiftung i. S. der §§ 80 ff. BGB anerkannt. Notwendige Voraussetzung ist, daß sie mit eigener Rechtsfähigkeit ausgestattet ist. Errichtet der Erblasser eine unselbständige Stiftung, so liegt eine Zweckzuwendung i. S. des § 8 ErbStG vor.

c) Übergang von Vermögen auf eine vom Erblasser angeordnete Stiftung

Der Übergang von Vermögen auf eine vom Erblasser angeordnete Stiftung unterliegt der ErbSt (§ 3 Abs. 2 Nr. 1 ErbStG). Sie gilt als ein Erwerb von Todes wegen. Die Stiftung muß vom Erblasser selbst testamentarisch angeordnet sein. Er kann die Stiftung zu seinem Erben, Miterben oder aber zu einem Vermächtnisnehmer einsetzen.

Möglich ist aber auch, daß der Erblasser den Erben mittels einer Bedingung oder Auflage bestimmt, die Stiftung zu errichten. Es handelt sich hierbei um eine Erbeinsetzung unter Auflage i. S. des § 3 Abs. 2 Nr. 2 ErbStG. In diesem Falle ist der Erblasser als Schenker, der Erbe als Stifter zu behandeln. Die Übertragung des Vermögens auf die Stiftung wird in diesem Falle erbstlich so behandelt, als habe die Stiftung das Vermögen vom Erblasser unmittelbar erworben, obwohl bürgerlich-rechtlich gesehen der Erbe Durchgangserwerber war.

d) Stiftung unter Lebenden

Wird die Stiftung unter Lebenden angeordnet, so unterliegt der Übergang von Vermögen auf Grund dieses Stiftungsgeschäftes nach § 7 Abs. 1 Nr. 8 ErbStG der SchenkSt. Hierunter fällt die erstmalige Übertragung von Vermögen im

Zusammenhang mit der Errichtung der Stiftung selbst. Spätere Zuwendungen des Stifters jedoch werden als gewöhnliche Schenkung i. S. des § 7 Abs. 1 Nr. 1 ErbStG behandelt.

e) Erbschaftsteuerliche Behandlung der Zuwendungen der Stiftung an die Destinatäre

Wendet die Stiftung Dritten etwas zu, so kann hierin eine Schenkung i. S. des § 7 Abs. 1 Nr. 1 ErbStG liegen. Jedoch sind satzungsmäßige Zuwendungen der Stiftung an die Begünstigten selbst keine Schenkung, da es hier am Tatbestandsmerkmal der Freiwilligkeit fehlt.
Gemäß § 7 Abs. 1 Nr. 9 ErbStG gilt auch das als Schenkung, was bei Aufhebung der Stiftung erworben wird. Jedoch muß die Stiftung vollständig aufgehoben werden.
Es liegt keine Aufhebung der Stiftung i. S. des § 7 Abs. 1 Nr. 9 ErbStG vor, wenn Teilausschüttungen vorgenommen werden, die das Wesen der Stiftung nicht verändern und den Fortbestand der Stiftung nicht in Frage stellen. In diesem Falle kann unter Umständen eine selbständige Schenkung in Betracht kommen.

f) Stiftungszweck

Eine Stiftung kann im Interesse einer oder bestimmter Familien errichtet sein, sie kann gemeinnützigen Zwecken oder sonstigen Zwecken dienen. Der Stiftungszweck hat auf die Besteuerung einen erheblichen Einfluß. Grundsätzlich unterliegt der Vermögensübergang auf eine vom Erblasser oder Schenker angeordnete Stiftung der Steuerklasse IV. Dient jedoch die Stiftung dem Interesse einer Familie oder bestimmten Familien, so ist für die Besteuerung das Verwandtschaftsverhältnis des Berechtigten zu dem Erblasser oder Schenker in der Stiftungsurkunde zu Grunde zu legen. Wird die Familienstiftung zugunsten von Abkömmlingen errichtet, die nur in der Folge des Generationswechsels bezugsberechtigt sind, so wird der Vermögensübergang nach den Steuersätzen der Steuerklasse I versteuert, da Kinder, die erst nach dem Tode ihres Vaters bzw. ihrer Mutter bezugsberechtigt sind, in die Steuerklasse I fallen.
Im Falle der Auflösung der Stiftung gilt als Schenker der Stifter. Hinsichtlich des Erwerbers im Falle der Auflösung der Stiftung ist das Verwandschaftsverhältnis des Bereicherten zum Stifter maßgebend. Besteuerung ist mindestens der Vomhundertsatz der Steuerklasse II zugrunde zu legen.
Dient die vom Erblasser errichtete Stiftung ausschließlich gemeinnützigen oder kirchlichen Zwecken, so bleiben die Zuwendungen steuerfrei. Allerdings müssen

g) Erbersatzsteuer der Stiftung

Neben der Besteuerung des Erwerbs bei der Errichtung wird die Stiftung nunmehr alle 30 Jahre der ErbSt unterworfen, sofern sie wesentlich im Interesse einer Familie oder bestimmter Familien errichtet ist (§ 1 Abs. 1 Nr. 4 ErbStG). Das gleiche gilt für Vereine, deren Zweck wesentlich im Interesse einer Familie oder bestimmter Familien auf die Bindung von Vermögen gerichtet ist. Ausgenommen von dieser Vorschrift sind die gemeinnützigen Stiftungen. Die Besteuerung der Stiftung gem. § 1 Nr. 4 ErbStG soll erstmals zum 1. 1. 1984 für solche Stiftungen erfolgen, deren Errichtung bis zu diesem Zeitpunkt 30 Jahre zurückliegt (§ 9 Abs. 1 Nr. 4 ErbStG).

Nach Ansicht des Gesetzgebers soll durch diese Bestimmung verhindert werden, daß über die Bindung von Vermögen in Form einer Stiftung zugunsten von Familienangehörigen künftig eine ErbSt-Befreiung eintritt. Die Vorschrift gilt nur für die inländische Stiftung, mit Geschäftsleitung oder Sitz im Inland (§ 2 Abs. 1 Nr. 2 ErbStG). Ausländische Stiftungen werden grundsätzlich nicht der unbeschränkten Steuerpflicht unterworfen, auch wenn der Begünstigte ein Inländer ist. Nicht geklärt ist die Frage, ob eine ausländische Stiftung mit ihrem inländischen Vermögen der ErbersatzSt unterliegt (vgl. Michel DVT 1974, S. 50 ff.). Nach dem Wortlaut des § 2 Abs. 1 Nr. 3 ErbStG dürften ausländische Stiftungen mit ihrem inländischen Vermögen nicht der beschränkten Steuerpflicht nach § 1 Abs. 1 Nr. 4 ErbStG unterliegen. Bei der beschränkten Steuerpflicht i. S. des § 2 Abs. 1 Nr. 3 ErbStG wird auf den Vermögensanfall abgestellt. Bei der ErbersatzSt wird kein Vermögensanfall besteuert.

Von der ErbersatzSt sind gemeinnützige Stiftungen ausgenommen. Es fragt sich jedoch, wie Stiftungen zu behandeln sind, die mehrere Ziele verfolgen. Nach dem Gesetzeswortlaut unterliegen der ErbersatzSt Stiftungen, die wesentlich im Interesse einer Familie errichtet sind. Der Begriff „wesentlich" ist dehnbar. Ein wesentliches Interesse einer Familie wird immer dann vorliegen, wenn das Interesse der Stiftung überwiegend einer Familie gilt. Es wäre ohne Zweifel der Fall, wenn mehr als die Hälfte der Zuwendungen zugunsten von Familienangehörigen erfolgen. Im Zusammenhang mit der Beteiligung einer Kapitalgesellschaft wird der Begriff „wesentlich" schon für eine Beteiligung von mehr als 25 v. H. genutzt. Man wird also davon ausgehen müssen, daß eine Stiftung schon als wesentlich im Interesse einer Familie oder bestimmter Familien errichtet gilt, wenn die Angehörigen dieser Familie oder Familien nach der Satzung mehr als 25 v. H. der Zuwendungen erhalten sollen. Bei der Berechnung der Steuer wird gem. § 15 Abs. 2 ErbStG von der Bemessungsgrundlage der doppelte Freibetrag von 90 000 DM = 180 000 DM abgezogen. Die Steuer ist nach dem Vomhundertsatz der Steuerklasse I zu berechnen, der für die Hälfte des steuerpflichtigen Vermögens gelten würde.

Beispiel:

Steuerpflichtiges Vermögen	5 000 000,– DM
abzüglich Freibeträge	180 000,– DM
	4 820 000,– DM
davon die Hälfte	2 410 000,– DM
Steuersatz = 12% von 4 820 000 DM	= 578 400,– DM

h) Steuerbegünstigte Auflösung bestehender Stiftungen während einer Übergangszeit

Für eine Übergangszeit bis zum 1. 1. 1984 können bereits am 1. 1. 1974 vorhandene Stiftungen steuerbegünstigt aufgelöst werden (Art. 7 ErbSt-Reformgesetz). Nach der Wahl der Berechtigten, auf die das Vermögen bei der Auflösung übergeht, können die Vorschriften des bisherigen Rechts oder die begünstigenden Steuersätze der Steuerklasse I angewandt werden. Nach Ablauf dieser Frist sind bei Auflösung der Stiftung mindestens die Sätze der Steuerklasse II anzusetzen.

Eine Auflösung nach bisherigem Recht erscheint z. B. dann günstiger als die Auflösung nach Steuerklasse I, wenn nur noch ein Bezugsberechtigter vorhanden ist. Der Übergang des Vermögens auf ihn bleibt als Schenkung an sich selbst in vollem Umfange steuerfrei (BFH v. 23. 4. 1954, BStBl III S. 178). Auch für den Fall, daß lediglich Vater bzw. Mutter und ein Kind vorhanden sind, ist die Versteuerung nach altem Recht vorteilhafter gegenüber der Steuerklasse I. Im vorstehenden Fall würde die Hälfte des Erwerbs steuerfrei sein, ein Viertel nach Steuerklasse I, ein Viertel nach Steuerklasse III versteuert werden (vgl. Michel, DVR 1974 S. 58). Fällt das Vermögen auf den Stifter zurück, dürfte die Auflösung der Stiftung steuerfrei sein, da in diesem Falle Schenker und Beschenkter identisch sind.

2. Die Zweckzuwendung

Die Zweckzuwendung bildet neben der SchenkSt und der ErbSt einen eigenen steuerpflichtigen Tatbestand. Die Zweckzuwendung unterscheidet sich dadurch von der freiwilligen Zuwendung, daß bei der Zweckzuwendung ein Vermögen mit der Verpflichtung zugewandt wird, dieses nicht für eigene, sondern für einen dem Empfänger fremden Zweck oder einen unbestimmten Personenkreis zu verwenden (BFH v. 13. 3. 1953, BStBl III S. 144). Dabei ist es gleichgültig, ob die Zuwendung selbst oder ob ihre Erträge für diesen Zweck verwendet werden sollen. Mit der Zweckzuwendung wird ein Sondervermögen zur Erfüllung eines bestimmten Zweckes geschaffen. Der Bedachte bzw. der Beschenkte nimmt die Funktion eines Treuhänders wahr. Die Zweckzuwendung setzt voraus, daß sie einem unpersönlichen Zweck, z. B. der Pflege der Tiere, der Errichtung eines Denkmals, also überhaupt keiner Person oder einem unbestimmten Personenkreis, z. B. den Bedürftigen der Gemeinde, den Schülern eines Gymnasiums usw. zu Gute kommt (BFH v. 20. 12. 1957, BStBl 1958 III S. 79). Zweckzuwendung liegt auch dann nicht vor, wenn der Kreis der Personen eng begrenzt ist und sich die Bedachten schon von vornherein namentlich feststellen lassen. Im letzteren Falle läge eine Schenkung unter Auflage vor. Die Zweckzuwendung unterscheidet sich im wesentlich von der Stiftung einmal dadurch, daß das Sondervermögen nicht zu einer selbständigen juristischen Person wird, zum anderen dadurch, daß die Stiftung einen bestimmten Personenkreis begünstigen kann, z. B. Familienangehörige. Letzteres ist bei einer Zweckzuwendung nicht möglich. Eine Zweckzuwendung kann von Todes wegen, aber auch unter Lebenden angeordnet werden.

Steuerschuldner ist nach § 20 Abs. 1 ErbStG der mit der Ausführung der Zweckzuwendung Beschwerte, obwohl er als bloße Mittelsperson gar nicht bereichert ist. Er ist als Vertreter des Zweckvermögens Steuerschuldner und deshalb berechtigt, die Steuer aus dem für die Zweckzuwendung vorgesehenen Vermögen zu entnehmen.

Vielfach wird jedoch testamentarisch angeordnet, daß der Erbe mit der Ausführung der Zweckzuwendung beschwert ist. In diesem Falle liegen zwei steuerpflichtige Tatbestände vor. Einmal der Erbfall, zum andern die Zweckzuwendung, die steuerlich getrennt zu behandeln sind. Hat der Erbe die auf die Zweckzuwendung entfallende ErbSt aus dem übrigen Erbanfall zu tragen, so kann er sie als Nachlaßverbindlichkeit bei seinem Erwerb absetzen. Es erhöht sich damit aber auch der steuerliche Wert der Zweckzuwendung.

VI. Entstehung der Steuerschuld

Die Vorschrift des § 9 ErbStG bestimmt den jeweiligen Zeitpunkt, zu dem bei Erwerben von Todes wegen, bei Schenkungen und Zweckzuwendungen unter Lebenden die Steuerschuld im Einzelfall als entstanden gilt. Dieser Zeitpunkt ist maßgebend für den Wert der Bereicherung, d. h. der Wert der Bereicherung ist zu diesem Stichtag zu ermitteln. Spätere Wertsteigerungen sind unerheblich. Der Zeitpunkt der Entstehung der Steuerschuld ist auch maßgeblich für die persönlichen Verhältnisse des Erben bzw. Erblassers. Das gilt sowohl für die Frage der beschränkten und bzw. unbeschränkten Steuerpflicht als auch für die des Verwandtschaftsgrades.

Beispiel: A schenkt seinem Enkel ein Grundstück im Werte von 100 000,– DM. Kurz vor der Vollziehung der Schenkung stirbt sein Sohn, der Vater des Enkels.

Hätte der Vater zum Zeitpunkt der Vollziehung der Schenkung noch gelebt, würde dem Erwerb die Steuerklasse II zu Grunde gelegt werden. Infolge des Todes des Sohnes wird jedoch der Enkel nach der Steuerklasse I besteuert.

1. Entstehung der Steuerschuld bei Erwerben von Todes wegen

a) Erwerb durch Erbfall

Bei Erwerben von Todes wegen entsteht die Steuerschuld mit dem Tode des Erblassers. Mit diesem Zeitpunkt geht der Nachlaß automatisch auf die Erben über (§§ 1922, 1942 BGB). Auf den Zeitpunkt der Erbauseinandersetzung kommt es daher nicht an. Das gilt auch dann, wenn sich die Erbauseinandersetzung infolge eines Erbstreites zu lange hinzieht (BFH v. 1. 2. 1961, BStBl III S. 133). Auch die Einsetzung eines Testamentvollstreckers oder Nachlaßpflegers ist hierbei ohne Bedeutung.

Die ErbSt entsteht bereits mit dem Tode, auch wenn nach englischem oder amerikanischem Recht ein Trusté (Verwalter) eingesetzt worden ist (vgl. BFH v. 2. 2. 1977, BStBl II S. 425).

Eine Ausnahme gilt lediglich dann, wenn die Erbfolge aufgrund eines Testaments beruht, das erst längere Zeit nach dem Tode des Erblassers aufgefunden wurde (RFH v. 20. 10. 1938, RStBl 1939 S. 271).

Auch im Falle der Anordnung eines Vermächtnisses entsteht für den Vermächtnisnehmer die Steuerschuld bereits mit dem Tode des Erblassers. Der Anspruch des Vermächtnisnehmers auf Herausgabe des vermachten Gegenstandes entsteht mit dem Tode des Erblasser (§ 2176 BGB). Gleichgültig hierbei ist, wann der Vermächtnisnehmer den vermachten Gegenstand von dem Erben erhalten hat. Gleiches gilt für Renten- und Nießbrauchvermächtnisse.

b) Erwerb unter einer aufschiebenden Bedingung

Hängt der Erwerb von einer aufschiebenden Bedingung oder von einer Betagung oder Befristung ab, so entsteht die Steuerschuld erst mit dem Zeitpunkt des Eintritts der Bedingung oder des Ereignisses.

Eine Bedingung liegt vor, wenn sowohl der Eintritt eines Ereignisses als auch der Zeitpunkt des Eintrittes, von dem die Erbeinsetzung abhängig sein soll, ungewiß ist. Das gleiche gilt, wenn zwar nicht der Zeitpunkt, wohl aber der Eintritt des Ereignisses ungewiß ist. Eine Erbeinsetzung unter einer Bedingung läge vor, wenn die Erbeinsetzung von einer Heirat oder der Geburt eines Sohnes oder von dem Erreichen eines bestimmten Alters abhängig gemacht wird.

Ist hingegen der Eintritt eines Ereignisses gewiß, nicht dagegen der Zeitpunkt des Eintritts, z. B. der Todestag, so liegt eine Befristung vor.

Liegt der Eintritt des Ereignisses kalendermäßig genau fest, so ist eine Betagung (Zeitbestimmung) gegeben.

> *Beispiel:* A hat in seinem Testament seine Witwe zur Erbin eingesetzt. Ferner enthält das Testament die Bestimmung, daß sein Neffe N die Anteile an der X GmbH erhalten solle, wenn er bis zur Vollendung des 32. Lebensjahres die Diplomingenieurprüfung erfolgreich abgelegt haben sollte.
>
> Soweit es den Erbanfall der Witwe betrifft, entsteht die Steuerschuld bereits mit dem Tode des Erblassers. Hinsichtlich des zum Nachlaß gehörenden bedingten Vermächtnisses entsteht jedoch die Steuerschuld erst bei Eintritt der Bedingung.

Soweit zum Nachlaß aufschiebend bedingte Ansprüche gehören sollten, entsteht hinsichtlich dieser Ansprüche die Steuerschuld erst mit Eintritt der Bedingung.

Ein Erwerb unter einer Bedingung liegt auch dann vor, wenn der Nachlaß im Falle der Anwendung englischen oder amerikanischen Rechts auf einen Trust oder einen Trustee übergegangen ist. Der Durchgangserwerb des Treuhänders wird nach deutschem Recht nicht als Erwerb angesehen. Erwerber sind die bedachten, also diejenigen, auf die der Nachlaß zuletzt übergehen soll. Da die Begünstigten die Bereicherung auf Grund des Erbanfalls erst nach Abwicklung des Treuhandverhältnisses erwerben, wird der Übergang auf dieses Rechtsinstitut nach deutschem Recht wie eine Erbschaft unter einer aufschiebenden Bedingung behandelt (BFH v. 15. 5. 1964, BStBl III S. 408 v. 28. 2. 1979, BStBl II S. 438).

c) Erwerb des Pflichtteils

Beim Pflichtteilanspruch entsteht die Steuerschuld nicht bereits im Zeitpunkt der Entstehung dieses Anspruchs, sondern erst im Zeitpunkt der Geltendmachung des Pflichtteilspruchs durch den Berechtigten. Der Pflichtteilanspruch selbst entsteht zwar mit dem Tode, im Gegensatz zum Vermächtnisnehmer doch ist der Pflichtteilsberechtigte mit dem Erbanfall noch nicht wirtschaftlich bereichert, da seine Stellung eine andere ist. Eine wirtschaftliche Bereicherung ist hier erst gegeben, wenn der Pflichtteilsanspruch geltend gemacht worden ist.

d) Erwerb durch Stiftung

Ordnet der Erblasser testamentarisch eine Stiftung an, auf die das Vermögen übertragen werden soll, so entsteht die ErbStSchuld zum Zeitpunkt der Genehmigung der Stiftung.
Gleiches gilt bei der Errichtung der Stiftung unter Lebenden. Erst mit der staatlichen Genehmigung gilt das Vermögen auf die Stiftung übertragen. Sollte sich das Genehmigungsverfahren jedoch auf eine längere Zeit erstrecken, kann unter Umständen das auf die Stiftung zu übertragende Vermögen als Zweckvermögen i. S. des § 8 ErbStG angesehen werden.

e) Erwerb infolge Auflage

Erwirbt ein Begünstigter etwas infolge Vollziehung einer vom Erblasser angeordneten Auflage oder infolge Erfüllung einer vom Erblasser gesetzten Bedingung, so entsteht die Steuerschuld mit dem Zeitpunkt der Vollziehung der Auflage oder Erfüllung der Bedingung.

f) Genehmigungspflichtige Erwerbe

Ist der Erwerb von einer Genehmigung abhängig, so entsteht die Steuerschuld erst mit dem Zeitpunkt der Genehmigung.

g) Abfindungen für Erbverzicht

Hat ein Erbe aufgrund eines Erbverzichtes oder infolge Ausschlagung eine Abfindung erhalten, so gilt die Steuer mit dem Zeitpunkt des Verzichtes oder der Ausschlagung als entstanden, nicht erst im Zeitpunkt der Abfindungszahlung.

h) Veräußerung von Anwartschaftsrechten

Veräußert ein Nacherbe vor Eintritt der Nacherbschaft sein Anwartschaftsrecht, so entsteht die Steuerschuld für die Gegenleistung mit dem Zeitpunkt der Übertragung der Anwartschaft auf den Dritten. Auf die Zahlung der Gegenleistung kommt es hier nicht an.

i) Erwerb im Nacherbfall

Hat der Erblasser einen Nacherben eingesetzt, so entsteht die Steuerschuld für den Erwerb des Nacherben mit dem Zeitpunkt des Eintrittes des Erbfalles.

k) Abfindungsvereinbarungen bei Vermächtnissen

Im Falle einer Abfindung für ein aufschiebend bedingtes, betagtes oder befristetes Vermächtnis, für das die Ausschlagungsfrist abgelaufen und vor dem Zeitpunkt des Eintritts der Bedingung oder des Ereignisses eine Abfindung gewährt ist, entsteht die Steuer mit dem Zeitpunkt der Vereinbarung über die Abfindung.

2. Schenkung unter Lebenden

Bei Schenkung unter Lebenden entsteht die Steuer mit dem Zeitpunkt der Ausführung der Zuwendung. Es kommt also nicht auf den Zeitpunkt des Vertragsabschlusses, sondern auf den Zeitpunkt der Ausführung der Zuwendung an. So ist insbesondere das Schenkungsversprechen für die ErbSt unbeachtlich. Die Zuwendung gilt dann als ausgeführt, wenn der Bedachte die wirtschaftliche Verfügungsmacht über den zugewendeten Gegenstand erhält (BFH v. 14. 2. 1962, BStBl 1962 III S. 204). Der Beschenkte muß wirtschaftlicher Eigentümer i. S. des § 39 AO 77 geworden sein. Es ist daher bei der Schenkung auf die wirtschaftliche Abwicklung der Zuwendung abzustellen. Bei der Schenkung eines Grundstücks kommt es also nicht darauf an, wann die Eintragung im Grundbuch erfolgt ist, sondern auf den Zeitpunkt, von dem an der Erwerber über das Grundstück bereits wie ein Eigentümer verfügen konnte. Die Schenkung eines Grundstücks ist ausgeführt, wenn die Vertragspartner des notariell beurkundeten Grundstücksübertragungsvertrags die Auflassung des Grundstücks erklärt haben, eine Auflassungsvormerkung im Grundbuch eingetragen ist und die Anträge auf Eintragung des Eigentumswechsels im Grundbuch notariell beurkundet sind. Dies gilt auch dann, wenn die Umschreibung erst beim Tod des Veräußerers erfolgen soll (BFH v. 20. 2. 1980, BStBl II S. 307).

Bei der Schenkung eines Kapitalanteils an einer Personengesellschaft ist im Zweifel der Zeitpunkt des Vertragsabschlusses für die Entstehung der Steuerschuld maßgebend (BFH v. 22. 8. 1962, BStBl III S. 502; v. 24. 7. 1963, BStBl III S. 442). Hinzu kommt, daß der Beschenkte mit dem Zeitpunkt des Vertragsabschlusses bereits die Gesellschafterstellung ausgefüllt haben muß. Handelt es sich hierbei um eine stille Einlage, so kommt es m. E. nicht auf den

Zeitpunkt des Vertrages, sondern auf den Zeitpunkt der Durchführung des Vertrages an, also auf die Verbuchung der stillen Einlage auf ein Konto.

3. Zweckzuwendungen

Bei Zweckzuwendungen entsteht die Steuerschuld mit dem Zeitpunkt des Eintritts der Verpflichtung des Beschwerten.

4. Familienstiftung

Bei der Familienstiftung entsteht die ErbsatzSt. i. S. des § 1 Abs. 1 Nr. 4 in Zeitabständen von je 30 Jahren seit dem Zeitpunkt des ersten Vermögensübergangs auf die Stiftung oder auf den Verein. Fällt bei Stiftungen oder Vereinen der Zeitpunkt des ersten Übergangs von Vermögen auf den 1. Januar 1954 oder auf einen früheren Zeitpunkt, so entsteht die Steuer erstmals am 1. Januar 1984. Bei Stiftungen und Vereinen, bei denen die Steuer erstmals am 1. Januar 1984 entsteht, richtet sich der Zeitraum von 30 Jahren nach diesem Zeitpunkt.

5. Sonderregelungen im Falle der Aussetzung der Versteuerung

Ist die Versteuerung beim Erwerb von Vermögen, dessen Nutzungen einem anderen als dem Erwerber zustehen oder das mit einer Rentenverpflichtung oder mit einer Verpflichtung zu einer sonstigen Leistung belastet ist, ausgesetzt, gilt die Steuer für den Erwerb des belasteten Vermögens zu dem Zeitpunkt des Erlöschens des Nutzungsrechts als entstanden.

VII. Wertermittlung

1. Steuerpflichtiger Erwerb

| *Steuerpflichtiger Erwerb* |

| *Wert der Zuwendung* |

abzüglich

| Zugewinnausgleich, § 5 ErbStG |

| sachliche Steuerbefreiungen, § 13 ErbStG |

| persönlicher Freibetrag, § 16 ErbStG; Ehegatten 250 000 DM Steuerklasse I 90 000 DM Steuerklasse II 50 000 DM Steuerklasse III 10 000 DM Steuerklasse IV 3 000 DM |

| Versorgungsfreibetrag, § 17 ErbStG; Ehegatten bis zu 250 000 DM Kinder, je nach Alter und Höhe des stpfl. Erwerbs |

| Steuerpflichtiger Erwerb |

Als steuerpflichtiger Erwerb i. S. des § 10 ErbStG gilt die Bereicherung des Erwerbers, soweit sie nicht steuerfrei ist. Der Erwerb ist somit von dem fiktiven Zugewinnausgleich (§ 5 ErbStG) um die sachlichen Steuerbefreiungen des § 13 ErbStG, um den persönlichen Freibetrag (§ 16 ErbStG) und den Versorgungsfreibetrag (§ 17 und 18 ErbStG) zu mindern.

In den Fällen einer Verfügung von Todes wegen (§ 3 ErbStG) gilt als Bereicherung der Betrag, der sich ergibt, wenn von dem nach § 12 ErbStG zu ermittelnden Wert des gesamten Vermögensanfalls, soweit er der Besteuerung nach diesem Gesetz unterliegt, die nach den Absätzen 3 und 8 abzugsfähigen Nachlaßverbindlichkeiten mit ihrem nach § 12 ErbStG zu ermittelnden Wert abgezogen werden. Bei der Zweckzuwendung tritt an die Stelle des Vermögensanfalls die Verpflichtung des Beschwerten. Der steuerpflichtige Erwerb wird auf volle 100 DM nach unten abgerundet.

Hat der Erblasser die Errichtung der von dem Erwerber geschuldeten Steuer einem anderen auferlegt oder hat der Schenker die Entrichtung der vom Beschenkten geschuldeten Steuern selbst übernommen oder einem anderen auferlegt, so gilt als Erwerb der Betrag, der sich bei einer Zusammenrechnung des steuerpflichtigen Erwerbs mit der aus ihm errechneten Steuer ergibt.

Zur Errechnung des steuerpflichtigen Erwerbs wird zunächst einmal der Wert des positiven Vermögens festgestellt. Von diesem werden die Nachlaßverbindlichkeiten, soweit sie abzugsfähig sind, abgezogen. Der dann verbleibende Wert ergibt die Bereicherung, der um die o. g. Freibeträge zu kürzen ist. Der sich auf diese Weise ergebende Reinnachlaß stellt den Bemessungsmaßstab für die ErbSt dar.

2. Zeitpunkt für die Wertermittlung

Für die Wertermittlung ist, soweit nichts anderes bestimmt ist, der Zeitpunkt der Entstehung der Steuerschuld maßgebend (§ 11 ErbStG). Beim Erbfall ist das der Tod des Erblassers, bei der Schenkung der Zeitpunkt der Ausführung der Schenkung.

Grundsätzlich hat daher bei Erwerb von Todes wegen und auch im Falle der Schenkung eine Bewertung des Erwerbes zum Zeitpunkt des Todes bzw. der Schenkung bzw. der anderen Entstehungszeitpunkte zu erfolgen (vgl. § 9 ErbStG). Wenn auch das ErbStG in der Regel die Werte des BewG übernimmt (vgl. § 12 ErbStG) und somit die Bewertung (abgesehen von einigen Ausnahmen) nach den gleichen Grundsätzen erfolgt wie bei der VermSt, kann die letzte VermSt-Veranlagung nicht als Bemessungsgrundlage für die ErbSt dienen. Es ist daher grundsätzlich für den Zeitpunkt der Steuerpflicht (§ 12 ErbStG) eine neue Bewertung durchzuführen. Das hat zur Folge, daß z. B. der Einheitswert des

Betriebsvermögens auf den Stichtag des Todes neu zu ermitteln ist. Einfachheitshalber sollen aber die letzten Einheitswerte übernommen werden können, wenn zwischen Bewertungsstichtag und dem Todestag zeitlich kein großer Zwischenraum liegt.

Bei zum amtlichen Handel zugelassenen Wertpapieren ist grundsätzlich der Börsenkurs im Zeitpunkt des Todes maßgebend (vgl. BFH v. 23. 2. 1977, BStBl II S. 427).

3. Anzuwendende Bewertungsvorschriften

Wertermittlung der Bereicherung

Aufgliederung des Nachlasses

Grundvermögen	Einheitswert zum 1. 1. 1974: 1,4-fache des Wertes zum 1. 1. 1964
Land- und forstwirtschaftliches Vermögen	Einheitswert
gewerbliches Betriebsvermögen	Einheitswert des Betriebsvermögens
bei Personengesellschaften	anteiliger Einheitswert
freiberufliche Praxis	Einheitswert des Betriebsvermögens
Wertpapiervermögen	gemeiner Wert (Anteile Stuttgarter Verfahren) Abs. 77 VStR
sonstiges Vermögen	gemeiner Wert

Beim sonstigen Vermögen sind die sachlichen Steuerbefreiungen des § 13 ErbStG zu berücksichtigen, § 110 BewG *gilt nicht*

abzüglich der Nachlaßverbindlichkeiten

Schulden des Erblassers	gemeiner Wert
Vermächtnisse	gemeiner Wert oder EW
Auflagen	gemeiner Wert
Pflichtteilsansprüche	gemeiner Wert
sonstige Belastungen infolge Erbschaft	gemeiner Wert
nicht jedoch die Erbschaftsteuerschulden	

beachte

> Betriebsschulden sind im Einheitswert des Betriebsvermögens berücksichtigt. Nießbrauchs- und Rentenvermächtnisse stellen keine Nachlaßverbindlichkeit dar, Sonderregelung §§ 23, 24, 25 ErbStG.

Gem. § 12 Abs. 1 ErbStG gelten für die Bewertung des Nachlasses, soweit sich aus den Absätzen 2 bis 6 nichts anderes ergibt, die allgemeinen Bewertungsvorschriften (§§ 1–16 BewG). Das gilt grundsätzlich für das Kapital und das sonstige Vermögen. § 110 BewG ist hier nicht anwendbar. Erfolgt der Erwerb unter einer aufschiebenden Bedingung, muß bei Anwendung der Vorschriften der §§ 4 bis 8 BewG beachtet werden, daß die Steuerschuld erst mit Eintritt der Bedingung entsteht (§ 9 Abs. 1 Nr. 1 d ErbStG).

Grundbesitz und Mineralgewinnungsrechte sind mit dem Einheitswert anzusetzen, der nach dem 2. Teil des Bewertungsgesetzes (besondere Bewertungsvorschriften) auf den Zeitpunkt festgestellt ist, der der Entstehung der Steuer vorangegangen ist oder mit ihr zusammenfällt. Es findet hier also keine besondere Wertermittlung statt; es werden die im Zeitpunkt der Entstehung der Steuerschuld gültigen Einheitswerte übernommen.

Gehört zum Erwerb nur ein Teil einer der im § 12 Abs. 2 ErbStG bezeichneten wirtschaftlichen Einheiten, so ist der darauf entfallende Teilbetrag des Einheitswertes maßgebend. Die Wertermittlung richtet sich nach den Vorschriften der §§ 33–94 BewG.

Ist der Einheitswert noch nicht festgestellt oder sind bis zur Entstehung der Steuerschuld die Voraussetzungen für eine Wertfortschreibung erfüllt, so ist der Wert zum Zeitpunkt der Entstehung der Steuerschuld maßgebend. In diesem Falle ist auf den Todeszeitpunkt der Einheitswert bzw. der neue Einheitswert durch Fortschreibung nach den Vorschriften der §§ 33–94 BewG festzustellen. Somit finden auch für die besondere Feststellung die Grundsätze für die Einheitsbewertung Anwendung.

Liegt allerdings der Grundbesitz außerhalb des Bundesgebietes und von Westberlin, so sind die gemeinen Werte sowie die Verkehrswerte (mit dem Zeitpunkt des Todes) anzusetzen. Da bisher wenige Doppelbesteuerungsabkommen hinsichtlich der Erbschaft- und Schenkungssteuer bestehen, kommt diese Vorschrift häufig zur Anwendung.

Befindet sich im Nachlaß ein Gewerbebetrieb oder ein Mitunternehmeranteil, so ist der Einheitswert des Betriebsvermögens maßgebend für die ErbSt bzw. der Anteil am Einheitswert des Betriebsvermögens. Nach § 12 Abs. 5 ErbStG finden die Vorschriften der §§ 95–100, 103–105, 108 und 109 Abs. 1 und 4 BewG Anwendung. Für den Bestand und die Bewertung von Betriebsvermögen mit Ausnahme der Bewertung der Betriebsgrundstücke und Minderalgewinnungsrechte sind die Verhältnisse zur Zeit der Entstehung der Steuer maßgebend. Es kann daher nicht der im Zeitpunkt der Entstehung der Steuerschuld gültige Einheitswert des Betriebsvermögens übernommen werden. Zum Betriebsvermögen gehören Wertpapiere, Anteile und Genußscheine von Kapitalgesellschaften. Sie sind jedoch mit dem nach §§ 11 oder 12 des BewG ermittelten Wert anzusetzen (Stuttgarter Verfahren). Befinden sich im Nachlaß Anzahlungen, z. B. Mieten, die den Zeitraum nach Eintritt des Erbfalles betreffen, so ist der Wert des Nachlasses um diesen zu kürzen (BFH v. 4. 5. 1977, BStBl II S. 732).

4. Nachlaßverbindlichkeiten

Nachlaßverbindlichkeiten mindern grundsätzlich den Wert des Nachlasses (§ 10 ErbStG). Man unterscheidet hier zwischen Verbindlichkeiten des Erblassers, die auf die Erben als Gesamtrechtsnachfolger übergehen und die Erbanfallverbindlichkeiten, die unmittelbar durch den Tod des Erblassers ausgelöst werden. Keine Nachlaßverbindlichkeiten sind jedoch die Kosten, die im Zusammenhang mit der späteren Verwaltung des Nachlasses anfallen. Sie sind evtl. Werbungskosten, die im Zusammenhang mit den Einkünften aus dem Nachlaß bei den einzelnen Miterben abzugsfähig sind. Sie mindern jedoch nicht den Wert des Nachlasses. Das gilt nicht nur für die Kosten der Testamentsvollstreckung, sondern auch für Rechtsstreitigkeiten im Zusammenhang mit einzelnen Nachlaßgegenständen.

a) Verbindlichkeiten des Erblassers

Verbindlichkeiten des Erblassers sind diejenigen, die zu Lebzeiten des Erblassers entstanden sind. Hierzu zählen alle Verbindlichkeiten, die nicht mit dem Tode des Erblassers erlöschen. Es handelt sich hierbei um alle persönlichen Verpflichtungen des Erblassers und auch um die Verpflichtungen, die auf dem Vermögen des Erblassers lasten, wie z. B. Hypothekenschulden auf dem Grundvermögen des Erblassers, aber auch noch nicht gezahlte Steuerschulden sind Verbindlichkeiten des Erblassers, jedoch nur die persönlichen Steuerschulden, wie ESt, VermSt und rückständige Vermögensabgabe. Hierbei muß berücksichtigt werden, daß die Steuerpflicht des Erblassers mit seinem Tode endet. Die späteren

Einkünfte aus dem Vermögen des Erblassers werden den Erben zugerechnet. Die hierauf entfallende ESt ist eine Verbindlichkeit der Erben.

b) Erbanfallverbindlichkeiten

Bei den Erbanfallverbindlichkeiten handelt es sich hauptsächlich um testamentarische Anordnungen des Erblassers. Die vom Erblasser ausgesetzten Vermächtnisse sind Verbindlichkeiten der Erben. Der Wert des Vermächtnisses richtet sich nach dem des vermachten Gegenstandes. Hat der Vermächtnisnehmer einen obligatorischen Anspruch auf Übereignung eines Grundstücks, wird dem Vermächtnis nicht der Wert dieses obligatorischen Anspruchs zugrunde gelegt, sondern der niedrigere Einheitswert des Grundstücks (BFH v. 30. 6. 1960, BStBl 1960 III S. 348; v. 23. 8. 1961, BStBl III S. 504). Eine Sonderregelung besteht für den Nießbrauch und die Rentenvermächtnisse. Renten und Nießbrauchsvermächtnisse können den Wert des Nachlasses nicht mehr mindern.

Pflichtteile können als Verbindlichkeiten nur in Ansatz gebracht werden, wenn der Pflichtteilsanspruch tatsächlich vom Pflichtteilsberechtigten geltend gemacht worden ist (BFH v. 24. 1. 1958, BStBl 1958 III S. 134). Der Pflichtteilsanspruch ist auf einen Geldbetrag gerichtet. Er wird daher auch steuerlich als Kapitalforderung behandelt und auch dementsprechend bewertet. Das gilt auch für den Fall, daß der Pflichtteilsberechtigte Gegenstände, z. B. ein Grundstück, aus dem Nachlaß erhält.

Als Nachlaßverbindlichkeiten gelten ebenfalls die vom Nachlasser angeordneten Auflagenbedingungen. Voraussetzung ist allerdings, daß die Auflage in Geld veranschlagt werden kann (BFH v. 18. 11. 1963, HFR 1964 S. 83). Die Zuwendung selbst, die unter einer Auflage erfolgt, ist nur insoweit steuerpflichtig, als sie den Wert der Leistung des Beschwerten übersteigt, es sei denn, daß die Leistung dem Zweck der Zuwendung dient.

Keine Belastungen sind die vom Erblasser angeordneten Beschränkungen. Hierzu gehört das Anwartschaftsrecht des Nacherben (§ 10 Abs. 4 ErbStG). Die angeordnete Nacherbschaft kann den Wert der Erbschaft beim Vorerben nicht mindern, obwohl dieser in seiner Verfügungsmacht erheblich eingeengt ist. Ebenfalls sind alle übrigen testamentarisch angeordneten Verfügungsbeschränkungen, wie Testamentsvollstreckung, keine wertmindernde Belastung der Erbschaft (BFH v. 25. 10. 1951, BStBl III S. 229). Desgleichen wirken sich auch Entnahmebeschränkungen bei einem ererbten Unternehmen nicht wertmindernd aus. Nachlaßverbindlichkeiten stellen eine drohende ESt-Belastung durch Auflösung evtl. stiller Reserven dar (BFH v. 5. 7. 1978, BStBl 1979 II S. 23).

Abzugsfähig sind ferner gem. § 10 Abs. 5:

1. Die Kosten der Bestattung des Erblassers einschließlich der Kosten der landesüblichen kirchlichen und bürgerlichen Leichenfeierlichkeiten und der Kosten eines angemessenen Grabdenkmals; die Kosten für die übliche Grabpflege mit einem Kapitalwert für eine unbestimmte Dauer (hier ist höchstens das 9fache des Jahreswertes der Pflegekosten anzusetzen);
2. die im Falle der Todeserklärung des Erblassers im Nachlaß zur Last fallenden Kosten des Verfahrens;
3. Kosten der Eröffnung einer Verfügung des Erblassers von Todes wegen, wie gerichtliche und außergerichtliche Kosten der Regelung des Nachlasses, Kosten der gerichtlichen Sicherung des Nachlasses, einer Nachlaßpflegschaft, des Aufgebots der Nachlaßgläubiger und der Inventarerrichtung;
4. Kosten eines für den Nachlaß oder wegen des Erwerbs geführten Rechtsstreites.
Für die in § 10 Abs. 5 Nr. 3 ErbStG genannten Kosten kann insgesamt ein Betrag von 10 000 DM ohne Nachweis abgezogen werden.

Erlöschen Rechtsverhältnisse infolge Erbfalls (Vereinigung von Recht und Verbindlichkeiten oder von Recht und Belastung), gelten sie erbstlich als nicht erloschen.

Beispiel: Erblasser A hat seinem Neffen N, den er zu seinem Erben eingesetzt hat, vor seinem Tode ein Darlehen von 50 000 DM gewährt. Rückzahlungsverpflichtung ist infolge Todes erloschen. Dennoch ist die Forderung in Höhe von 50 000 DM bei der Wertermittlung des gesamten Nachlasses anzusetzen.

Schulden und Lasten, die in wirtschaftlicher Beziehung zu nicht steuerbaren Teilen des Erwerbes stehen, sind nicht abzuziehen.

Beispiel: A hat ein Schloß geerbt, das nach den geltenden Bestimmungen der Denkmalspflege unterstellt und daher nach § 13 Abs. 1 Nr. 2 b aa von der ErbSt befreit ist. Es ist mit einer Hypothek von 1 000 000 DM belastet. Da die Hypothek mit einem steuerfreien Gegenstand in Zusammenhang steht, kann sie nicht als Nachlaßverbindlichkeit angesetzt werden.

Beschränkt sich die Besteuerung auf einzelne Vermögensgegenstände (§ 10 Abs. 6 ErbStG), so sind nur die in einer wirtschaftlichen Beziehung zu diesem Teil des Erwerbes stehenden Schulden und Lasten abzugsfähig. Bei beschränkt steuerpflichtigen Miterben hat die Rechtsprechung den vollen Abzug der Nachlaßverbindlichkeiten beim Inlandsnachlaß abgelehnt (BFH v. 16. 8. 1961, HFR S. 248; v. 9. 5. 1958, BStBl 1959 III S. 271). Der beschränkt Steuerpflichtige kann nur die Nachlaßverbindlichkeiten vom Wert des Nachlasses abziehen, soweit die Verbindlichkeiten mit den ererbten Gegenständen unmittelbar im Zusammenhang stehen. Das ist bei Beerdigungskosten, Vermächtnissen und Pflichtteilsansprüchen usw. nicht der Fall. Unmittelbar im Zusammenhang mit dem Erwerb stehen z. B. bei Grundvermögen die Hypotheken und Grundschulden.

Keine Nachlaßverbindlichkeit ist die ErbSt-Schuld. Diese betrifft die Bereicherung beim Erben. Sie ist daher eine Schuld bzw. Verbindlichkeit des einzelnen Erben selbst und nicht abziehbar (vgl. § 10 Abs. 8 ErbStG).

5. Steuerbefreiungen

§ 13 ErbStG enthält sachliche Steuerbefreiungen. So ist der Erwerb von Hausrat einschließlich Wäsche und Kleidungsstücken sowie Kunstgegenständen und Sammlungen bei Personen der Steuerklasse I oder II, soweit der Wert insgesamt 40 000 DM nicht übersteigt, und für die Steuerklassen III und IV, soweit der Wert insgesamt 10 000 DM nicht übersteigt, steuerfrei. Es handelt sich hier um Freibeträge.

Andere bewegliche körperliche Gegenstände, die nicht nach § 13 Nr. 2 steuerbefreit sind, sind beim Erwerb durch Personen der Steuerklasse I oder II, soweit der Wert insgesamt 5000 DM nicht übersteigt und bei den übrigen Steuerklassen (III und IV), soweit der Wert insgesamt 2000 DM nicht übersteigt, steuerfrei. Allerdings gilt die Steuerbefreiung nicht für Gegenstände, die zum land- und forstwirtschaftlichen Vermögen, zum Grundvermögen oder zum Betriebsvermögen gehören, für Zahlungsmittel, Wertpapiere, Münzen, Edelmetalle, Edelsteine und Perlen.

Grundbesitz und Teile von Grundbesitz, Kunstgegenstände, Kunstsammlungen, wissenschaftliche Sammlungen, Bibliotheken und Archive sind mit 60 v. H. ihres Wertes steuerfrei, wenn die Erhaltung dieser Gegenstände wegen ihrer Bedeutung von Kunst, Geschichte oder Wissenschaft im öffentlichen Interesse liegt und die jährlichen Kosten die in der Regel erzielten Einnahmen übersteigen. Diese Gegenstände sind sogar in vollem Umfange steuerfrei, wenn der Steuerpflichtige zusätzlich bereit ist, diese Gegenstände den geltenden Bestimmungen der Denkmalspflege zu unterstellen, und sich die Gegenstände seit mindestens 20 Jahren im Besitz der Familie befinden oder in dem Verzeichnis des national wertvollen Kulturgutes oder national wertvoller Archive nach dem Gesetz zum Schutz deutschen Kulturgutes gegen Abwanderung vom 6. August 1955 eingetragen sind. Die Steuerbefreiung entfällt mit Wirkung für die Vergangenheit, wenn die Gegenstände innerhalb von 10 Jahren nach dem Erwerb veräußert werden oder die Voraussetzungen für die Steuerbefreiung innerhalb dieses Zeitraums entfallen.

Grundbesitz und Teile von Grundbesitz sind ebenfalls steuerbefreit, wenn sie für Zwecke der Volkswohlfahrt der Allgemeinheit zur Benutzung zugänglich gemacht sind und wenn deren Erhaltung im öffentlichen Interesse liegt und die jährlichen Kosten in der Regel die erzielten Einnahmen übersteigen.

Ebenso sind steuerbefreit Vorteile, die Familienangehörige auf Grund des § 1969 BGB erhalten. Hiernach ist der Erbe verpflichtet, Familienangehörige des Erblassers, die zur Zeit des Todes des Erblassers zu dessen Hausstande gehört und von ihm Unterhalt bezogen haben, in den ersten 30 Tagen nach dem Eintritte des

Erbfalls in demselben Umfange, wie der Erblasser es getan hat, Unterhalt zu gewähren und die Benutzung der Wohnung und der Haushaltsgegenstände zu gestatten.

Die Befreiung von einer Schuld gegenüber dem Erblasser ist ebenfalls steuerfrei, und zwar dann, wenn die Schuld durch Gewährung von Mitteln zum Zwecke des angemessenen Lebensunterhalts oder zur Ausbildung des Bedachten begründet ist, oder aber wenn der Erblasser die Befreiung mit Rücksicht auf die Notlage des Schuldners angeordnet hat und diese trotzdem weiterhin besteht. Die Steuerbefreiung entfällt jedoch, soweit die Steuer aus der Hälfte einer neben der erlassenen Schuld bedachten anfallenden Zuwendung gedeckt werden kann.

Steuerbefreit ist ein Erwerb der Eltern, Adoptiveltern oder Großeltern des Erblassers, sofern der Erwerb zusammen mit dem übrigen Vermögen des Erwerbers 40 000 DM nicht übersteigt und der Erwerber infolge körperlicher oder geistiger Gebrechen und unter Berücksichtigung seiner bisherigen Lebensstellung als erwerbsunfähig anzusehen ist oder durch die Führung eines gemeinsamen Hausstandes mit erwerbsunfähigen oder in der Ausbildung befindlichen Abkömmlingen an der Ausübung einer Erwerbstätigkeit gehindert ist. Übersteigt der Wert des Erwerbes zusammen mit dem übrigen Vermögen des Erwerbers den Betrag von 40 000 DM, so wird die Steuer nur insoweit erhoben, als sie aus der Hälfte des die Wertgrenze übersteigenden Betrags gedeckt werden kann.

Steuerfrei sind nach § 13 Nr. 7 Ansprüche aus dem Lastenausgleichsgesetz, Ansprüche nach dem allgemeinen Kriegsfolgengesetz, Kriegsgefangenenentschädigung, Wiedergutmachungsansprüche. Befreit sind jedoch nicht die Gegenstände (Wertpapiere), die der Erblasser mittels ihm zugeflossener Entschädigungen erworben hat (BFH v. 9. 12. 1976, BStBl 1977 II S. 289).

Steuerfrei ist ein Erwerb bis zu 2000 DM, der bei Personen anfällt, die dem Erblasser unentgeltlich oder gegen unzureichendes Entgelt Pflege oder Unterhalt gewährt haben, soweit das Zugewendete als angemessenes Entgelt anzusehen ist.

Steuerbefreit sind ferner Vermögensgegenstände, die Eltern oder Voreltern ihren Abkömmlingen durch Schenkung oder Übergabevertrag zugewandt haben und die an diese Personen von Todes wegen zurückfallen.

Verzichtet ein Pflichtteilsberechtigter oder ein nichteheliches Kind auf die Geltendmachung des Pflichtteilsanspruchs bzw. des Erbersatzanspruches, so ist dieser Verzicht steuerbefreit.

Zuwendungen unter Lebenden zum Zwecke des angemessenen Unterhalts oder der Ausbildung des Bedachten sind ebenfalls steuerbefreit.

Beispiel: A sagt zu seinem Neffen N während seines Studiums eine monatliche Zahlung von 500 DM zu. Diese Zuwendung ist nach Nr. 12 steuerfrei.

Zuwendungen an Pensions- und Unterstützungskassen, die nach § 3 VStG steuerfrei sind, unterliegen ebenfalls nicht der ErbSt. Die Befreiung entfällt aber mit Wirkung für die Vergangenheit, wenn die Voraussetzungen für die VermSt-Befreiung innerhalb von 10 Jahren nach der Zuwendung entfallen.

Die üblichen Gelegenheitsgeschenke sind nach Nr. 14 steuerfrei.

Bund, Land oder eine inländische Gemeinde sind als Erbe steuerfrei.

Zuwendungen an Kirchen, inländische Religionsgesellschaften, inländische Körpergesellschaften, Personenvereinigungen und Vermögensmassen, die nach der Satzung, dem Stiftungsgeschäft oder der sonstigen Verfassung und nach ihrer tatsächlichen Geschäftsführung ausschließlich und unmittelbar kirchlichen, gemeinnützigen oder mildtätigen Zwecken dienen, sind grundsätzlich steuerbefreit. Das gleiche gilt für Zuwendungen an politische Parteien i. S. von § 2 Parteiengesetz.

Die Verwendung des Zugewendeten durch eine Anordnung des Erblassers zu dem steuerbegünstigten Zweck muß gesichert sein (BFH v. 24. 11. 1976, BStBl 1977 II S. 213).

6. Wertermittlung bei mehreren Erben

Sind mehrere Personen Erben, so steht bürgerlich-rechtlich den Erben der Nachlaß zur gesamten Hand zu (§ 2032 BGB). Der Nachlaß ist gemeinschaftliches Vermögen der Erben. Nach § 39 Abs. 2 Nr. 2 AO werden Wirtschaftsgüter, die mehreren zur gesamten Hand zustehen, den Beteiligten anteilig zugerechnet, soweit eine getrennte Zurechnung für die Besteuerung erforderlich ist.

Der Wert der Bereicherung wird nicht für alle Erben gemeinsam ermittelt, sondern für jeden Erben einzeln. Das ergibt sich einmal daraus, daß in § 180 AO eine gesonderte Feststellung zwecks Erbschaftsbesteuerung nicht vorgesehen ist, zum anderen, weil den Erben, wenn sie verschiedenen Steuerklassen angehören, unterschiedliche sachliche Steuerbefreiungen gewährt werden. Es ist somit der Wert der einzelnen Nachlaßgegenstände nach § 12 ErbStG zu ermitteln, und die so ermittelten Werte sind anteilsmäßig auf die einzelnen Erben entsprechend ihrer Erbquote aufzuteilen.

Hierbei sind bei den einzelnen Erben Sonderzuwendungen in Form von Vermächtnissen, Auflagen usw. zu berücksichtigen und dem Wert der Bereicherung hinzuzurechnen. Von diesem für jeden einzelnen Erben festgestellten Wert sind die anteiligen Nachlaßverbindlichkeiten und die einem einzelnen Erben auferlegten Beschwernisse, sofern sie als Nachlaßverbindlichkeiten abzugsfähig sind, abzusetzen.

Ist einer der Erben der überlebende Ehegatte, so ist von diesem Wert zunächst einmal der Betrag abzuziehen, den er als Zugewinnausgleich hätte geltend machen können (§ 5 ErbStG). Weiter sind zu berücksichtigen die persönlichen Freibeträge (§ 16 ErbStG) und unter den Vorausetzungen des § 17 ErbStG auch noch der Versorgungsfreibetrag.

Beispiel: A hinterläßt folgendes Vermögen:
Ein Grundstück mit dem Verkehrswert von 300 000 DM (Steuerwert 120 000 DM), eine Beteiligung an einer Kommanditgesellschaft (Buchwert 500 000 DM, Steuerwert 600 000 DM), Aktien im Werte von 800 000 DM (Steuerwert), einen GmbH-Anteil (Steuerwert 200 000 DM), Hausrat und Gemälde (gemeiner Wert 240 000 DM).

Der Grundbesitz ist unbelastet. Zugunsten seiner Ehefrau hatte er eine Lebensversicherung abgeschlossen. Im Falle seines Todes sollte seine Ehefrau 100 000 DM ausgezahlt erhalten.

Seine Erben sind seine Ehefrau (E), seine beiden Söhne (X und Y) und seine Schwester (S). X soll den GmbH-Anteil als Vorausvermächtnis erhalten. Seinem Neffen (N) hat er eine Münzsammlung, die in seiner obigen Vermögensaufstellung noch nicht enthalten ist, im Werte von 10 000 DM vermacht. Die treue Hausgehilfin (H) soll eine einmalige Geldzahlung in Höhe von 15 000 DM von X erhalten. Die Eheleute lebten im Güterstand der Zugewinngemeinschaft. Der steuerlich anzuerkennende Zugewinnausgleich beträgt 100 000 DM. Die Versicherungssumme in Höhe von 100 000 DM ist von der Versicherungsgesellschaft an die Witwe direkt ausgezahlt worden.

	E	X	Y	S
Grundstück 120 000	30 000	30 000	30 000	30 000
Kommanditanteil 600 000	150 000	150 000	150 000	150 000
Aktien 800 000	200 000	200 000	200 000	200 000
GmbH-Anteil 200 000	–	200 000	–	–
Hausrat und Gemälde 240 000	60 000	60 000	60 000	60 000
abzgl. § 16 Abs. 1 Ziff. 1	./. 40 000	./. 40 000	./. 40 000	./. 10 000
	20 000	20 000	20 000	50 000
Versicherung	100 000			
Zwischensumme	500 000	600 000	400 000	430 000
Nachlaßverbindl.	–	20 000		
	500 000	580 000	400 000	430 000
Zugewinn § 5	100 000	–	–	–
	400 000	580 000	400 000	430 000
Freibetrag § 16	250 000	90 000	90 000	10 000
Versorgungsfreibetrag	250 000	–	–	–
Stpfl. Erwerb	0	490 000	310 000	420 000

	Neffe N	H
Stpfl. Erwerb	10 000	15 000
kein Freibetrag nach § 13	–	–
Freibetrag nach § 16	10 000	3 000
Stpfl. Erwerb	0	12 000

VIII. Berechnung der Steuer

1. Berücksichtigung früherer Erwerbe (§ 14 ErbStG)

Mehrere, innerhalb von 10 Jahren von derselben Person anfallende Vermögensvorteile werden in der Weise zusammengerechnet, daß dem letzten Erwerb die früheren Erwerbe nach ihrem früheren Wert zugerechnet werden und von der Steuer für den Gesamtbetrag die Steuer abgezogen wird, welche für die früheren Erwerbe zur Zeit des letzten Erwerbs zu erheben gewesen wäre. Hinsichtlich der Zusammenrechnung mehrerer Erwerbe vgl. BFH v. 17. 11. 77, BStBl 1978 II S. 220. Erwerbe, für die sich nach den letzten steuerlichen Bewertungsgrundsätzen kein positiver Wert ergeben hat, bleiben unberücksichtigt. Jedoch darf die durch jeden weiteren Erwerb veranlaßte Steuer nicht mehr als 70 v. H. dieses Erwerbs betragen. Keine Sonderregelung hat das Gesetz für die Erwerbe vor Inkrafttreten dieses Gesetzes getroffen. In die Zusammenrechnung sind, sofern die Voraussetzungen dafür erfüllt sind, auch Erwerbe aus der Zeit vor 1974 einzubeziehen (Einführungserl. vom 10. 3. 1976, BStBl 1976 I S. 145). Nach seinem Wortlaut sind Erwerbe vor dem Inkrafttreten dieses Gesetzes zusammenzurechnen und dem derzeitigen Steuertarif zu unterwerfen, wobei bei den früheren Erwerben der beim letzten Erwerb gültige Steuertarif zugrunde zu legen und abzuziehen ist. Auf diese Weise ist sichergestellt, daß die Schenkungen, die vor Inkrafttreten dieses Gesetzes erfolgt sind, nicht benachteiligt werden. Diese Schenkungen werden weiterhin mit dem damals gültigen Steuerwert berücksichtigt. Negative Auswirkungen können sich jedoch durch die Zusammenfassung der alten Steuerklassen III und IV des ErbStG 1959 zur neuen Steuerklasse III ergeben (Petzoldt, BB 1976 S. 928 ff.).

Beispiel: A hat seinem Sohn am 21. 6. 1976 ein Vermögen im Werte von 400 000 DM hinterlassen. Bereits am 11. 11. 1969 hat er ihm ein Grundstück im Werte von rd. 300 000 DM geschenkt. Der damalige Einheitswert betrug 50 000 DM, der Einheitswert zum 1. 1. 1964 betrug 120 000 DM.

Da zwischen Erbfall und Schenkung kein Zeitraum von 10 Jahren liegt, sind beide Erwerbe zusammenzurechnen. Hierbei ist der frühere Erwerb zum damals gültigen Wert anzusetzen.

Einheitswert des Grundstücks zum 1. 1. 1935	=	50 000 DM
zzgl. des Erbanfalls		400 000 DM
Summe der Erwerbe		450 000 DM
./. Freibetrag (§ 16 ErbStG)		90 000 DM
stpfl. Gesamterwerb		360 000 DM
Steuer 7% v. 360 000 DM	=	25 200 DM
./. früherer Erwerb		
50 000 DM		
−30 000 DM (damals gültiger Freibetrag		
20 000 DM = 3 v. H. (ErbStG 1974)		600 DM
zu entrichtende Steuerschuld	=	24 600 DM

Durch die Bestimmung des § 14 Abs. 1 letzter Satz ist klargestellt, daß sog. Negativschenkungen den steuerlichen Erwerb nicht mindern können. Für das ErbStG 1959 war dies nicht klargestellt.

2. Steuerklassen

Nach dem persönlichen Verhältnis des Erwerbers, Erblassers oder Schenkers werden vier Steuerklassen unterschieden:

Steuerklasse I:
Hierunter fallen
1. der Ehegatte,
2. die Kinder und Stiefkinder;
   als Kinder gelten insbesondere
   a) die ehelichen und die nichtehelichen Kinder,
   b) die adoptierten Kinder und sonstigen Personen, denen die rechtliche Stellung der ehelichen Kinder zukommt;
3. die Kinder verstorbener Kinder und Stiefkinder, jedoch die Kinder der Adoptivkinder nur dann, wenn sich die Wirkungen der Adoption auch auf sie erstrecken.

Steuerklasse II:
Hierunter fallen
die Abkömmlinge der in Steuerklasse I Nr. 2 genannten (Enkel, Urenkel), soweit sie nicht zur Steuerklasse I Nr. 3 gehören; jedoch die Abkömmlinge der Adoptivkinder nur dann, wenn sich die Wirkungen der Adoption auch auf die

Abkömmlinge erstrecken. Nunmehr fallen auch die Eltern von Kindern, wenn diese ihre Kinder beerben, unter Steuerklasse II. Diese Regelung gilt bereits ab 1. 1. 1980. Das gilt jedoch nur für den Erbfall, nicht jedoch für die Schenkung. Schenken Kinder ihren Eltern etwas, so gilt grundsätzlich Steuerklasse III.

Steuerklasse III:

Hierunter fallen
1. die Eltern und Voreltern, soweit sie nicht zur Steuerklasse II gehören,
2. die Geschwister,
3. die Abkömmlinge ersten Grades von Geschwistern,
4. die Stiefeltern,
5. die Schwiegerkinder,
6. die Schwiegereltern,
7. der geschiedene Ehegatte.

Zivilrechtlich erlischt durch Adoption das Verwandtschaftsverhältnis zu den leiblichen Eltern und deren Angehörigen. Das Erbschaftsteuerrecht bleibt jedoch hiervon unberührt. Die Steuerklassen I, II, III Nr. 1 und 3 gelten nach § 15 Abs. 1 a ErbStG auch dann, wenn die Verwandtschaft durch Annahme als Kind bürgerlich-rechtlich erloschen ist.

Steuerklasse IV:

Hierunter fallen alle übrigen Erwerber, auch die Zweckszuwendungen.

Sonderregelung für die Stiftung:

Beim Übergang vom Vermögen auf eine vom Erblasser angeordnete Stiftung (§ 3 Abs. 2 Nr. 1 ErbStG) und auch im Falle des Übergangs von Vermögen auf Grund eines Stiftungsgeschäfts unter Lebenden (§ 7 Abs. 1 Nr. 8 ErbStG) ist der Besteuerung des Verwandtschaftsverhältnis nach der Stiftungsurkunde zugrunde zu legen, sofern die Stiftung wesentlich im Interesse einer Familie oder bestimmter Familien im Inland errichtet ist. Mindestbesteuerung nach Steuerklasse II ist hier entfallen. Kinder verstorbener Kinder werden nach Steuerklasse I besteuert; bei der Übertragung von Vermögen auf eine zu errichtende Stiftung wird die Steuerklasse I angewandt, wenn die Stiftung im Interesse der Abkömmlinge errichtet worden ist. Im Falle der Aufhebung einer Stiftung oder Auflösung eines Vereins gilt als Schenker der Stifter oder derjenige, der das Vermögen auf den Verein zu übertragen hat; der Besteuerung ist mindestens der Vomhundertsatz der Steuerklasse II zugrunde zu legen.

Das Berliner Testament:
Haben Ehegatten in einem gemeinsamen Testament vereinbart, daß der jeweils letztversterbende Ehegatte Erbe des Erstversterbenden sein soll und das gesamte Vermögen nach dem Tode des Letztversterbenden auf eine bestimmte dritte Person übergehen soll, so sind die mit dem verstorbenen Ehegatten näher verwandten Erben und Vermächtnisnehmer als seine Erben anzusehen, so weit der überlebende Ehegatte an die Verfügung gebunden ist und sein Vermögen beim Tode des überlebenden Ehegatten noch vorhanden ist. Allerdings kann auf Antrag auch das Verhältnis zum Letztversterbenden zugrunde gelegt werden, wenn dieses für den Erwerber günstiger ist.

3. Freibeträge

Abgesehen vom Fall der beschränkten Steuerpflicht (§ 16 Abs. 2 ErbStG) kennt § 16 ErbStG nur noch Freibeträge.
Erwirbt ein Ehegatte vom anderen Ehegatten, so beträgt der Freibetrag 250 000 DM. Die Gewährung dieses Freibetrags ist im Gegensatz zum früheren Recht an keine Bedingung mehr gebunden. Daneben erhält der Ehegatte keinen weiteren Freibetrag, der den Angehörigen der Steuerklasse I zusteht.
Die übrigen Personen der Steuerklasse I erhalten einen Freibetrag von 90 000 DM. Personen der Steuerklasse II erhalten 50 000 DM,
Personen der Steuerklasse III erhalten einen Freibetrag von 10 000 DM, Personen der Steuerklasse IV einen solchen von 3000 DM für jeden Erwerb. Allerdings werden die Erwerbe vom gleichen Zuwender innerhalb von 10 Jahren zusammengerechnet.
Beschränkt Steuerpflichtige i. S. des § 2 Abs. 1 Nr. 2 ErbStG haben lediglich eine Freigrenze von 2000 DM.

4. Besonderer Versorgungsfreibetrag

Dem überlebenden Ehegatten wird neben dem Freibetrag nach § 16 Abs. 2 Nr. 2 ErbStG ein besonderer Versorgungsfreibetrag von 250 000 DM gewährt. Allerdings steht dieser Freibetrag den Ehegatten nur dann voll zu, wenn er nicht der ErbSt unterliegende Versorgungsbezüge hat. Der Freibetrag ist nämlich für den Fall, daß ihm steuerfreie Versorgungsbezüge zustehen, um den nach § 14 BewG zu ermittelnden Kapitalwert dieser Versorgungsbezüge zu kürzen. Dieser besondere Versorgungsfreibetrag wird nur anläßlich des Todes gewährt.

Beispiel: A war im Zeitpunkt des Todes ihres Ehemannes 66 Jahre alt. Ihr verstorbener Ehemann war Beamter. Sie erhält eine jährliche Witwenpension von 30 000 DM.
Nach Anlage 9 zu § 14 BewG beträgt der Kapitalwert der Witwenpension das 9,140fache des Jahreswertes (30 000 DM).
Somit übersteigt der Kapitalwert der Witwenpension mit 274 200 DM den besonderen Versorgungsfreibetrag in Höhe von 250 000 DM. Der Witwe A steht daher in diesem Falle ein Versorgungsfreibetrag nicht zu.

Auch den Kindern des Erblassers wird ein Versorgungsfreibetrag gewährt. Er steht den ehelichen oder nichtehelichen, Adoptivkindern oder Stiefkindern des Erblassers zu. Der Versorgungsfreibetrag nach § 17 Abs. 2 ErbStG wird neben dem persönlichen Freibetrag in Höhe von 90 000 DM nach § 16 ErbStG gewährt. Voraussetzung ist, daß die Kinder unbeschränkt steuerpflichtig sind. Der besondere Freibetrag wird in folgender Höhe gewährt:

1. bei einem Alter bis zu 5 Jahren in Höhe von 50 000 DM;
2. bei einem Alter von mehr als 5–10 Jahren in Höhe von 40 000 DM;
3. bei einem Alter von mehr als 10–15 Jahren in Höhe von 30 000 DM;
4. bei einem Alter von mehr als 15–20 Jahren in Höhe von 20 000 DM;
5. bei einem Alter von mehr als 20 Jahren bis zur Vollendung des 27. Lebensjahres in Höhe von 10 000 DM.

Übersteigt der steuerpflichtige Erwerb (§ 10 ErbStG) 150 000 DM, so vermindert sich der Freibetrag nach den Nr. 1–5 um den 150 000 DM übersteigenden Betrag. Der steuerpflichtige Erwerb ist nach § 10 Abs. 1 ErbStG die Bereicherung des Erwerbers, soweit sie nicht steuerfrei bleibt (§§ 5, 13, 16, 17 und 18 ErbStG). Bei der Prüfung der Frage, ob der steuerpflichtige Erwerb den Betrag von 150 000 DM übersteigt, ist also zunächst einmal der zustehende Versorgungsfreibetrag nach § 17 Abs. 2 ErbStG zu berücksichtigen. Wenn nach Abzug beider Freibeträge das steuerpflichtige Vermögen nicht mehr als 150 000 DM beträgt, wird der Versorgungsfreibetrag voll gewährt.

Beispiel: A war beim Tode seines Vaters 9 Jahre alt. Der Wert seines Erbanteils betrug ohne Berücksichtigung der Freibeträge nach § 16 und 17 ErbStG 300 000 DM.
Der Wert des besonderen Versorgungsfreibetrages errechnet sich wie folgt: Da A über 5 Jahre, aber noch nicht 10 Jahre alt ist, steht ihm ein besonderer Versorgungsfreibetrag bis zum Höchstbetrag von 40 000 DM zu.

Wert des Erwerbes	300 000 DM
./. Freibetrag nach § 16	90 000 DM
./. besonderer Versorgungsfreibetrag nach § 17 Abs. 2	40 000 DM
vorläufiger steuerpflichtiger Erwerb	170 000 DM

Da der steuerpflichtige Erwerb von 170 000 DM den Betrag von 150 000 DM um 20 000 DM übersteigt, ist der besondere Versorgungsfreibetrag um diesen Betrag zu kürzen. Der besondere Versorgungsfreibetrag beträgt somit (40 000 ./. 20 000 DM) = 20 000 DM.

Stehen dem Kind aus Anlaß des Todes des Erblassers Versorgungsbezüge zu (Waisengeld im öffentlichen Dienst), die nicht der ErbSt unterliegen, so wird der Freibetrag um den nach § 13 Abs. 1 BewG zu ermittelnden Kapitalwert dieser Versorgungsbezüge gekürzt. Bei der Berechnung des Kapitalwerts ist von der nach den Verhältnissen am Stichtag (§ 11 ErbStG) voraussichtlichen Dauer der Bezüge auszugehen.

Für Schenkungen nach Inkrafttreten des ErbStG 1974 fällt auch bei Zusammenrechnung mit früheren Erwerben keine ErbSt an, wenn der Wert der Schenkung den Betrag, um den sich der Freibetrag erhöht hat, nicht überschritten hat (vgl. BFH v. 30. 3. 1977, BStBl II S. 664).

IX. Steuerfestsetzung und Erhebung

1. Steuerschuldner

Steuerschuldner ist grundsätzlich der Erwerber. Im Erbfall ist es jeder, der etwas von Todes wegen erhalten hat, z. B. der Vermächtnisnehmer, der Pflichtteilsberechtigte und der Erbe selber.

Bei der Schenkung schuldet neben dem Beschenkten auch der Schenker die Steuer. Nach der Rechtsprechung des BFH (U. v. 29. 11. 1961, BStBl 1962 III S. 323) hat sich die Verwaltung zunächst jedoch an den Erwerber zu halten. Bei der Zweckzuwendung ist Steuerschuldner der mit der Ausführung der Zuwendung Beschwerte. Bei der ErbersatzSt der Stiftung ist die Stiftung selbst Steuerschuldner.

Es schuldet jeder Erwerber die Steuer, die sich nach dem Wert des Empfangenen bemißt (vgl. § 20 ErbStG).

2. Haftung für Erbschaftsteuer

Neben den Erwerbern haften auch die gesetzlichen Vertreter, bevollmächtigte Erben, Erbschaftsbesitzer, Testamentsvollstrecker, Nachlaßpfleger und Nachlaßverwalter für die Entrichtung der Steuer. Ist Nachlaßverwaltung angeordnet, so hat der Nachlaßverwalter vor Verteilung des Nachlasses an die Berechtigten dafür zu sorgen, daß die anfallende ErbSt abzuführen ist. Kommt er dieser Verpflichtung nicht nach, haftet er in Höhe der abzuführenden Steuer auch mit seinem Privatvermögen (§ 34 Abs. 3 i. V. mit § 69 AO).

3. Mehrfacher Erwerb desselben Vermögens

Die Erbschaftsteuer wird nach folgenden Vomhundertsätzen erhoben:

Wert des steuerpflichtigen Erwerbs (§ 10) bis einschließlich Deutsche Mark	Vomhundertsatz in der Steuerklasse			
	I	II	III	IV
50 000	3	6	11	20
75 000	3,5	7	12,5	22
100 000	4	8	14	24
125 000	4,5	9	15,5	26
150 000	5	10	17	28
200 000	5,5	11	18,5	30
250 000	6	12	20	32
300 000	6,5	13	21,5	34
400 000	7	14	23	36
500 000	7,5	15	24,5	38
600 000	8	16	26	40
700 000	8,5	17	27,5	42
800 000	9	18	29	44
900 000	9,5	19	30,5	46
1 000 000	10	20	32	48
2 000 000	11	22	34	50
3 000 000	12	24	36	52
4 000 000	14	26	38	54
6 000 000	13	28	40	56
8 000 000	16	30	43	58
10 000 000	18	33	46	60
25 000 000	21	36	50	62
50 000 000	25	40	55	64
100 000 000	30	45	60	67
über 100 000 000	35	50	65	70

Fällt bei Personen der Steuerklassen I und II von Todes wegen Vermögen an, das in den letzten Jahren vor dem Erwerb bereits von Personen dieser Steuerklassen erworben worden ist und für das nach dem ErbStG eine Steuer zu erheben war, so ermäßigt sich die Steuer zwischen 10 v. H. und 50 v. H.

Ist im Falle des § 2 Abs. 1 ErbStG ein Teil des Vermögens der inländischen Besteuerung aufgrund eines Abkommens zur Vermeidung der Doppelversteuerung entzogen, so ist die Steuer nach dem Steuersatz zu erheben, der für den gesamten Erwerb gelten würde.

Der Unterschiedsbetrag zwischen der Steuer, die sich bei Anwendung des Absatzes 1 ergibt, und der Steuer, die sich berechnen würde, wenn der Erwerb

die letztvorhergehende Wertgrenze nicht überstiegen hätte, wird nur insoweit erhoben, als er
aa) bei einem Steuersatz bis zu 30 v. H. aus der Hälfte,
bb) bei einem Steuersatz über 30 bis 50 v. H. aus ³/₄,
cc) bei einem Steuersatz über 50 v. H. aus ⁹/₁₀
des die Wertgrenze übersteigenden Betrages gedeckt werden kann.
Bei mehrfachem Erwerb desselben Vermögens ermäßigt sich der auf dieses Vermögen entfallende Steuerbetrag wie folgt:

um vom Hundert	wenn zwischen den beiden Zeitpunkten der Entstehung der Steuer liegen
50	nicht mehr als 1 Jahr
45	mehr als 1 Jahr, aber nicht mehr als 2 Jahre
40	mehr als 2 Jahre, aber nicht mehr als 3 Jahre
35	mehr als 3 Jahre, aber nicht mehr als 4 Jahre
30	mehr als 4 Jahre, aber nicht mehr als 5 Jahre
25	mehr als 5 Jahre, aber nicht mehr als 6 Jahre
20	mehr als 6 Jahre, aber nicht mehr als 8 Jahre
10	mehr als 8 Jahre, aber nicht mehr als 10 Jahre

Die Vergünstigung trifft nur auf Personen der Steuerklassen I und II zu. Das bedeutet eine Erweiterung gegenüber früher. Allerdings darf die Ermäßigung nicht den Betrag überschreiten, der sich bei Anwendung des in Abs. 1 genannten Vomhundertsatzes auf die Steuer ergibt, die der Vorerwerber für den Erwerb desselben Vermögens entrichtet hat. Zur Ermittlung des Steuerbetrages, der auf das begünstigte Vermögen entfällt, ist die Steuer für den Gesamterwerb in dem Verhältnis aufzuteilen, in dem der Wert des begünstigten Vermögens zu dem Wert des steuerpflichtigen Gesamterwerbs ohne Abzug des dem Erwerber zustehenden Freibetrages steht, aufzuteilen. Hierbei ist jedoch der Wert des begünstigten Vermögens um den früher gewährten Freibetrag oder, wenn dem Erwerber ein höherer Freibetrag zusteht, um diesen Freibetrag zu kürzen. Ist der Gesamterwerb höher als der Wert des begünstigten Vermögens, so ist das begünstigte Vermögen um den Teil des höheren Freibetrages zu kürzen, der dem Verhältnis des begünstigten Vermögens zum Gesamterwerb entspricht.

Die bisher offene Frage der Berücksichtigung unterschiedlicher Freibeträge für den Ersterwerb einerseits und den nachfolgenden Zweiterwerb andererseits ist dahingehend entschieden worden, das der von beiden höhere Freibetrag vom begünstigten Vermögen abzuziehen ist. Beim Gesamtvermögen des nachfolgenden Erwerbs ist nicht vom steuerpflichtigen Erwerb des § 10 ErbStG auszugehen, sondern vom Gesamterwerb abzüglich der Freibeträge.

Beispiel: A ist am 11. 2. 1976 verstorben. Erben sind seine beiden Söhne X und Y. Der Reinnachlaß betrug 1 000 000,– DM. In dem Nachlaß waren Wertpapiere enthalten, die der Verstorbene A von seinem Vater im Jahre 1969 geerbt hatte und die im Zeitpunkt des Erwerbs einen Wert von 500 000,– DM hatten.

Anteiliger Erwerb	500 000,– DM
./. Freibetrag	90 000,– DM
	410 000,– DM
Steuer 7 v. H. Steuerklasse I	30 750,– DM
Infolge mehrfachen Erwerbes ermäßigt sich die Steuer wie folgt:	
Anteiliger früherer Erwerb	250 000,– DM
Gesamterwerb ohne Freibeträge	500 000,– DM
Verhältnis 1:2	
Begünstigter Erwerb 250 000,– DM	
anteiliger Freibetrag (½) 45 000,– DM	205 000,– DM
Begünstigter Steuerbetrag = $\dfrac{30\,750 \times 205\,000}{500\,000}$ =	2 521,– DM
Steuerschuld 30 750	
2 521	28 229,– DM

4. Anmeldung des Erwerbs

Der Erwerber hat binnen drei Monaten den der ErbSt unterliegenden Erwerb beim zuständigen FA nach erlangter Kenntnis von dem Anfall oder von dem Eintritt der Verpflichtung anzumelden. Erfolgt der steuerpflichtige Erwerb durch ein Rechtsgeschäft unter Lebenden, so ist zur Anmeldung auch derjenige verpflichtet, aus dessen Vermögen der Erwerb stammt. Zur Anmeldung verpflichtet ist also stets der Erwerber, bei Erwerb unter Lebenden auch der Schenker.

Einer Anmeldung bedarf es jedoch nicht, wenn der Erwerb auf einer von einem deutschen Gericht oder einem deutschen Notar eröffneten Verfügung von Todes wegen beruht und sich aus der Verfügung das Verhältnis des Erwerbers zum Erblasser unzweifelhaft ergibt. Das gleiche gilt, wenn eine Schenkung unter Lebenden oder eine Zweckzuwendung gerichtlich oder notariell beurkundet wird.

Ist Nachlaßverwaltung des Testaments angeordnet worden oder sind die Erben in ihrer Verfügungsbeschränkung beengt, so sind Testamentsvollstrecker die gesetzlichen Vertreter und Nachlaßverwalter sowie Vorstände und Geschäftsführer anmeldepflichtig.

Neben den Erwerbern sind noch folgende Personen und Behörden anzeigepflichtig (§§ 33, 34 ErbStG):
1. Vermögensverwahrer und Vermögensverwalter (§ 5 ErbStDV), insbesondere Banken,
2. Gesellschaften, die auf den Namen lautende Aktien oder Schuldverschreibungen ausgegeben haben (§ 6 ErbStDV),
3. Versicherungsunternehmen (§ 7 ErbStDV),
4. die Standesämter (§ 9 ErbStDV),
5. die Auslandsstellen, insbesondere diplomatische Vertretungen und Konsulate (§ 10 ErbStDV),
6. Gerichte, Notare und sonstige Urkundspersonen (§§ 11–13 ErbStDV),
7. die Genehmigungsbehörden bei Stiftungen und Zuwendungen von Todes wegen und unter Lebenden an juristische Personen und dergleichen (§ 14 ErbStDV).

Die Standesämter haben für jeden Kalendermonat eine Totenliste nach einem bestimmten Muster aufzustellen. Diese Totenliste hat das Standesamt binnen 10 Tagen nach Ablauf des Zeitraums, für den sie ausgestellt ist, an das für die Verwaltung der ErbSt zuständige FA einzureichen.

Die Zuständigkeit für die ErbSt ergibt sich aus § 35 ErbStG.

Hiernach ist zunächst der Wohnsitz oder der gewöhnliche Aufenthalt des Erblassers oder Schenkers maßgebend. Dann werden Wohnsitz oder gewöhnlicher Aufenthalt des Erwerbers und erst zuletzt die Lage des Vermögens maßgebend. Die ErbSt wird jedoch nicht bei allen FÄ verwaltet, sondern in bestimmten FÄ innerhalb der einzelnen Oberfinanzbezirke.

5. Steuererklärung und Steuerfestsetzung

Das FA kann von dem zur Anmeldung Verpflichteten innerhalb einer von ihm zu bestimmenden Frist die Abgabe einer Erklärung verlangen. Die Frist muß mindestens einen Monat betragen.

Die Erklärung hat ein Verzeichnis der zum Nachlaß gehörenden Gegenstände und die sonstigen für die Feststellung des Gegenstandes und des Wertes des Erwerbs erforderlichen Angaben zu enthalten.

In den Fällen der fortgesetzten Gütergemeinschaft kann das FA die Steuererklärung allein von den überlebenden Ehegatten verlangen.

Sind bei einem Erbfall mehrere Erben vorhanden, so ist grundsätzlich jeder Erbe für sich verpflichtet, eine selbständige Erklärung abzugeben. Sie können jedoch in diesem Falle auch eine gemeinsame Steuererklärung abgeben. Machen die

Erben von dieser Möglichkeit Gebrauch, so ist die Steuererklärung von allen Beteiligten zu unterschreiben. Sind an dem Erbfall außer den Erben noch weitere Personen (Vermächtnisnehmer, Pflichtteilsberechtigte, aufgrund einer Auflage oder Bedingung Begünstigte usw.) beteiligt, so können diese im Einverständnis mit den Erben in die gemeinsame Steuererklärung einbezogen werden.

Ist ein Testamentsvollstrecker oder Nachlaßverwalter vorhanden, so ist die Steuererklärung von diesem abzugeben.

Das FA kann verlangen, daß die Steuererklärung auch von einem oder mehreren Erben mit unterschrieben wird. Ist ein Nachlaßpfleger bestellt, so ist dieser zur Abgabe der Steuererklärung verpflichtet. Das FA kann grundsätzlich verlangen, daß eine Steuererklärung auf einem Vordruck nach amtlich bestimmten Muster abzugeben ist, in der der Steuerschuldner die Steuer selbst zu berechnen hat. Der Steuerschuldner hat die selbst berechnete Steuer innerhalb eines Monats nach Abgabe der Steuererklärung zu entrichten. Der selbst errechnete Betrag ist als vorläufige Zahlung zu entrichten. Das FA setzt die vorläufige Zahlung fest. Sie ist binnen eines Monats nach der Zustellung des Steuerbescheides fällig. Kann nämlich die Steuer nicht sofort festgesetzt werden, so soll das FA auf Grund der Angaben in der Steuererklärung die Steuer vorläufig festsetzen. Das Steuerermittlungsverfahren und auch das Steuerfestsetzungsverfahren richtet sich nach den allgemeinen Regeln der AO.

6. Fälligkeit der Erbschaftsteuer

Die ErbSt ist grundsätzlich einen Monat nach der Zustellung des Steuerbescheides fällig, und zwar in Höhe des ganzen Betrages. Gehört zum Erwerb Betriebsvermögen oder land- und forstwirtschaftliches Vermögen, so ist dem Erwerber die darauf entfallende ErbSt auf Antrag bis zu sieben Jahren insoweit zu stunden, als dies zur Erhaltung des Betriebes notwendig ist (§ 28 ErbStG). §§ 234 Abs. 1 und 238 AO sind anzuwenden. § 222 AO bleibt unberührt.

7. Aufhebung oder Änderung von Erbschaftsteuerbescheiden; Erlöschen der Steuer in besonderen Fällen

a) Nichtigkeit des Testaments

Wird nachträglich festgestellt, daß ein Testament aus Formmangel oder anderen Gründen nichtig ist, so ist eine bereits erfolgte ErbSt-Veranlagung zu berichtigen. Nach § 175 Nr. 2 AO ist ein Steuerbescheid aufzuheben bzw. zu ändern, soweit ein Ereignis eintritt, das steuerlich Wirkung für die Vergangenheit hat.

b) Anfechtung des Testaments

Wird ein Testament wirksam nach §§ 2080 BGB angefochten, gilt die Erbeinsetzung von Anfang an als ungültig. Auch in diesem Falle ist nach § 175 Nr. 2 AO der ErbSt-Bescheid, sofern er schon ergangen ist, zu berichtigen.

c) Erwerb auf Grund eines ungültigen Testaments bzw. sonstige unwirksame Erwerbe

Stellt sich eine Erbeinsetzung durch das Auffinden eines späteren Testaments als unwirksam heraus, so haben die Erbschaftsbesitzer den Nachlaß an die berechtigten Erben herauszugeben. Sind jedoch die Erbschaftsbesitzer zwischenzeitlich zur ErbSt veranlagt worden, so ist auch diese Veranlagung nach § 175 Nr. 2 AO zu berichtigen. Das gleiche gilt, wenn die gesetzlichen Erben mangels eines Testaments die Erbschaft angetreten haben und später ein Testament aufgefunden wurde, in dem die gesetzlichen Erben entweder überhaupt nicht oder zu anderen Erbteilen berücksichtigt wurden. In diesen Fällen ist eine bereits erfolgte ErbSt-Festsetzung entweder aufzuheben oder zu ändern.

d) Erlöschen der Steuer in besonderen Fällen

Die Steuer erlischt mit Wirkung für die Vergangenheit, soweit ein Geschenk wegen eines Rückforderungsrechts herausgegeben werden mußte, soweit die Herausgabe gem. § 528 Abs. 1 Satz 1 BGB abgewendet worden ist und soweit in den Fällen des § 5 Abs. 2 ErbStG unentgeltliche Zuwendungen auf die Ausgleichsforderung angerechnet worden sind (§ 1380 Abs. 1 BGB).
Der Erwerber ist für den Zeitraum, für den ihm die Nutzungen des zugewendeten Vermögens zugestanden haben, wie ein Nießbraucher zu behandeln.

X. Renten- und Nießbrauchsvermächtnisse

1. Erbschaftsteuerliche Behandlung eines Rentenvermächtnisses

a) Behandlung beim Rentenberechtigten

Hat der Erblasser testamentarisch ein Rentenvermächtnis angeordnet, so liegt beim Rentenberechtigten ein Erwerb von Todes wegen vor. Bürgerlich-rechtlich entsteht die Rentenverpflichtung nicht bereits mit der testamentarischen Anordnung, sondern erst mit der Zusage der Rente durch den mit dieser Verpflichtung belasteten Erben. ErbStlich gilt jedoch als Zeitpunkt des Erwerbs bereits der Todeszeitpunkt des Erblassers (§ 9 Abs. 1 Nr. 1 ErbStG). Als steuerpflichtiger Erwerb gilt der Zeitwert der Rentenverpflichtung. Er ist nach Anlage 9 zu § 14 BewG zu ermitteln (vgl. § 12 Abs. 1 ErbStG).

> *Beispiel:* A hat in seinem Testament angeordnet, daß V eine monatliche Rente von 1250 DM (= 15 000,- DM im Jahr) bis zu ihrem Lebensende erhalten soll. V ist im Zeitpunkt des Todes des Erblassers 67 Jahre alt. V ist die Schwester des Erblassers. Erbe E ist der Sohn des Erblassers.

Jahreswert der Rente	15 000,– DM
Vervielfältiger nach Anlage 9 : 8,809	
Kapitalwert der Rente	132 132,– DM
Freibetrag nach § 16 Abs. 1 ErbStG	10 000,– DM
	122 132,– DM

Der Rentenberechtigte hat die Wahl, die Steuer von dem Kapitalwert der Rente einmalig zu entrichten oder statt dessen jährlich im voraus vom Jahreswert.

Die Rente wird in jedem Falle nach dem Steuersatz erhoben, der sich nach § 19 ErbStG für den *gesamten* Erwerb einschließlich des Kapitalwerts der Rente oder anderen wiederkehrenden Nutzungen oder Leistungen ergibt.

Der Rentenberechtigte hat das Recht, die Jahressteuer zum jeweils nächsten Fälligkeitstermin mit dem Kapitalwert im Ablösungszeitraum *abzulösen.*

b) Behandlung beim Verpflichteten

Ist der Erwerb mit einer Rentenverpflichtung belastet, so mindert diese Rentenverpflichtung nicht den Erwerb, wenn Rentenberechtigter der Schenker oder der Ehegatte des Schenkers/Erblassers ist (§ 25 Abs. 1 ErbStG n. F.). Insoweit ist die Nichtabzugsfähigkeit gegenüber dem früheren Recht ab 30. 8. 1980 eingeschränkt worden.

Ab 30. 8. 1980 steht dem Erwerber kein Wahlrecht mehr zwischen Aussetzung der Versteuerung und Sofortversteuerung zu. Der Erwerb ist grundsätzlich ohne

Berücksichtigung der Rentenverpflichtung zu versteuern. Allerdings ist die Steuer, die auf den Kapitalwert der Belastungen entfällt, von Amts wegen bis zu deren Erlöschen zinslos zu stunden. Jedoch kann die gestundete Steuer auf Antrag des Erwerbers jederzeit mit ihrem Barwert nach § 12 Abs. 3 BewG abgelöst werden. Veräußert der Erwerber das belastete Vermögen vor dem Erlöschen der Belastungen ganz oder teilweise, so endet insoweit die Stundung mit den Zeitpunkt der Veräußerung.

Beispiel wie zuvor.
Der Wert des Nachlasses beträgt 450 000 DM. Der durchschnittliche Jahresertrag 45 000,– DM.

Steuerpflichtiger Erwerb	450 000,– DM
abzügl. Freibetrag	90 000,– DM
	360 000,– DM
7% Steuer =	25 200,– DM
Stundung (7% von 122 100 DM Kapitalwert der Rente)	8 547,– DM
sofort zu entrichten	16 653,– DM

2. Nießbrauchsvermächtnis

a) Behandlung beim Nießbrauchsberechtigten

Ebenso wie bei der Rente bedeutet die Anordnung eines Nießbrauchsvermächtnisses, daß der Erbe dem Vermächtnisnehmer gegenüber verpflichtet ist, diesem den Nießbrauch einzuräumen. Der Erwerb des Vermächtnisses in Form des Nießbrauchs tritt jedoch bereits mit dem Tode des Erblassers bzw. Anordnenden ein. Der Wert des Nießbrauchs ist nach § 12 i. V. m. § 16 BewG zu ermitteln.

Bei der Zuwendung eines Vermächtnisses handelt es sich um einen erbstlichen Erwerb (§ 3 Abs. 1 Nr. 1 ErbStG). Im Falle eines Vermächtnisses ist die Steuer vom Kapitalwert des Nießbrauchs zu berechnen (§§ 14, 16 BewG).

Im Gegensatz zur Rente ist der Jahreswert der Nutzungen begrenzt. Nach § 16 BewG kann bei der Ermittlung des Kapitalwerts der Nutzungen eines WG der Jahreswert dieser Nutzungen, nicht mehr als der 18. Teil des Wertes, betragen, der sich nach den Vorschriften des BewG für das genutzte WG ergibt. Es handelt sich hier in der Regel um den gemeinen Wert, bei Grundstücken und Anteilen am Betriebsvermögen um den Einheitswert.

Beispiel: E hat S zu seinem Erben eingesetzt und seiner Witwe W ein Nießbrauchsvermächtnis ausgesetzt, und zwar in der Form, daß sie die Mieteinnahmen aus einem Miethaus erhalten sollte (EW zum 1. 4. 1964 100 000,– DM Mieteinnahmen im Durchschnitt der letzten Jahre 20 000,– DM).

Witwe W ist im Zeitpunkt des Todes des E 64 Jahre alt. Der Steuerwert beträgt 140 000,- DM. Der Jahreswert der Nutzungen (ein 18.tel des Steuerwertes) = 7777,- DM. Der Kapitalwert des Nießbrauchs (7777,- DM × 9790,- DM) = 76 136,83 DM.

Grundsätzlich wird der Versteuerung der Kapitalwert des Nießbrauchs zugrunde gelegt, von dem die Steuer zu entrichten ist. Der Nießbraucher kann jedoch, da er die Zuwendung nicht auf einmal erhält, sondern ihm die Einnahmen laufend zufließen, entweder die Steuer in einem Betrag vom Kapitalwert oder aber jährlich im voraus vom Jahreswert des Nießbrauchs entrichten.

Die Steuer wird im letzteren Falle nach dem Steuersatz erhoben, der sich nach § 19 ErbStG für den gesamten Erwerb einschließlich des Kapitalwerts der Nutzungen (Nießbrauch) ergibt. Hat der Erwerber außer dem Nießbrauchsvermächtnis weitere Nachlaßgegenstände als Vermächtnis oder auch als Erbe erhalten, sind diese Werte in die Bemessungsgrundlage mit einzubeziehen.

Der Erwerber hat das Recht, die Jahressteuer zum jeweils nächsten Fälligkeitstermin mit dem Kapitalwert *abzulösen*. Der Kapitalwert des Nießbrauchs ist zum Zeitpunkt der Ablösung nach den Vorschriften des BewG (§§ 13, 14) zu ermitteln. Der Antrag auf Ablösung der Jahressteuer ist spätestens zum Beginn des Monats zu stellen, der dem Monat vorausgeht, in dem die Jahressteuer fällig wird.

b) Behandlung der Nießbrauchslast

Beim Erwerb von Vermögen, dessen Nutzungen dem Schenker oder dem Ehegatten des Schenkers/Erblassers zustehen, ist der Erwerb ohne Berücksichtigung dieser Lasten zu besteuern. Eine Aussetzung der Versteuerung kommt für Erwerbe nach dem 30. 8. 1980 nicht mehr in Betracht. Der Erwerb ist ohne Rücksicht auf die Nutzungsbelastungen zu versteuern. Allerdings ist auch hier von Amts wegen die Steuer, die auf den Kapitalwert dieser Belastungen entfällt, bis zu deren Erlöschen zinslos zu stunden. Die gestundete Steuer kann jedoch auf Antrag des Erwerbers jederzeit mit dem Barwert nach § 12 Abs. 3 BewG abgelöst werden. Veräußert der Erwerber das belastete Vermögen vor dem Erlöschen der Belastung ganz oder teilweise, so endet auch insoweit die Stundung mit dem Zeitpunkt der Veräußerung.

Die Sofortversteuerung bewirkt, daß die Steuer für den Zeitpunkt des Erbanfalls festgesetzt wird. Eine sofortige Erhebung der Steuer tritt jedoch solange nicht ein, als der Erwerb mit dem Nießbrauchsrecht belastet ist. In diesem Falle ist die Steuer bis zum Erlöschen der Belastungen von Amts wegen zu *stunden*, und zwar in Höhe des Kapitalwertes der Belastungen (§ 25 Abs. 1 B ErbstG). Der Kapitalwert wird gem. §§ 14 und 16 BewG ermittelt.

Teil II: Kapitalverkehrsteuern

A. Einleitung

Die Kapitalverkehrsteuer umfaßt die Gesellschaftsteuer (GesSt) und die Börsenumsatzsteuer (BörsenUSt). Gegenstand der GesSt ist die Zuführung von Eigenkapital bzw. die Erbringung von Leistungen der Gesellschafter, die den Wert der Gesellschaftsrechte erhöhen. Die BörsenUSt hingegen besteuert die Übertragung von bereits bestehenden Gesellschaftsrechten an Kapitalgesellschaften auf einen anderen Rechtsträger. Gegenstand der BörsenUSt ist daher der derivative Erwerb von Gesellschaftsrechten. Bei der GesSt jedoch handelt es sich grundsätzlich um einen originären Erwerb von Gesellschaftsrechten oder von Leistungen, die den Wert bereits bestehender Gesellschaftsrechte erhöhen. Durch besondere Befreiungsvorschriften bei der BörsenUSt ist sichergestellt, daß ein Vorgang, der der GesSt unterliegt, nicht auch der BörsenUSt unterworfen wird.

Beide Steuern fallen unter die Verkehrsteuern. Grundlage für diese Steuern ist ein Rechtsvorgang (bei der GesSt die Vergesellschaftung von Kapital, bei der BörsenUSt die Übertragung von Anteilen an einer Kapitalgesellschaft auf einen anderen Rechtsträger).

Für die steuerliche Beurteilung ist daher grundsätzlich das Bürgerliche Recht im weiteren Sinne maßgeblich. Für eine wirtschaftliche Betrachtung des Besteuerungsbestandes ist aus diesem Grund hier wenig Raum. Die eingebrachten Betriebsmittel müssen Eigentum der Kapitalgesellschaft bzw. Gesamthandvermögen bei der GmbH & Co geworden sein. Lediglich eine Darlehensgewährung oder eine Nutzüberlassung bedeutet keine Kapitalzuführung i. S. des Kapitalverkehrsteuergesetzes.

B. Gesellschaftsteuer

Gegenstand der Gesellschaftsteuer
Vergesellschaftung von Kapital

```
                    leistet Kapital
Gesellschafter  ─────────────────────────▶  Gesellschaft
                erhält Gesellschaftsrecht
                ◀─────────────────────────
              oder eine Werterhöhung auf den Anteil
```

einzelne Merkmale des Grundtatbestandes

Erwerb		

neugeschaffener	durch	Neugründung oder Kapitalerhöhung

Gesellschaftsrechte	=	Aktie Anteile
		Genußrechte Forderungen mit Gewinnbeteiligung

an

Kapitalgesellschaft (oder dieser gleichgestellter Gesellschaft)	=	Aktiengesellschaft Kommanditgesellschaft auf Aktien Gesellschaften mit beschränkter Haftung entsprechende Gesellschaften innerhalb der EG Gesellschaften, deren Anteile börsenfähig sind Personengesellschaften, deren Gesellschafter beschränkt haften und deren Anteile frei veräußerlich sind GmbH & Co KG

durch den

Ersterwerber

I. Steuergegenstand

Der GesSt unterliegen der Ersterwerb von Gesellschaftsrechten an einer Kapitalgesellschaft sowie alle Rechtsvorgänge, die einer Eigenkapitalausstattung wirtschaftlich gesehen gleichkommen. So sind alle vertraglichen Pflichtbeiträge und alle freiwilligen Leistungen der Gesellschafter, soweit sie die Gesellschaftsrechte erhöhen gesstpflichtig. Neben dem Haupttatbestand des Ersterwerbes enthält das KVStG noch die drei Nebentatbestände des § 2 Nr. 2 bis 4 KVStG (Leistungen aufgrund einer vertraglichen Verpflichtung und freiwillige Leistungen, die geeignet sind den Wert der Gesellschaftsrechte zu erhöhen) und die zwei Sondertatbestände des § 2 Nr. 5 bis 6 KVStG (betrifft Gründung und Kapitalausstattung inländischer Zweigniederlassungen ausländischer Kapitalgesellschaften). Der Ersatztatbestand der Darlehnsgewährung ist durch das KVStÄndG v. 23. 12. 1971 entfallen. Kapitalersetzende Darlehen können nur noch über den Mißbrauch von rechtlichen Gestaltungsmöglichkeiten (§ 42 AO 77) erfaßt werden.

II. Allgemeine Begriffsbestimmungen

1. Inländische Kapitalgesellschaften

a) Kapitalgesellschaften

Kapitalgesellschaften sind nach § 5 KVStG die Aktiengesellschaft (AG), die Kommanditgesellschaft auf Aktien (KGaA), die Gesellschaft mit beschränkter Haftung (GmbH) sowie die Gesellschaften, die nach dem Recht eines Mitgliedstaates der Europäischen Wirtschaftsgemeinschaft gegründet worden sind und den vorgenannten Gesellschaften entsprechen.
Unabhängig von ihrer Gesellschaftsform werden noch folgende Gesellschaften, auch wenn sie keine eigene Rechtspersönlichkeit besitzen, als Kapitalgesellschaft i.S. des KVStG behandelt (§ 5 Abs. 2 KVStG):

(a) Gesellschaften, Personenvereinigungen und juristische Personen, deren Anteile in einem der Mitgliedstaaten der Wirtschaftsgemeinschaft börsenfähig sind;

(b) Gesellschaften, Personenvereinigungen und juristische Personen, die Erwerbszwecke verfolgen und deren Mitglieder

aa) ihre Anteile ohne vorherige Zustimmung an Dritte veräußern können und
bb) für Schulden der Gesellschaft, Personenvereinigung oder juristische Person nur bis zur Höhe ihrer Beteiligung haften.

Unter letztere Vorschrift fällt grundsätzlich auch die Kommanditgesellschaft, wenn ihre Anteile aufgrund Gesellschaftsvertrages frei veräußerlich sind, also ihre Veräußerung nicht an die Zustimmung der übrigen Gesellschafter gebunden ist. Nicht unter das KVStG fällt die Stiftung, auch wenn sie Erwerbszwecke verfolgt, da sie keinen Personenverband darstellt.

b) GmbH & Co KG als Kapitalgesellschaft

Nach § 5 Abs. 2 Nr. 3 KVStG zählen auch Kommanditgesellschaften, unabhängig davon, ob ihre Anteile frei veräußerlich sind oder nicht, zu den Kapitalgesellschaften, wenn zu deren persönlich haftenden Gesellschaftern eine Kapitalgesellschaft i. S. dieses Gesetzes gehört. Die GmbH & Co KG gilt daher als Kapitalgesellschaft im Sinne dieses Gesetzes. Alle Leistungen an die Kommanditgesellschaft, soweit sie geeignet sind, die Gesellschaftsrechte, also im vorliegenden Falle die Kommanditanteile, zu erhöhen, sind als Leistungen an eine Kapitalgesellschaft anzusehen.

Ebenso wird eine KG als Kapitalgesellschaft behandelt, wenn an ihr nicht eine Kapitalgesellschaft, sondern eine Kommanditgesellschaft, an der eine Kapitalgesellschaft als Komplementär beteiligt ist, persönlich haftende Gesellschafterin der KG ist (doppelstöckige GmbH & Co KG). Letztere Gesellschaftsform war lange Zeit umstritten (vgl. hierzu Egly, Komm z. GesSt. Tz. 260).

c) Inland

Kapitalgesellschaften gelten als inländische, wenn der Ort ihrer Geschäftsleitung sich im Inland befindet oder sie ihren satzungsmäßigen Sitz im Inland haben, aber der Ort ihrer Geschäftsleitung sich nicht in einem Mitgliedsland der EG befindet. Gesellschaften, die somit ihren Sitz im Inland, aber die Geschäftsleitung in einem Staat der EG haben, scheiden als inländische Kapitalgesellschaften aus. Für Gesellschaften innerhalb der EG ist daher allein der Ort der Geschäftsleitung entscheidend. Lediglich bei Gesellschaften, die außerhalb der EG ihre Geschäftsleitung haben, ist daneben der Sitz der Gesellschaft maßgebend.

Als Inland i. S. des KVStG ist in Anlehnung an § 1 Abs. 2 UStG 1967 das Gebiet des Deutschen Reiches in den Grenzen vom 31. 12. 1937 mit Ausnahme der Zollausschlüsse und der Zollfreigebiete zu verstehen.

Als ausländische Kapitalgesellschaften gelten demnach die Gesellschaften, die weder ihre Geschäftsleitung noch ihren Sitz im Inland haben, letzteres für den Fall, daß sich die Geschäftsleitung außerhalb der EG befindet. Befindet sich die Geschäftsleitung in einem anderen Land der EG, auch wenn die Gesellschaft ihren Sitz im Inland hat, gilt sie als ausländische Kapitalgesellschaft.

2. Gesellschaftsrechte

Der Begriff des Gesellschaftsrechts umfaßt nach § 6 KVStG jedes Gewinnbeteiligungsrecht, auf das Mitgliedschaftsrecht kommt es hier nicht an. Er ist daher umfassender als der des Handelsrechts bzw. Zivilrechts.

Anteile an Kapitalgesellschaften sind Aktien bei der AG und bei der KGaA, Kuxe bei den bergrechtlichen Gesellschaften. Ferner fallen hierunter auch die Geschäftsanteile an einer GmbH. Kommanditanteile sind Gesellschaftsrechte i. S. des § 6 Abs. 1 Nr. 1 KVStG, ohne daß es einer besonderen Erwähnung bedarf. Die gesstl. Qualifikation einer Person als Kommanditist folgt aus der handelsrechtlichen Gesellschafterstellung (BFH v. 8. 8. 1979, BStBl 1980 II S. 50). Um jedoch bei der GmbH & Co eine Doppelbesteuerung zu vermeiden, werden die Anteile der persönlich haftenden Kapitalgesellschaft bei der KG von der Besteuerung ausgenommen, wenn diese Anteile bei der persönlich haftenden Kapitalgesellschaft, die als selbständige Rechtspersönlichkeit selbst gesstpfl. ist, der GesSt unterworfen worden sind.

Darüber hinaus sind auch Genußrechte, die einen Anteil am Gewinn oder Liquidationserläs gewähren, Gesellschaftsrechte.

Als Gesellschaftsrechte gelten nach § 6 Abs. 1 Nr. 3 KVStG Forderungen, die eine Beteiligung am Gesellschaftsgewinn oder am Liquidationserlös gewähren. Diese Forderungsrechte sind von denen aus einem Darlehen zu unterscheiden, die nur Zinsen gewähren. Das Entgelt für die Hingabe der Betriebsmittel muß gewinnabhängig sein. Bei Koppelung von fester Verzinsung und Gewinnbeteiligung kommt es darauf an, was im Durchschnitt der Jahre überwiegt (RFH v. 16. 12. 1931, RStBl 1932 S. 746). Eine Umsatzbeteiligung ist jedoch nicht als ein Gesellschaftsrecht i. S. des KVStG anzusehen (RFH v. 28. 7. 1926, RStBl 1926 S. 303).

Die wichtigsten Anwendungsfälle für diese Vorschrift dürften das partiarische Darlehen und die stille Beteiligung (Tz. 9 des BMWF-Schreibens v. 16. 3. 1972, BStBl I S. 134, BFH v. 14. 6. 1972, BStBl II S. 734) sein, wobei es gleichgültig ist, ob es sich um eine typische oder atypische stille Beteiligung handelt. Das trifft nicht nur für die stille Beteiligung an einer Kapitalgesellschaft i. S. des Handelsrechtes, sondern auch für die stille Beteiligung an einer GmbH & Co KG zu.

Auch im Falle der Betriebsaufspaltung dürfte eine Forderung mit Gewinnbeteiligung vorliegen, wenn hinsichtlich der überlassenen Wirtschaftsgüter eine Pacht in Form einer Gewinnbeteiligung vereinbart wird.

3. Gesellschafter

Als Gesellschafter gelten die natürlichen und juristischen Personen, denen Gesellschaftsrechte i. S. des KVStG zustehen. Der Begriff des Gesellschafters ist grundsätzlich aus zivilrechtlicher Sicht zu beurteilen. Eine wirtschaftliche Betrachtungsweise hat hier außer Betracht zu bleiben. Im Falle von Treuhandverhältnissen ist der Treugeber als Gesellschafter zu betrachten (BFH v. 5. 5. 1970, BStBl II S. 757).

Auf die Höhe der Beteiligung kommt es nicht an (BFH v. 6. 5. 1964, BStBl III S. 385). Auch der Kleinaktionär ist Gesellschafter i. S. dieses Gesetzes.

Gesellschafter ist jeder, der Rechtsinhaber eines der in § 6 KVStG aufgeführten Gesellschaftsrechten ist Das gilt ebenso für den Genußscheininhaber wie auch für die Gläubiger der mit Gewinnbeteiligung ausgestatteten Forderungsrechte wie bei der stillen Beteiligung.

Bei der GmbH & Co KG ist neben den Kommanditisten auch eine natürliche Person, die neben der GmbH Komplementär der Gesellschaft ist, als Gesellschafter anzusehen.

III. Gesellschaftsteuerpflichtige Tatbestände

1. Ersterwerb von Gesellschaftsrechten

Nach § 2 Abs. 1 Nr. 1 KVStG unterliegt der Erwerb von Gesellschaftsrechten an einer inländischen Kapitalgesellschaft durch den ersten Erwerber der GesSt. Es handelt sich hier um den Haupttatbestand, nämlich die Vergesellschaftung von Kapital gegen Gewährung von Gesellschaftsrechten. Steuerpflichtiger Tatbestand ist der originäre Erwerb von Gesellschaftsrechten durch den ersten Erwerber.

a) Neugründung von inländischen Kapitalgesellschaften

Mit der Errichtung einer Kapitalgesellschaft werden neue Gesellschaftsrechte geschaffen. Die Gesellschaftsrechte entstehen frühestens in dem Zeitpunkt, mit dem die Kapitalgesellschaft entstanden ist. Bei der AG und bei der GmbH ist dieser Zeitpunkt die Eintragung in das Handelsregister (§ 41 AktG, § 11

GmbHG). Im Gegensatz zu den Kapitalgesellschaften des Handelsrechts entsteht die Kommanditgesellschaft bereits schon mit dem Vertragsabschluß, wenn auch die haftungsbeschränkende Wirkung erst mit der Eintragung ins Handelsregister eintritt (zur GmbH & Co KG vgl. BFH v. 11. 11. 1969, BStBl 1970 II S. 335).

Beispiel: A und B errichten gemeinsam eine GmbH. Das Stammkapital dieser Gesellschaft beträgt 20 000 DM. Nach dem Gesellschaftsvertrag soll das Kapital sofort voll einbezahlt werden. Hier ist das Kapital von den Gesellschaftern gegen die Gewährung von Gesellschaftsrechten in eine inländische Kapitalgesellschaft eingebracht worden. Nach dem KVStG unterliegt dieser Vorgang der GesSt. Mit der Gründung der Gesellschaft entsteht eine GesSt-Schuld in Höhe von 1 v. H. des eingezahlten Betrages = 200 DM. Es handelt sich hierbei um Gründungskosten.

Ebenfalls liegt eine Neugründung vor, wenn ein Gewerbetreibender seinen bisher als Einzelunternehmen geführten Betrieb in eine neu errichtete GmbH oder AG einbringt und hierfür Gesellschaftsrechte erhält.

b) Gründung einer GmbH & Co KG

Auch die Gründung einer GmbH & Co KG ist nach § 2 Abs. 1 Nr. 1 KVStG gesstpfl. Die Gründung der KG selbst ist bereits gesstpfl., wenn an ihr von Anfang an eine GmbH oder andere Kapitalgesellschaft persönlich haftender Gesellschafter ist.

Beispiel: A bringt sein bisher als Einzelunternehmen geführten Betrieb in eine GmbH & Co KG ein, die mit ihm und seinen Söhnen gebildet worden ist, indem der Vater seinen Kindern die Anteile an der KG geschenkt hat.

Der Ersterwerb von Gesellschaftsrechten liegt auch schon dann vor, wenn die KG bereits bestand, aber im Laufe der Zeit eine Kapitalgesellschaft als persönlich haftende Gesellschaft in die KG eingetreten ist. Obwohl bürgerlich-rechtlich lediglich ein Wechsel der Gesellschafter vorliegt, daher die Identität der Personengesellschaft erhalten geblieben ist, sind i. S. des KVStG neue Gesellschaftsrechte durch den Eintritt der GmbH in die KG geschaffen worden.

Beispiel: Die Gesellschafter der A-KG sind A, B und C. A ist der Komplementär. Es wird durch Gesellschaftsvertrag vereinbart, daß A mit Ablauf des 31. 12. als Komplementär ausscheidet und künftig die Stellung eines Kommanditisten einnimmt. Mit dem Ausscheiden des A als Komplementär soll die A-Verwaltungs-GmbH als persönlich haftende Gesellschafterin eintreten.

Mit dem Eintritt der A-Verwaltungs-GmbH als Komplementärin ist eine Kapitalgesellschaft i. S. des KVStG entstanden und die Kommanditanteile der Gesellschafter als neue Gesellschaftsrechte an dieser Kapitalgesellschaft geschaffen worden, obwohl sich rechtlich nichts geändert hat.

c) Kapitalerhöhung

Gesellschaftsrechte können aber auch in der Weise entstehen, daß im Zusammenhang mit einer Kapitalerhöhung neue Anteile ausgegeben werden. Keine neuen Gesellschaftsrechte werden im Zusammenhang mit einer Kapitalerhöhung geschaffen, wenn lediglich die Nennwerte der bereits bestehenden Gesellschaftsrechte heraufgesetzt werden. Der Regelfall ist jedoch die Kapitalerhöhung gegen Einlage. Voraussetzung ist, daß der Gesellschaft durch die Kapitalerhöhung neue Mittel zugeführt werden. Die Kapitalerhöhung kann durch eine Bareinlage, aber auch durch Sacheinlagen erfolgen.

Beispiel: A-GmbH hat ein Nominalstammkapital von 2 Mio DM. Sie will das Einzelunternehmen des B für 1 Mio DM erwerben. Da sie keine flüssigen Mittel hat, kommt sie mit B überein, daß dieser als Entgelt für die Einbringung des Betriebes einen Anteil an der GmbH in Höhe von 1 Mio DM erhält. Aus diesem Grunde beschließt die Gesellschafterversammlung der A-GmbH, das Stammkapital durch Schaffung eines neuen Gesellschaftsanteiles in Höhe von 1 Mio DM Stammkapital zu erhöhen.

Werden jedoch bei der GmbH & Co KG die Kommanditanteile erhöht, so ist die Kapitalerhöhung nicht mit der Schaffung neuer Gesellschaftsrechte verbunden, weil der Anteil eines Gesellschafters nicht in mehrere Rechte aufgeteilt werden kann. Auch wenn die quotenmäßige Beteiligung ansteigen sollte, behält der Gesellschafter einen Anteil. Nur wenn bei der GmbH & Co KG im Zusammenhang mit der Kapitalerhöhung neue Gesellschafter als Kommanditisten eintreten, werden insoweit neue Gesellschaftsrechte geschaffen.

Der GesSt unterliegt die Neuschaffung von Gesellschaftsrechten. Auf das Entgelt kommt es grundsätzlich nicht an. Es ist auch gleichgültig, woher die aufgebrachten Mittel herrühren. Eine gesstpfl. Leistung liegt auch dann vor, wenn die Einzahlungsverpflichtungen aus Mitteln der Gesellschaft erfüllt werden. Werden also zur Kapitalerhöhung Gewinnvorträge oder laufende Gewinne verwendet, so liegt eine gesstpfl. Leistung vor. Die Verwendung bereits offen ausgewiesener Rücklagen zur Kapitalerhöhung, ist nach § 7 Abs. 3 Nr. 2 a KVStG gesstfrei (nähere Einzelheiten hierzu s. III, 4).

2. Pflichtleistungen

Nach § 2 Abs. 1 Nr. 2 KVStG werden Pflichtleistungen der Gesellschafter nach der Gründung der Gesellschaft, die sich aus dem eingegangenen Gesellschaftsverhältnis ergeben, besteuert. Die GesSt-Pflicht wird nicht dadurch ausgeschlossen, daß die Pflichtleistungen des Gesellschafters durch eigene Mittel der Gesellschaft abgedeckt werden (BFH v. 21. 10. 1969, BStBl 1970 II S. 99). Die

GesSt-Pflicht ist an das Bewirken einer Leistung geknüpft, wobei „Leistung" eine nach dem Willen des Leistenden bestimmte Handlung (Tun oder Unterlassen) sein kann. Der Begriff der Leistung des KVStG entspricht dem des § 241 BGB. Steuergegenstand ist jedoch noch nicht die Verpflichtung, sondern erst die Bewirkung der Leistung. Bei den im Gesetz aufgeführten Beispielen (weitere Einzahlungen, Nachschüsse, Zubußen) handelt es sich um Erfüllungshandlungen (BFH v. 30. 1. 1962, HFR S. 305).

Pflichtleistungen sind Zuschüsse und Leistungen, die außerhalb der Gründung und außerhalb einer Kapitalerhöhung verbunden mit der Ausgabe neuer Gesellschaftsrechte von den Gesellschaftern kraft Gesetzes, Satzung oder eines Vertrages von den Gesellschaftern abverlangt werden. Die Gesellschaft muß einen Rechtsanspruch auf diese Leistungen haben (BFH v. 11. 2. 1976, BStBl II S. 772).

Beispiel: Die A-GmbH benötigt neue Mittel. Im Gesellschaftsvertrag ist vorgesehen, daß die Gesellschafter im Bedarfsfalle zu Nachschüssen verpflichtet sind. Bei Abdeckung von Verlusten fordert die Gesellschaft von ihren Gesellschaftern 500 000 DM als Nachschuß.

Durch diesen Nachschuß erhält die Gesellschaft neue Eigenmittel. Es werden jedoch keine neuen Gesellschaftsrechte ausgegeben. Dieser Zuschuß ist aber geeignet, die bereits bestehenden Gesellschaftsrechte wertmäßig zu erhöhen.

Jede Kapitalerhöhung, die nicht mit der Ausgabe neuer Gesellschaftsrechte verbunden ist, fällt unter die Vorschriften des § 2 Abs. 1 Nr. 2 KVStG, z. B. die Kapitalerhöhung bei einer GmbH & Co KG ohne Eintritt von neuen Gesellschaftern, die Erhöhung einer stillen Beteiligung und die Erhöhung sonstiger Gewinnbeteiligungsrechte.

Die Leistungen brauchen nicht nur in einer Geldleistung zu bestehen, es können auch unentgeltliche persönliche Leistungen sein, wenn die Gesellschafter hierzu satzungsmäßig verpflichtet sind. Regelmäßig fallen hierunter Beiträge, Umlagen, Kostenerstattungen, Verlustübernahmen, Zuschüsse, wenn sie im Gesellschaftsverhältnis begründet sind. Sachleistungen können sein z. B. Warenlieferungen zu günstigen Preisen, unentgeltliche Überlassungen von Gegenständen aller Art zur Nutzung, wenn sie in Erfüllung der im Gesellschaftsverhältnis begründeten Verpflichtung gewährt werden. Auch immaterielle Wirtschaftsgüter können Gegenstand besonderer Leistungen eines Gesellschafters an die Gesellschaft sein, so z. B. Patente, Firmenwert, Kundenstamm, Know How usw. Werden diese Leistungen auf Grund eines Gesellschaftsvertrages unentgeltlich oder unter Preise zur Verfügung gestellt, so liegt eine gesstpfl. Leistung i. S. des § 1 Abs. 1 Nr. 2 KVStG vor.

3. Freiwillige Leistungen

Die Bewirkung freiwilliger Leistungen i. S. des § 2 Abs. 1 Nr. 3 und 4 KVStG eines Gesellschafters bedeutet eine Kapitalzuführung, wenn das Entgelt entweder in der Gewährung erhöhter Gesellschaftsrechte zu erhöhen. Freiwillige Leistungen i. S. des § 2 Abs. 1 Nr. 3 und 4 KVStG sind alle Leistungen eines Gesellschafters, die nicht auf einer im Gesetz oder im Gesellschaftsverhältnis begründeten Verpflichtung beruhen (RFH v. 9. 3. 1926, RStBl S. 164). Freiwilligkeit bedeutet, daß die Leistung nicht in Erfüllung einer bestehenden Verpflichtung erfolgt. Steuerpflichtig ist nur die tatsächliche Leistung, nicht jedoch die bereits freiwillig übernommene Verpflichtung zu einer Leistung, z. B. die Zahlung von Zuschüssen oder die Bindung künftiger Gewinne. Freiwillige Leistungen können auch schon vor der Entstehung der Kapitalgesellschaft bewirkt werden, wenn sie vor der Eintragung von einem Gesellschafter zugesagt worden sind. Freiwillige Leistungen müssen entweder als unmittelbares Entgelt die Erhöhung der Gesellschaftsrechte zur Folge haben oder als mittelbares Entgelt. Ein unmittelbares Entgelt ist gegeben, wenn bestehende Gesellschaftsrechte mit größeren Rechten ausgestattet werden, z. B. bei der Umwandlung von Aktien in Vorzugsaktien. Ein mittelbares Entgelt ist gegeben, wenn sich durch die freiwilligen Leistungen lediglich der Wert des Gesellschaftsrechts erhöht, was in der Regel bei der Leistung von Zuschüssen, Forderungsverzichten und Überlassung und Übernahme von Gegenständen gegeben ist.

a) Zuschüsse

Zuschüsse sind grundsätzlich Geldleistungen (FinMin NW, Erl. v. 20. 11. 1961, 23. 3. 1962, DVR 1962 S. 12 u. 124). Als Zuschüsse in disem Sinne sind insbesondere Verlustübernahmen, Unkostenerstattungen sowie die Erfüllung von Verbindlichkeiten der Gesellschaft gegenüber anderen Gläubigern zu verstehen. Es muß sich jedoch um Leistungen von einigem Wert handeln. Die Wertgrenze wird hierbei 1000 DM angenommen. Die unentgeltliche Bürgschaftsübernahme für einen Fremdkredit ist zwar eine sonstige Leistung, fällt aber nicht unter den Begriff des Zuschusses. Ebenso ist die unterzahlte Geschäftsführertätigkeit, sofern die Vereinbarung freiwillig ist, nicht als Zuschuß zu betrachten. Die Übernahme von Verwaltungskosten im Rahmen eines Treuhandvertrages können nach Ansicht des BFH (U. v. 4. 10. 1961, HFR 1962 S. 31) Zuschüsse sein.

b) Forderungsverzichte

Forderungsverzichte sind vielfach geeignet, den Wert der Gesellschaftsrechte zu erhöhen. Die Voraussetzung hierfür ist bereits dann erfüllt, wenn der Verzichtende erst im Zusammenhang mit dem Verzicht Gesellschafter wird (RFH v. 15. 3. 1933, RStBl S. 652).

Beispiel: Im Zusammenhang mit einer Sanierung verzichten Großgläubiger auf ihre Forderungen und treten in das Unternehmen als Gesellschafter ein, indem die Forderungen in Beteiligungen umgewandelt werden.

Auch Gewinnverzichte können Forderungsverzichte i. S. des § 2 Abs. 1 Nr. 4 b KVStG sein, vgl. BFH v. 8. 8. 1979, BStBl 1980 II S. 526.

Beispiel: Die Gesellschafterversammlung der A-GmbH hatte bereits den Bilanzgewinn festgestellt und die Gewinnverteilung beschlossen. Später jedoch verzichteten die Gesellschafter auf die Gewinnverteilung. Der BFH (U. v. 16. 6. 1970, BStBl II S. 787) sah den Tatbestand des § 2 Abs. 1 Nr. 4 b KVStG als erfüllt an.

c) Überlassung und Übernahme von Gegenständen

Überlassung von Gegenständen unter Preis an die Gesellschaft oder Übernahme von Gegenständen zu Überpreisen von der Gesellschaft stellen eine freiwillige Leistung der Gesellschafter an die Gesellschaft i. S. des § 2 Abs. 1 Nr. 4 Buchst. c und d KVStG dar. Die Auslegung des Begriffs „Gegenstand" geht dahin, daß er sowohl körperliche als auch unkörperliche Gegenstände (Rechte und sonstige unkörperliche Güter wie Kundschaft und Firmenwert) umfaßt. Der Begriff Gegenstand entspricht hier dem Begriff Wirtschaftsgut.

Beispiel: Der Gesellschafter A gewährt der X-GmbH ein zinsloses Darlehen in Höhe von 100 000 DM. Der Zinsverzicht stellt eine freiwillige Leistung dar.
Der Gesellschafter B verpachtet an die X-GmbH Wirtschaftsgüter zu einem unangemessen niedrigen Pachtzins. Die unangemessenen niedrigen Vertragsbedingungen stellen eine freiwillige Leistung des Gesellschafters an die Gesellschaft dar. Das gleiche ist gegeben bei der unentgeltlichen Überlassung von Patenten und sonstigen immateriellen Wirtschaftsgütern oder der Überlassung zu einem unangemessen niedrigen Entgelt.

Ebenfalls eine freiwillige Leistung liegt vor, wenn die Gesellschaft dem Gesellschafter Wirtschaftsgüter zu überhöhten Marktpreisen überläßt. Ein Leistungsaustausch schließt eine GesSt-Pflicht aus (BFH v. 5. 2. 1975, BStBl II S. 415, v. 21. 9. 1977, BStBl 1978 II S. 136).

Besteht für einen Kommanditisten einer GmbH & Co KG ein Konto, dem Darlehnscharakter zukommt, so stellt die zinslose Überlassung der Nutzung des Kapitals eine freiwillige Leistung dar, die nach § 4 Abs. 1 Nr. 4 c KVStG der GesSt unterliegt.

Wirtschaftlich gesehen handelt es sich in diesen Fällen um verdeckte Kapitalzuführungen.

4. Gewinnvorträge, Rücklagenbildung und Umwandlung von Rücklagen in Nennkapital

a) Gewinnvorträge bei der GmbH und der AG

Grundsätzlich unterliegt die Eigenfinanzierung nicht der GesSt. Hat die Gesellschaft über eine Ausschüttung noch nicht entschieden oder auf eine Ausschüttung verzichtet, so liegt in dem Verzicht grundsätzlich keine gesstpfl. Leistung. Solange die Gesellschafterversammlung über eine Gewinnverteilung nicht beschlossen hat, ist ein Gewinnanspruch als Gläubigerrecht noch nicht entstanden. Somit bedeutet der Gewinnvortrag keinen Forderungsverzicht seitens der Gesellschafter. Lediglich für den Fall, daß die Gesellschaft bereits einen Gewinnverteilungsbeschluß gefaßt hat und die Gesellschafter nachträglich auf die Gewinnverteilung verzichten, liegt ein Forderungsverzicht (wie bereits ausgeführt) vor, der gesstpfl. nach § 2 Abs. 1 Nr. 4 a KVStG ist.

b) Zuführung zu Rücklagen

Die Hauptversammlung der AG und auch die Gesellschafterversammlung der GmbH sind berechtigt, ein Teil des Jahresgewinnes den Rücklagen zuzuführen. Sofern die Hauptversammlung nicht den Gewinn feststellt, sondern Vorstand und Aufsichtsrat, daß bis zu 50% des Jahresgewinnes in die Rücklagen eingestellt werden. Der handelsrechtliche und verteilungsfähige Gewinn ist der Gewinn abzüglich der Rücklagenzuführungen. Auch soweit die Gesellschafterversammlung bzw. die Hauptversammlung über die Rücklagenbildung beschließt, liegt ein Beschluß der Gesellschaft vor und nicht eine Leistung der Gesellschafter. Die Bildung von Rücklagen aus dem Jahresergebnis unterliegt daher nicht der GesSt.

Anders liegt jedoch der Sachverhalt, wenn die Rücklagen aus einem Aufgeld im Zusammenhang mit einer Kapitalerhöhung stammen. In diesem Falle gehört das Aufgeld mit zum Entgelt für den Erwerb des neuen Gesellschaftsrechts.

c) Umwandlung von Rücklagen in Nennkapital

Werden Verpflichtungen eines Gesellschafters auf Grund einer Kapitalerhöhung dadurch abgedeckt, daß hierzu Mittel der Gesellschaft verwandt werden, so ist dieser Vorgang grundsätzlich gesstpfl., und zwar entweder nach § 2 Abs. 1 Nr. 1 oder Nr. 2 KVStG, je nach dem, ob neue Gesellschaftsrechte geschaffen sind oder nicht. Werden also laufende Gewinne oder Gewinnvorträge der Kapitalgesellschaft dazu verwandt, die Verpflichtungen der Gesellschafter aus einer Kapitalerhöhung abzulösen, so ist dieser Vorgang grundsätzlich gesstpfl.

Beispiel: Die A-GmbH hat ein Stammkapital von 200 000 DM. Die Gewinnvorträge betragen jedoch 1,8 Mio DM. Auf Drängen der Hausbank beschließt die Kapitalgesellschaft das Kapital um 1,8 Mio auf 2 Mio unter Verwendung der Gewinnvorträge zu erhöhen.

Durch die Kapitalerhöhung werden neue Gesellschaftsrechte geschaffen. Das Entgelt in Höhe von 1,8 Mio DM wird aus den Mitteln der Gesellschaft erbracht, indem die Gewinnvorträge hierzu verwendet werden.

Es tritt jedoch Steuerfreiheit nach § 7 Abs. 3 Nr. 2 a KVStG ein, wenn ein Erwerb der Gesellschaftsrechte auf einer Erhöhung des Nennkapitals durch Umwandlung von offenen Rücklagen beruht. Diese Vorschrift entspricht in etwa der frühen Vorschrift des § 2 Kapitalerhöhungsgesetz aus Gesellschaftsmitteln. Voraussetzung für die Steuerfreiheit ist jedoch, daß die in Nennkapital umgewandelten Eigenmittel in der der Umwandlung zugrunde liegenden Bilanz bereits als Rücklagen ausgewiesen waren. Hätte im vorgenannten Beispiel die Gesellschafterversammlung die Gewinnvorträge vorerst in offene Rücklagen eingestellt, so wäre die Umwandlung der Eigenmittel in Nennkapital gesstfrei gewesen.

Inwieweit der laufende Gewinn zunächst einmal in die Rücklagen eingestellt und dann in Nennkapital umgewandelt werden kann, hängt im wesentlichen davon ab, welches Organ der Gesellschaft für die Gewinnverteilung zuständig ist. Sind z. B. Vorstand und Aufsichtsrat für die Gewinnfeststellung zuständig, so beschließt die Gesellschaft über den bereits um die Rücklagen geminderten Gewinn. In diesem Fall sind die für die offenen Rücklagen verwandten Gewinnanteile bereits in der Bilanz, über die die Hauptversammlung zu beschließen hat, als Rücklagen ausgewiesen. Somit bestehen keine Bedenken, auch die Rücklagen, die aus dem laufenden Gewinn gebildet sind, in die Kapitalerhöhung aus Gesellschaftsmitteln mit einzubeziehen.

d) Besonderheiten bei der GmbH & Co KG hinsichtlich der nicht entnommenen Gewinne

aa) Behandlung der Privat- und Darlehenskonten bei der GmbH & Co KG

Im Gegensatz zur Kapitalgesellschaft i. S. des Handelsrechtes gelten bei der Personengesellschaft die Gewinnanteile den einzelnen Gesellschaftern mit dem Bilanzstichtag als zugeflossen. Die Gewinnanteile gehören somit mit dem Bilanzstichtag zum Privatvermögen des Gesellschafters. Soweit er auf die Auszahlung verzichtet, liegt eine Leistung des Gesellschafters an die Gesellschaft vor. Bei dem Gewinnanspruch handelt es sich nicht um Gesamthandsvermögen der

Gesellschafter, sondern um Einzelvermögen eines jeden Gesellschafters, über das grundsätzlich jeder Gesellschafter frei verfügen kann. Das gilt grundsätzlich auch für die GmbH & Co KG, die bürgerlich-rechtlich eine KG und daher Gesamthandsgesellschaft ist. Bei der GmbH & Co KG wird demnach der Gewinn mit dem Bilanzstichtag den einzelnen Gesellschaftern zugerechnet und steht nicht mehr der Gesellschaft zur Gesamtenhand zu. Bei der GmbH & Co KG ist es daher nicht möglich, wie bei der GmbH oder AG, Gewinnvorträge und Rücklagen zu bilden. Eine Eigenkapitalbildung über nicht ausgeschüttete Gewinne ist bei der GmbH & Co KG nur insoweit möglich, als die Gesellschafter auf eine sofortige Auszahlung des ihnen zustehenden Gewinnanspruchs verzichten. Eine Eigenkapitalbildung aus nicht entnommenen Gewinnen bedeutet also für die GmbH & Co KG eine zusätzliche Leistung der Gesellschafter. Soweit die Gesellschafter auf Grund des Gesellschaftsvertrages verpflichtet sind, gewisse Gewinnanteile im Betriebsvermögen zu belassen, kann eine gesstpfl. Leistung i. S. des § 2 Abs. 1 Nr. 2 KVStG vorliegen. Soweit aber ein Gesellschafter freiwillig auf die Entnahme verzichtet, kann eine freiwillige Leistung i. S. des § 2 Abs. 1 Nr. 4 a KVStG gegeben sein. Voraussetzung jedoch ist, daß diese nicht entnommenen Gewinne dauernd der Gesellschaft zur Verfügung stehen. Das ist nicht der Fall, wenn die Gewinnanteile der Gesellschafter den Privatkonten der Gesellschafter gutgeschrieben werden und diese auf Abruf über ihre Gewinnanteile verfügen.

Eine gesstpfl. Leistung liegt auch dann nicht vor, wenn die Gesellschafter der Gesellschaft ihre Gewinnansprüche darlehnsweise überlassen. Voraussetzung ist, daß es sich hierbei um echte Darlehen handelt. Wesentliche Voraussetzung eines Darlehens ist die Rückzahlungsverpflichtung. Steuerlich kann daher eine Darlehnsvereinbarung nur anerkannt werden, wenn entweder die Beträge von den Gesellschaftern jederzeit gekündigt werden können oder eine feste Laufzeit vereinbart worden ist. Die Vereinbarung einer Verzinsung ist nicht notwendigerweise erforderlich, weil eine Verzinsung indirekt über die Gewinnverteilung erfolgt. Sind die Darlehen jedoch derart mit dem Anteil verbunden, daß sie erst mit Beendigung des Gesellschaftsverhältnisses zurückgezahlt werden können oder die Verfügung über das Darlehen an die Zustimmung aller Gesellschafter gebunden ist, wird man steuerlich ein Darlehnsverhältnis zwischen Gesellschaft und Gesellschafter nicht anerkennen können mit der Folge, daß die nicht entnommenen Gewinne wie Eigenkapital zu behandeln sind. Eigenkapital wird immer dann angenommen, wenn der nicht entnommene Gewinn Rücklagencharakter hat. Da die Kapitalersetzenden Darlehen als stpfl. Tatbestand entfallen sind, kommt es auf die Laufzeit des Darlehns an sich nicht mehr an. Auch die Einräumung von langfristigen Darlehen an die Gesellschafter aus nicht entnommenen Gewinnen ist daher grundsätzlich nicht gesstpfl.

bb) Verwendung von laufenden Gewinnen und Guthaben aus den Privatkonten zur Erhöhung von Einlagen

Ist im Gesellschaftsvertrag vereinbart worden, daß bestimmte Gewinnanteile zur Erhöhung der Pflichteinlage verwandt werden sollen, so liegt hierin grundsätzlich eine gesstpfl. Leistung i. S. des § 2 Abs. 1 Nr. 2 KVStG (Pflichtleistungen) vor. Es ist hierbei gleichgültig, ob in diesem Zusammenhang auch jeweils die Hafteinlage erhöht wird. Maßgebend ist allein die Pflichteinlage. Es handelt sich hier jeweils um gesstpfl. Leistungen des Gesellschafters, weil der Gewinn bereits mit Bilanzaufstellung den Gesellschaftern zustand. Die Verrechnung des Gewinns mit der Verpflichtung zur Einlage stellt somit eine gesstpfl. Leistung dar.

Das gleiche trifft zu, wenn im Gesellschaftsvertrag vereinbart ist, daß gewisse Gewinnanteile einem sogenannten Kapitalkonto II, was für jeden einzelnen Gesellschafter geführt wird, gutgeschrieben wird. Auf die Bezeichnung des Kontos kommt es aber nicht an. Hat das Kapitalkonto II lediglich Darlehnscharakter, so ist hierin keine Leistung auf die Pflichteinlage zu erblicken. Hat jedoch das Kapitalkonto II Eigenkapitalcharakter, so ist das Kapitalkonto II als Pflichteinlage des Gesellschafters zu behandeln.

Ebenfalls liegt eine gesstpfl. Leistung vor, wenn die Kommanditisten ihre Einlage entweder überhaupt nicht oder nur zum Teil erbracht haben und vereinbart worden ist, daß die Einlage aus den künftigen Gewinnen aufgefüllt werden soll.

In diesem Falle liegt in der Verrechnung des Gewinnanspruchs mit der Einlageverpflichtung eine Leistung des Gesellschafters vor, die nach § 2 Abs. 1 Nr. 2 KVStG gesstpfl. ist.

Die Rechtslage ist die gleiche, wenn zur Kapitalerhöhung nicht laufende Gewinne, sondern die Guthaben der Privatkonten oder Darlehnskonten der Gesellschafter verwandt werden, es sei denn, daß das Darlehnskonto bereits nach altem Recht der GesSt unterlegen hat.

cc) Abdeckung von Verlusten durch Verrechnung mit laufenden Gewinnen bzw. Guthaben auf dem Privatkonto

Nach Handelsrecht ist der Kommanditist nicht verpflichtet, seine durch Verluste geminderte Einlage wieder aufzufüllen. Künftige Gewinne sind jedoch auf einem Kapitalkonto solange gutzuschreiben, wie die Haftsumme noch nicht wieder erreicht ist (vgl. § 167 Abs. 3 HGB). Zur Ergänzung der durch Verluste geminderten Einlagen sind die Gesellschafter nicht verpflichtet (§ 161 Abs. 2, § 105 Abs. 2 HGB, § 707 BGB), aber auch nicht zur Rückzahlung bezogener Gewinne, zu denen auch die noch nicht erhöhten Gewinnauszahlungsansprüche (§ 169 Abs. 1 Satz 2 Halbsatz 1 HGB) gehören. Das überwiegende Schrifttum (Hesselmann, Handbuch der GmbH und Co KG, 14. Aufl. S. 170) hat daher im Falle der Verrechnung von Gewinnen mit dem durch Verluste geminderten Haftkapital eine GesSt-Pflicht verneint. Nunmehr hat auch der BFH (Urt. v. 29. 1. 1975, BStBl II S. 414) die Rechtsansicht vertreten, daß von einer Leistung i. S. des § 2 Abs. 1 Nr. 2 KVStG nur dann gesprochen werden könne, wenn eine echte Kapitalzuführung vorliegt. Eine solche liegt nicht vor, wenn die Gesellschafter zu keinem Zeitpunkt einen individualisierten Anspruch auf Auszahlung dieser Gewinne auf Grund vertraglicher Bindungen und auf Grund der Vorschrift des § 169 Abs. 1 Satz 2 HGB hatten, weil aus den Gewinnen zunächst die Verluste aufzufüllen waren. Somit sei der Gewinnanspruch von vornherein gesamthänderisch gebunden gewesen. Werden Verluste mit einem Forderungskonto (Kapitalkonto II) ausgeglichen, liegt eine gesstpfl. Leistung vor (BFH v. 3. 12. 1980, BStBl 1981 II S. 280).

Anders ist die Rechtslage, wenn die Verrechnung von Verlusten mit dem Privatkonto der Gesellschafter erfolgt. Nach dem BFH-U. v. 14. 7. 1976 (BStBl II S. 715) hat der Kommanditist nach Leistung der Kommanditeinlage einen Anspruch auf Auszahlung des ihm zustehenden Gewinnanteils, sofern sich nicht aus dem Gesellschaftsvertrag etwas anderes ergibt. Die Gutschrift des Gewinnanteils führe somit nicht folglich zur Erhöhung seines Kapitalanteils, sondern zum Ausweis eines Auszahlungsanspruchs, der vorbehaltlich abweichender Regelung im Gesellschaftsvertrag nicht mit späteren Verlusten zu verrechnen ist. Nach der gesetzlichen Regelung nehmen Kommanditisten an einem Verlust nur bis zum Betrage ihres Kapitalanteils und ihrer noch rückständigen Einlage teil (§ 167 Abs. 3 HGB).

Die Gesellschafter sind nicht verpflichtet, die durch Verlust geminderte Einlage zu ergänzen (s. o.). Spätere Verluste der Kommanditisten können daher grundsätzlich die Forderungen gegen die Gesellschaft nicht beeinträchtigen. Werden die Verluste mit Guthaben auf den Privatkonten verrechnet, so handelt es sich hier grundsätzlich um die Leistung eines Gesellschafters. Das gleiche trifft zu, wenn der Gesellschafter Verluste aus seinem Privatvermögen ausgleicht (vgl. auch Erl. FinMin Hessen v. 11. 3. 1976 S 5104 A–6–II B 41).

dd) Rücklagenbildung bei der GmbH & Co KG

Vielfach ist im Gesellschaftsvertrag vereinbart worden, daß Gewinnanteile nicht entnommen werden dürfen, sondern einem Darlehnskonto II oder Rücklagenkonto zugeführt werden sollen. Auf die Bezeichnung des Kontos kommt es hierbei nicht an. Werden Gewinne einem Kapitalkonto II oder einem Rücklagenkonto, das den Gesellschaftern einzeln zusteht, gutgeschrieben, so handelt es sich hierbei grundsätzlich um eine Leistung des Gesellschafters. Leistungen im

Sinne des GesSt-Rechts liegen nur vor, wenn Kapital von außen zugeführt wird (BFH v. 29. 11. 1978, BStBl 1979 II S. 150). Die Kommanditisten müssen grundsätzlich die Leistungen aus eigenen Mitteln erbracht haben (vgl. auch BFH v. 16. 3. 1977, BStBl II S. 699. Hinsichtlich der bei der GmbH & Co KG für die einzelnen Gesellschafter geführten Konten vgl. BFH v. 3. 12. 1980, BStBl 1981 II S. 280).

Sind die Gesellschafter aufgrund des Gesellschaftsvertrages hierzu verpflichtet, ist die Leistung nach § 2 Abs. 1 Nr. 2 KVStG stpfl., handelt es sich um freiwillige Leistungen, so ist sie nach Nr. 4 a KVStG stpfl. (vgl. FinMin NW v. 14. 10. 1971, DB S. 2042; Tz. 8 BMWF-Schr. v. 16. 3. 1972, BStBl I S. 134). Das gilt sowohl für die Fälle, in denen die Entnahmebeschränkung im Gesellschaftsvertrag bereits vereinbart war als auch für solche, in denen die Gesellschafterversammlung beschlossen hatte, vom laufenden Jahresgewinn Gewinnanteile einem Kapitalkonto II zuzuführen (vgl. BdF-Schr. v. 18. 4. 1974, BStBl I S. 163).

Es liegt ebenfalls eine gesstpfl. Leistung vor, wenn die Gesellschafterversammlung beschließt, vom laufenden Gewinn Gewinnanteile einer gesamthänderisch gebundenen Rücklage zuzuführen (d. h. für die einzelnen Gesellschafter werden keine Rücklagenkonten geführt, sondern lediglich ein einheitliches für die Gesellschaft). Anders liegt der Sachverhalt, wenn im Gesellschaftsvertrag bereits vorgesehen war, daß bestimmte Gewinnteile einer gesamthänderisch gebundenen Rücklage zugeführt werden sollen. In diesem Falle läge eine vertragliche Verpflichtung vor. Dieser Gewinnanteil ist somit zu dem Zeitpunkt, in dem der Gewinnanspruch des Gesellschafters entstand, bereits gesamthänderisch gebunden. Aus diesem Grunde kann insoweit eine Leistung des Gesellschafters nicht vorliegen. Nach dem BdF-Schr. v. 18. 4. 1974, a. a. O., fällt daher GesSt nicht an, wenn aufgrund einer im Gesellschaftsvertrag enthaltenen Anordnung oder Ermächtigung in der festgestellten Jahresbilanz Beträge aus dem Jahresüberschuß der GmbH & Co KG in eine gesamthänderisch gebundene offene Rücklage eingestellt worden sind. In diesen Fällen steht nach der neueren Ansicht der Verwaltung dem Kommanditisten ein Gewinnanspruch nicht zu. Sie können daher insoweit eine Leistung nicht bewirkt haben.

Eine GesSt-Schuld entsteht auch dann nicht, wenn aus einer gesamthänderisch gebundenen offenen Rücklage jeweils in der festgestellten Jahresbilanz ein Jahresfehlbetrag abgedeckt oder vermindert ist.

ee) Umwandlung von Rücklagen in Haftkapital
Auch bei der GmbH & Co KG ist die Umwandlung von offenen Rücklagen in Kommanditkapital nach § 7 Abs. 3 Nr. 2 a KVStG grundsätzlich gesstfrei. Diese Vorschrift ist auch auf die GmbH & Co KG aufgrund des letzten Satzes dieser Vorschrift anwendbar. Voraussetzung jedoch ist, daß diese Gewinnanteile be-

reits in der letzten Bilanz als Rücklagen offen ausgewiesen wurden. Nicht möglich ist die steuerfreie Umwandlung des laufenden Gewinnes in Haftkapital (bereits ausgeführt), vgl. hierzu BFH v. 27. 2. 1980, BStBl II S. 404.

5. Sitzverlegung einer Kapitalgesellschaft vom Ausland ins Inland

Die Sitzverlegung einer Kapitalgesellschaft vom Ausland ins Inland ist stpfl., wenn die Kapitalgesellschaft durch die Sitzverlegung zu einer inländischen wird (§ 2 Abs. 1 Nr. 5 KVStG). Bei einer Sitzverlegung aus einem Land der EG kommt es darauf an, daß die Geschäftsleitung ins Inland verlegt wird.
Eine stpfl. Sitzverlegung wird jedoch nicht angenommen, wenn die Kapitalgesellschaft vor der Verlegung der Geschäftsleitung oder des satzungsmäßigen Sitzes in einem Mitgliedstaat der EG für die Erhebung der GesSt als Kapitalgesellschaft angesehen wurde (vgl. Schulze zur Wiesche, FR 1972 S. 335).

6. Kapitalzuführung ausländischer Kapitalgesellschaften an inländische Zweigniederlassungen

Eine Kapitalzuführung an eine inländische Niederlassung (hinsichtlich des Begriffs „Niederlassung" vgl. BFH v. 23. 3. 1977, BStBl II S. 700) einer ausländischen Kapitalgesellschaft unterliegt der GesSt, sofern es sich hierbei nicht um eine selbständige Kapitalgesellschaft handelt, oder die ausländische Kapitalgesellschaft ihre Geschäftsleitung oder ihren satzungsmäßigen Sitz in einem Mitgliedstaat der EG hat und dort auch für die Erhebung der GesSt als Kapitalgesellschaft angesehen wird.
Die inländischen Niederlassungen ausländischer Kapitalgesellschaften, sofern es sich hierbei um selbständige Kapitalgesellschaften handelt, werden jedoch inländischen Kapitalgesellschaften gleichgestellt. Für inländische Niederlassungen, die nicht Kapitalgesellschaften im Sinne des KVStG sind, sondern lediglich handelsrechtliche Niederlassungen ohne rechtliche Selbständigkeit oder Personengesellschaften des Handelsrechts, auch wenn sie rechtlich selbständig sind, gilt die Sondervorschrift des § 2 Abs. 1 Nr. 6 KVStG. Auf die Rechtsform der Niederlassung kommt es grundsätzlich nicht an. Es ist hierbei gleichgültig, daß eine entsprechende Gesellschaft deutschen Rechts nicht gesstpflichtig wäre. Wenn diese Gesellschaft, z. B. eine OHG oder KG, sofern sie den Charakter einer Zweigniederlassung hat, von der ausländischen Mutter Leistungen i. S. des § 2 Abs. 1 Nr. 6 KVStG erhält, so unterliegen diese Leistungen der GeSt. Zweigniederlassung i. S. des § 13 HGB ist eine von der Hauptniederlassung

abhängige, jedoch mit solcher Selbständigkeit eingerichtete Niederlassung, daß sie bei Wegfall der Hauptniederlassung selbst eine solche werden könnte. Der Betriebstättenbegriff des § 12 AO 77 kommt hier nicht zur Anwendung (vgl. auch BFH v. 6. 11. 1963, BStBl 1964 III S. 14; v. 23. 3. 1977, BStBl II, S. 700). Keine Kapitalzuführung i. S. des § 2 Abs. 1 Nr. 6 KVStG liegt vor, wenn eine ausländische Kapitalgesellschaft ihrer rechtlich unselbständigen Niederlassung deren Gewinn zur freien Verfügung überläßt (BFH v. 19. 4. 1978, BStBl II, S. 469).

IV. Gesellschaftsteuerpflichtige Vorgänge innerhalb einer Organschaft

Die Organschaft wird im GesSt-Recht grundsätzlich nicht anerkannt (vgl. BFH v. 8. 3. 1972, BStBl II S. 676). Die einzelnen Mitglieder des Organkreises bleiben rechtlich selbständige Unternehmen. Jede Gesellschaft ist daher für sich selbständig gesstpfl. Alle Leistungen zwischen den Gesellschaftern innerhalb des Organkreises unterliegen daher, soweit sie auf Gesellschaftsbeziehungen beruhen, der GesSt. Übernimmt der Organträger aufgrund des Ergebnisabführungsvertrages den Verlust der Organgesellschaft, so liegt nach § 2 Abs. 2 Nr. 1 KVStG eine gesstpfl. Leistung i. S. des § 2 Abs. 1 Nr. 2 KVStG vor (BFH v. 8. 11. 1967, BStBl 1968 II S. 213, v. 7. 5. 1968, BStBl II S. 617, und v. 2. 12. 1969, BStBl 1970 II S. 330). Es handelt sich hier um eine Leistung gegenüber der Tochtergesellschaft, die aufgrund einer im Gesellschaftsvertrag begründeten Verpflichtung bewirkt wird. Die Verlustübernahme ist als ein Zuschuß der Muttergesellschaft an ihre Tochtergesellschaft anzusehen. Die Leistung ist nicht schon in dem Zeitpunkt bewirkt, in dem der Gesellschafter die Bilanz der Tochtergesellschaft genehmigt, in der die Verlustübernahme ausgewiesen wird, sondern erst, wenn der Verlust durch Gutschrift tatsächlich ausgeglichen wird (BFH v. 28. 1. 1969, BStBl II S. 323, und v. 17. 3. 1970, BStBl II S. 702. Diese Urteile sind zum alten KVStG ergangen, sie sind aber auch heute noch anwendbar.

Die Gewinnabführung selbst ist gesstlich unbeachtlich (vgl. auch BFH v. 14. 1. 1969, BStBl II S. 321). Sollte jedoch die Muttergesellschaft auf die Gewinnabführung verzichten, so wird hierin ein Forderungsverzicht zu erblicken sein (BFH v. 14. 1. 1969, BStBl II S. 321, v. 7. 5. 1968, BStBl II S. 612, 614). Verzichtet der Gesellschafter auf einen Teil des Jahresüberschusses der Kapitalgesellschaft, so gilt dieser Teil nicht als freiwillige Leistung i. S. des § 2 Abs. 1

KVStG eine gesstpfl. Leistung i. S. des § 2 Abs. 1 Nr. 2 KVStG vor (BFH v. 8. 11. 1967, BStBl 1968 II S. 213, v. 7. 5. 1968, BStBl 1969 II S. 617 und v. 2. 12. 1969, BStBl 1970 II S. 330). Es handelt sich hier um eine Leistung gegenüber der Tochtergesellschaft, die aufgrund einer im Gesellschaftsvertrag begründeten Verpflichtung bewirkt wird. Die Verlustübernahme ist als ein Zuschuß der Muttergesellschaft an ihre Tochtergesellschaft anzusehen. Die Leistung ist nicht schon in dem Zeitpunkt bewirkt, in dem der Gesellschafter die Bilanz der Tochtergesellschaft genehmigt, in der die Verlustübernahme ausgewiesen wird, sondern erst, wenn der Verlust durch Gutschrift tatsächlich ausgeglichen wird (BFH v. 28. 1. 1969, BStBl II S. 323 und v. 17. 3. 1970, BStBl II S. 702. Diese Urteile sind zum alten KVStG ergangen, sie sind aber auch heute lich begründet ist. Hinsichtlich Verlustübernahmen durch Schwestergesellschaften s. BFH v. 6. 2. 1980, BStBl II S. 353.

V. Gesellschaftsteuerliche Behandlung von Umwandlungsvorgängen

1. Grundsätzliches

Wird eine Gesellschaft auf eine andere Gesellschaft umgewandelt, entstehen in der Regel neue Gesellschaftsrechte, so daß grundsätzlich der Tatbestand des § 2 Abs. 1 Nr. 1 KVStG verwirklicht ist. § 29 UmwStG, der zum 31. 12. 1972 ausgelaufen ist, sah für bestimmte Rechtsvorgänge GesSt-Freiheit vor. So war der Erwerb von Gesellschaftsrechten, der auf der Umwandlung einer Körperschaft oder Anstalt des öffentichen Rechts, eines Versicherungsvereines auf Gegenseitigkeit oder Genossenschaft in eine Kapitalgesellschaft beruhte, steuerfrei. Ebenfalls wurde Steuerfreiheit gewährt, wenn als Gegenleistung für den Erwerb der Gesellschaftsrechte das Vermögen eines Unternehmens als ganzes, ein Betrieb, ein Teilbetrieb oder ein Mitunternehmeranteil auf die Kapitalgesellschaft übertragen wurde. Es war hiernach gleichgültig, ob die umgewandelte Gesellschaft bereits eine Kapitalgesellschaft war und damit der GesSt unterlegen hat oder ob das Betriebsvermögen einer nichtsteuerpflichtigen Personengesellschaft auf eine Kapitalgesellschaft übertragen wurde. Sowiet eine Personengesellschaft oder ein Einzelunternehmen auf eine Kapitalgesellschaft übertragen wird, unterliegt dieser Vorgang seit dem 1. 1. 1973 der GesSt.

Beispiel: A überträgt sein Unternehmen im Werte von 300 000 DM nach Abzug der Schulden auf eine GmbH und erhält für die Einbringung Gesellschaftsrechte an dieser.

Es handelt sich hier um einen gesstpfl. Vorgang i. S. des § 2 Abs. 1 Nr. 1 KVStG. Nach dem KVStG 1972 sind Umwandlungsvorgänge nur noch unter der Voraussetzung des § 7 Abs. 3 Nr. 1 KVStG von der GesSt befreit. Hiernach sind von der Besteuerung ausgenommen Rechtsvorgänge i. S. des § 2 Abs. 1 Nr. 1 KVStG wenn und soweit der Erwerb der Gesellschaftsrechte auf der Umwandlung einer Kapitalgesellschaft in eine Kapitalgesellschaft anderer Rechtsform beruht. Dies gilt nicht für die Anteile, die erst durch die Umwandlung zu Gesellschaftsrechten i. S. des KVStG werden.

Man unterscheidet zwischen einer formwechselnden und einer übertragenden Umwandlung.

2. Formwechselnde Umwandlung

Unter einer formwechselnden Umwandlung versteht man die Umwandlung einer Kapitalgesellschaft in eine andere Kapitalgesellschaft im Sinne des Handelsrechts mit der Folge, daß die Identität der Gesellschaft grundsätzlich erhalten bleibt. Die umgewandelte Kapitalgesellschaft erhält lediglich ein anderes Gewand. Eine Vermögensübertragung erfolgt wirtschaftlich gesehen in diesem Falle nicht. Es handelt sich dabei im wesentlichen um die Umwandlungsfälle des AktG, z. B. die Umwandlung einer AG in eine GmbH und umgekehrt.

Keine formwechselnde Umwandlung liegt vor, wenn eine GmbH in eine GmbH & Co KG umgewandelt wird und auch umgekehrt. Es handelt sich in diesen Fällen um eine übertragende Umwandlung. Die Steuerfreiheit tritt nur insoweit ein, als das Kapital der umgewandelten Kapitalgesellschaft bereits der GesSt unterlegen hat.

3. Übertragende Umwandlung

Nicht eindeutig geklärt ist, inwieweit die übertragende Umwandlung nach dem KVStG steuerbefreit ist. Unter einer übertragenden Umwandlung versteht man insbesondere solche Umwandlungsfälle, in denen das Vermögen einer Kapitalgesellschaft auf eine andere entweder noch zu gründende oder bereits bestehende Kapitalgesellschaft übertragen wird. Letzteres ist z. B. der Fall, wenn das Vermögen einer Kapitalgesellschaft auf den Hauptgesellschafter, der wiederum eine Kapitalgesellschaft ist, übertragen wird. Wird eine GmbH in eine GmbH & Co KG umgewandelt, liegt grundsätzlich auch eine übertragende Umwandlung vor. Das gleiche dürfte zutreffen, wenn eine GmbH & Co KG auf eine neu zu gründende GmbH übertragen wird oder die Umwandlung in der Weise erfolgt, daß die Kommanditisten ihre Mitunternehmeranteile gegen Gewährung von Gesellschaftsrechten in die Komplementär-GmbH einbringen, indem die GmbH gleichzeitig ihr Kapital entsprechend erhöht. Fraglich ist, ob eine GeSt-Pflicht gegeben ist, wenn das Vermögen der GmbH & Co KG auf die GmbH in der Weise übertragen wird, daß die Kommanditisten aus der Gesellschaft ausscheiden und die Anteile der Kommanditisten der Komplementär-GmbH anwachsen. Nach dem gemeinsamen Ländererlaß (FinMin Nds. vom 26. 11. 1979 S. 5110-59/323) umfaßt die Steuerbefreiung nach § 7 Abs. 3 Nr. 1 KVStG nur die nach den handelsrechtlichen Vorschriften zulässigen Umwandlungen, nicht aber auch andere Formen der Umorganisation einer Kapitalgesellschaft im Sinne des KVStG. Wird hiernach eine GmbH & Co KG in der Weise auf die bisherige Komplementär-GmbH umgewandelt, daß die Kommanditisten ihre Kommanditanteile auf die persönlich haftende GmbH gegen Gewährung von Gesellschaftsanteilen übertragen, so kommt eine Steuerbefreiung nach § 7 Abs. 3 Nr. 1 KVStG nicht in Betracht. Nach § 9 Abs. 2 Nr. 3 KVStG ermäßigt sich die GesSt unter bestimmten weiteren Voraussetzungen beim Erwerb von Gesellschaftsrechten, wenn und soweit auf die Kapitalgesellschaft als Gegenleistung das gesamte Vermögen, ein Betrieb oder Teilbetrieb einer anderen Kapitalgesellschaft übertragen wird. Mitunternehmeranteile sind jedoch in der Ermäßigungsvorschrift nicht aufgeführt. Auch die Übertragung aller Anteile einer Kapitalgesellschaft liegt nicht vor, weil die Anteile nicht von einer Person eingebracht werden, sondern jeder Kommanditist seinen Kommanditanteil einbringt (vgl. hierzu Kruse, GmbH-Rdsch. 1979). Die Steuerbefreiung erstreckt sich auch auf die Einbringung von Sonderbetriebsvermögen, wenn hierfür Gesellschaftsrechte gewährt werden (BFH v. 19. 12. 1979, BStBl 1980 II S. 198).

VI. Sonstige Steuerbefreiungen

Nach § 7 KVStG sind von der Besteuerung ausgenommen die in § 2 KVStG bezeichneten Rechtsvorgänge bei inländischen Kapitalgesellschaften,
1. die nach der Satzung und nach ihrer tatsächlichen Geschäftsführung ausschließlich und unmittelbar gemeinnützigen oder mildtätigen Zwecken dienen,
2. die der Versorgung der Bevölkerung mit Wasser, Gas, Elektrizität oder Wärme, dem öffentlichen Verkehr oder dem Hafenbetrieb dienen (Versorgungsbetriebe), wenn Anteile an der Gesellschaft ausschließlich dem Bund,

einem Land, einer Gemeinde, einem Gemeindeverband oder einem Zweckverband gehören und die Erträge der Gesellschaft ausschließlich diesen Körperschaften zufließen,

3. deren Hauptzweck die Verwaltung des Vermögens für einen nicht rechtsfähigen Berufsverband ist, wenn ihre Erträge im wesentlichen aus dieser Vermögensverwaltung herrühren und ausschließlich dem Berufsverband zufließen und wenn der Zweck des Berufsverbandes nicht auf einen wirtschaftlichen Geschäftsbetrieb gerichtet ist.

Weiter sind stfrei die Umwandlung von Rechten und Forderungen, die Gesellschaftsrechte i. S. des § 6 Abs. 1 Nr. 2 KVStG sind und deren Erwerb der GesSt unterlegen hat.

Beispiel: Die X-GmbH besitzt ein Stammkapital von 1 Mio DM. B ist an dieser Gesellschaft mit einer stillen Einlage in Höhe von 500 000 DM beteiligt. Aufgrund eines geänderten Gesellschaftsvertrags soll diese stille Einlage in Stammkapital umgewandelt werden.

Da die stille Beteiligung bereits der GesSt unterlegen hat, ist die Umwandlung dieser stillen Beteiligung in GmbH-Anteile gesstbefreit.

VII. Steuermaßstab

Der Steuermaßstab richtet sich grundsätzlich nach der Art der Leistung. Grundlage bildet jeweils der gemeine Wert des Besteuerungsgegenstandes (§ 2 BewG). Handelt es sich um den Erwerb von Gesellschaftsrechten, so wird die Steuer vom Wert der Gegenleistung berechnet, wenn eine Gegenleistung zu bewirken ist.

Ist eine Gegenleistung nicht zu bewirken, so ist Bemessungsmaßstab der Wert der Gesellschaftsrechte. Sowiet jedoch Gesellschaftsrechte einen Nennwert haben, gilt als Wert des Gesellschaftsrechts mindestens der Nennwert abzüglich der darauf ausstehenden Einlagen.

Ist eine Leistung zu bewirken (§ 2 Abs. 1 Nr. 2–4 KVStG), so richtet sich die Steuer nach dem Wert der Leistung. Auch hier ist der gemeine Wert der Leistung i. S. von § 2 BewG zugrunde zu legen. Die Bestimmung, daß im Falle des Erwerbes von Gesellschaftsrechten als Wert der Gegenleistung mindestens der Wert des Gesellschaftsrechts zugrunde zu legen ist, ist entfallen. Nach dem KVStÄndG v. 11. 5. 1976 (BStBl I S. 332) ist im Falle des entgeltlichen Erwerbs immer vom Wert der Gegenleistung auszugehen, auch wenn der Wert des Gesellschaftsrechts selbst höher ist.

1. Bargeldzahlung als Entgelt

Werden Gesellschaftsrechte gegen Barzahlung geschaffen, sei es durch Neugründung oder durch Kapitalerhöhung, so ist als Bemessungsgrundlage für die GesSt der Barpreis für die Gewährung des Gesellschaftsrechts zugrunde zu legen.

Beispiel: A und B gründen eine GmbH. Nach dem Gesellschaftsvertrag soll das Stammkapital 100 000 DM betragen, es sind zunächst jedoch nur 25 000 DM einzuzahlen.

In diesem Falle sind Bemessungsgrundlage lediglich der Betrag von 25 000 DM (Nennkapital 100 000 DM abzüglich ausstehender Einlagen von 75 000 DM).

2. Einbringung von Sachwerten bzw. Betrieben

Bringt ein Gesellschafter als Gegenleistung für die Gewährung des Gesellschaftsrechts ein Grundstück ein, so ist Bemessungsgrundlage für die GesSt der gemeine Wert des Grundstücks, nicht der Teilwert i. S. des § 6 EStG.

Wird ein Unternehmen oder ein Mitunternehmeranteil in eine Kapitalgesellschaft gegen Gewährung von Gesellschaftsrechten eingebracht, ist Bemessungsgrundlage für die GesSt das Entgelt. Das Entgelt besteht in diesem Falle aus dem Wert des eingebrachten Betriebs bzw. des Mitunternehmeranteils. Läßt sich der Wert des Betriebes aus Verkäufen ableiten, ist dieser als gemeiner Wert zugrunde zu legen.

Beispiel: A bringt sein bisheriges Einzelunternehmen in eine GmbH & Co KG ein, an der A und B je zur Hälfte beteiligt sein sollen. B zahlt eine Bareinlage von 500 000 DM. Wirtschaftlich gesehen liegt hier eine Teilbetriebsveräußerung vor; denn A veräußert seinen halben Betrieb an B. Da B für seinen halben Anteil an der GmbH & Co KG 500 000 DM zahlt, ist der gemeine Wert des eingebrachten Betriebes ebenfalls mit 500 000 DM zu bewerten.

In der Regel der Fälle wird der Wert des eingebrachten Betriebs zu schätzen sein. Im BFH-U. v. 16. 6. 1970 (BStBl II S. 690) sind hierbei auch die Ertragsaussichten des Unternehmens zu berücksichtigen. Im Zusammenhang mit der Ermittlung der Gewinnchancen findet auf diese Weise auch ein Firmen- und Geschäftswert Berücksichtigung. Bei der Schätzung des Werts wurde vielfach die Mittelwertmethode angewandt (vgl. OFD Karlsruhe, Vfg. v. 5. 7. 1972 – S 5000 a–St 352). Nunmehr soll nach einem Gemeinsamen Ländererlaß (FinMin Niedersachsen v. 6. 10. 1975 S 6000–732 2, DB S. 2015) auch ein eingebrachtes Unternehmen entsprechend dem Stutgarter Verfahren (Abschn. 77 ff. VStR) bewertet werden. Die Anwendung des Stuttgarter Verfahrens auf die Bewertung bei Einbringen von Betrieben, Mitunternehmeranteilen ist inzwischen auch vom

BFH bestätigt worden (BFH v. 12. 3. 1980, BStBl II S. 405; v. 12. 3. 1980, BStBl II S. 463).

Hier ergeben sich jedoch für die GmbH & Co KG Besonderheiten. Der Substanzwert des Unternehmens ist grundsätzlich aus dem Bilanzwert zuzüglich aller stillen Reserven, abzüglich der Verbindlichkeiten zu ermitteln. Bei der Ermittlung des Substanzwertes sind folgende Korrekturen notwendig:

a) Eigenkapital der Kommanditisten sind nur die Kommanditanteile (Pflichteinlagen und etwaige von der Gesellschaft gebildete und von den Gesellschaftern der KG nicht angreifbare Rücklagen).

b) Die beweglichen Kapitalkonten der Kommanditisten (Konto II, Privat- und Darlehenskonten) sind bei der Ermittlung des Substanzwertes als Fremdkapital zu behandeln. Negative Darlehnskonten der Kommanditisten sind Forderungen der KG und dem Substanzwert zuzurechnen.

c) Wirtschaftsgüter, die einem Gesellschafter gehören aber ertragsteuerlich notwendiges Betriebsvermögen der KG sind, sind nicht zu berücksichtigen. Eine Ausnahme wäre nur möglich, wenn ein Kommanditist ein in seinem Eigentum stehendes Wirtschaftsgut der KG mit der Bestimmung überläßt, daß alle Gesellschafter an den stillen Reserven teilhaben.

d) Rückstellungen für Pensionsanwartschaften mindern den Substanzwert.

Bei der Ermittlung des Ertragswertes ist bei der GmbH & Co KG folgendes zu beachten. Soweit bei der GmbH & Co KG von der Steuerbilanz ausgegangen wird, sind folgende Korrekturen notwendig:

Durchschnittlicher Steuerbilanzgewinn der KG
+ steuerliche Sonderabschreibungen
./. vereinbartes angemessenes Gehalt für Gesellschafter-Geschäftsführer
./. vereinbarte angemessene Vorweg-Verzinsung der Gesellschafterdarlehen (z. B. bewegliche Kapitalkonten der Kommanditisten)
./. Entgelte für die der KG von den Gesellschaftern überlassenen Wirtschaftsgüter
= tatsächlicher Gewinn der KG.

Im Falle von unverzinslichen Darlehen ist folgendes zu beachten. Gewährt ein Kommanditist einer GmbH & Co KG auf Grund einer im Gesellschaftsvertrag eingegangenen Verpflichtung bei der Gründung der KG ein unverzinsliches Darlehn, so gehört die Darlehnsauszahlung jedenfalls dann zur Gegenleistung für den ersten Erwerb des Kommanditanteils, wenn der Kommanditist das Darlehen auf die Dauer seiner Beteiligung an der GmbH & Co KG hingegeben hat und wenn das Darlehen auch sonst mit dem Kommanditanteil fest verbunden ist. In diesem Fall ist das Darlehn als ein Bestandteil der Beteiligung selbst anzusehen (BFH v. 21. 7. 1976, BStBl 1977 II S. 6).

3. Sonstige Leistungen

Eine freiwillige Leistung in der Form einer zinslosen Überlassung der Nutzung von Kapital ist bewirkt, wenn sich im regelmäßigen Abschlußzeitpunkt für das Verrechnungskonto erweist, daß die gegenseitigen Leistungen zugunsten der Gesellschaft nicht ausgeglichen waren. Im Zweifel ist hier der Zeitraum von einem Jahr maßgebend. Als Wert der Leistung ist der Wert der Zinsen, die die Gesellschafter bei anderweitiger Anlage zu sonst gleichen Konditionen hätten erzielen können, anzusetzen (BFH vom 31. 1. 1979, BStBl II S. 382).

VIII. Steuersätze

1. Normaltarif

Der normale Steuersatz, der einmal bis zu 2½ v. H., bis zum 31. 12. 1973 2 v. H. betrug, beträgt seit dem 1. 1. 1974 nur noch 1 v. H. von der Bemessungsgrundlage.

2. Ermäßigter Steuersatz

Der Steuersatz ermäßigt sich bei den folgenden Ausnahmen auf die Hälfte. Das ist ab dem 1. 1. 1974 ein Steuersatz von ½ v. H.

a) Überschuldung und Verlust am Stamm- oder Grundkapital

Bei Rechtsvorgängen i. S. des § 2 Abs. 1 Nr. 1–4 KVStG wird der halbe Steuersatz angewandt, soweit diese zur Deckung einer Überschuldung oder zur Deckung eines Verlustes an dem durch Gesellschaftsvertrag oder Satzung festgesetzten Gesellschaftskapital erforderlich sind. Die Steuerermäßigung wird auch dann gewährt, wenn zur Beseitigung der Überschuldung auf ein Darlehn verzichtet wird (BFH v. 9. 11. 1977, BStBl 1978 II S. 266). Der ermäßigte Steuersatz gilt grundsätzlich auch für die GmbH & Co KG (BFH v. 30. 3. 1977, BStBl II S. 558).

Eine Überschuldung liegt vor, wenn die Schulden den gemeinsamen Wert des wahren, nach §§ 2 bis 16 BewG ermittelten Vermögens übersteigen. Auf das bilanzmäßige Vermögen kommt es hier nicht an. Unter Schulden sind hier nur die echten Fremdverbindlichkeiten zu verstehen. Rücklagen für Pensionsanwartschaften sind keine Schulden in diesem Sinne, wohl hingegen Pensionsrückstellungen für laufende Pensionszahlungen und auch die bereits beschlossene, aber noch nicht ausgezahlte Dividende.

Ein Verlust am Grund- oder Stammkapital liegt bei einer AG, KGaA oder GmbH vor, wenn das Vermögen der Gesellschaft die echten Schulden zwar übersteigt, der Überschuß das Gesellschaftskapital aber nicht voll deckt. Ein lediglich buchmäßiger Verlust reicht nicht aus (BFH v. 22. 4. 1959, BStBl 1959 III S. 240). Solange ein Verlust durch Auflösung von Rücklagen und auch der stillen Reserven ausgeglichen werden kann, liegt kein Verlust des Grund- oder Stammkapitals i. S. des § 9 Abs. 2 Nr. 1 KVStG vor.

Verlustübernahmen aufgrund eines Ergebnisabführungsvertrages im Rahmen eines Organverhältnisses sind nach ständiger Rechtsprechung begünstigt (BFH v. 10. 4. 1974, HFR 1975 S. 509).

Auch bei sog. geborenen Zuschußbetrieben ist der ermäßigte Steuersatz anzuwenden, wenn die übrigen Voraussetzungen gegeben sind (BFH v. 21. 9. 1977, BStBl 1978 II S. 136).

Keine Steuerermäßigung wird jedoch gewährt, wenn die Kapitalerhöhung vor Überschuldung beschlossen war (BFH v. 31. 5. 1978, BStBl II S. 470). Kapitalerhöhungen unterliegen als Sanierungsmaßnahmen nur dann und insoweit dem ermäßigten Steuersatz, als sie dem Ausgleich einer nicht mehr als 4 Jahre zurückliegenden Kapitalherabsetzung dienen. Das gilt auch für den Fall der Überschuldung (BFH v. 22. 10. 1980, BStBl 1981 II S. 73).

b) Übertragung des ganzen Vermögens

Werden bei der GmbH & Co KG Darlehns- und Privatkonten der Gesellschafter zur Abdeckung eines Verlustes verwandt, liegt grundsätzlich, wie bereits ausgeführt, eine gesstpfl. Leistung des Gesellschafters vor, die aber nach § 9 Abs. 2 Nr. 1 KVStG begünstigt ist.

Kapitalerhöhungen, die dem Verlustausgleich dienen, sind jedoch nur dann steuerbegünstigt, wenn das Kapital der Gesellschaft bereits innerhalb der letzten fünf Jahre herabgesetzt worden ist (§ 9 Abs. 2 Nr. 1 letzter Satz KVStG). Vgl. auch BFH v. 4. 9. 1974, BStBl 1975 II S. 241.

Für die GmbH & Co KG bedeutet das, daß im Falle eines Eintritts von neuen Gesellschaftern die Hafteinlagen der Altgesellschafter entsprechend herabgesetzt werden müssen.

IX. Entstehung der Steuerschuld, Steuerschuldner, Steuerhaftung

1. Entstehung der Steuerschuld

Mit dem Erwerb des Gesellschaftsrechtes bzw. mit der Erbringung der Leistung ist der Tatbestand, an den die GesSt-Pflicht geknüpft ist, verwirklicht. Das Gesellschaftsrecht ist mit der Eintragung der Gesellschaft bzw. des Kapitalerhöhungsbeschlusses entstanden. Leistungen, die im Hinblick auf den Erwerb von Gesellschaftsrechten getätigt worden sind, sind daher mit diesem Zeitpunkt erst gesstpfl.

Bei Leistungen entsteht die Steuerschuld mit dem tatsächlichen Bewirken der Leistung, jedoch auch hier nicht vor Eintragung der Gesellschaft.

Bei der GmbH & Co KG entsteht die Steuerschuld erst dann, wenn die Kommanditeinlagen tatsächlich geleistet sind. Ist im Gesellschaftsvertrag festgelegt, daß die Einlagen erst später zu erbringen sind, so entsteht im Zeitpunkt der Gründung noch keine GesSt-Pflicht (BFH v. 24. 7. 1972, BStBl II S. 907).

Auf die Eintragung der Erhöhung der Kommanditeinlagen im Handelsregister kommt es nicht an (BFH v. 6. 4. 1977, BStBl II S. 616).

Tritt ein Kommanditist in eine bereits bestehende GmbH & Co KG neu ein, so erwirbt er seine Gesellschaftsrechte mit Abschluß des Vertrages über seinen Eintritt in die KG und nicht erst mit der Eintragung des Eintritts in das Handelsregister (BFH vom 27. 1. 1972, BStBl II S. 431).

2. Steuerschuldner, Steuerhaftender

Nach § 10 Abs. 1 KVStG ist Steuerschuldner die Kapitalgesellschaft. Sie ist verpflichtet, aus dem Gegenwert der ihr gewährten Leistung die GesSt zu erbringen.

Für die GesSt haften neben dem Steuerschuldner beim Erwerb von Gesellschaftsrechten die Erwerber (§ 10 Abs. 2 Nr. 1 KVStG). Der einzelne Gesellschafter haftet nicht für die gesamte GesSt-Schuld, sondern nur entsprechend den von ihm erworbenen Anteilen. Allerdings führt der Haftungsausschluß nach § 181 Abs. 1 HGB nicht zum Ausschluß der gesst. Haftung (BFH v. 18. 5. 1977, BStBl II S. 617). Hinsichtlich der Inanspruchnahme als Haftungsschuldner s. auch BFH v. 4. 7. 79, BStBl 1980 II S. 126.

Bei der Erbringung von Leistungen haftet derjenige, der die Leistung erbracht hat (§ 10 Abs. 2 Nr. 2 KVStG). Das gilt auch für die Fälle, in denen einer durch die Leistung erst Gesellschafter wird.

3. Erhebungsverfahren

Bei inländischen Kapitalgesellschaften oder inländischen Niederlassungen ausländischer Kapitalgesellschaften ist das Kapitalverkehrsteueramt örtlich zuständig, in dessen Bezirk die Gesellschaft oder Niederlassung ihre Geschäftsleitung, oder, wenn die Geschäftsleitung nicht im Inland ist, ihren Sitz hat.

Behörden, Beamte und Notare, die eine Urkunde über Rechtsvorgänge i. S. des § 2 KVStG aufgenommen oder entworfen oder beglaubigt haben, müssen dem zuständigen Kapitalverkehrsteueramt eine Abschrift übersenden.

Die Beteiligten (Gesellschaft, Gesellschafter und Urkundspersonen) haben gesstpfl. Rechtsvorgänge binnen zwei Wochen vom Tag an gerechnet, an dem der Rechtsvorgang stattgefunden hat, anzumelden. Das Kapitalverkehrsteueramt gibt den Stpfl. den festgesetzten Steuerbetrag unter Angabe der Zahlungsfrist in einem besonderen Steuerbescheid bekannt (§ 6 KVStDV).

Eine Kapitalgesellschaft oder ihre Kapitalerhöhung darf ins Handelsregister erst dann eingetragen werden, wenn eine Bescheinigung des Kapitalverkehrsteueramtes vorgelegt wird, daß der Eintragung steuerliche Bedenken (Unbedenklichkeitsbescheinigung) nicht entgegenstehen (§ 7 KVStDV). Das Kapitalverkehrsteueramt hat die Bescheinigung zu erteilen, wenn ein der voraussichtlichen Höhe der Steuer entsprechender Betrag an das FA gezahlt oder eine Steuer voraussichtlich nicht zu erheben ist. Die Zahlung in der voraussichtlichen Höhe der Steuer sind wie Einzahlungen auf die GesSt zu behandeln.

C. Börsenumsatzsteuer

I. Gegenstand der Steuer

Der BörsenUSt unterliegt der Abschluß von Anschaffungsgeschäften über Wertpapiere, wenn die Geschäfte im Inland oder unter Beteiligung wenigstens eines Inländers im Ausland abgeschlossen werden (§ 17 Abs. 1 KVStG). Es sind daher alle Geschäfte über bereits bestehende Wertpapiere, die im Inland abgeschlossen werden, börsenustpfl. Im Ausland abgeschlossene Wertpapiergeschäfte sind nur dann börsenustpfl., wenn an dem Geschäft wenigstens ein Inländer beteiligt ist. Unter Inländer sind Personen zu verstehen, die im Inland ihren Wohnsitz, ihren gewöhnlichen Aufenthalt, eine gewerbliche Niederlassung oder eine ständige Vertretung haben. Soweit Personen Geschäfte durch ihre ausländische Niederlassung abschließen, gelten sie nicht als Inländer. Als Auslandsgeschäfte gelten solche Geschäfte, die durch Briefwechsel, Telegramm, Fernsprecher oder Funkspruch zwischen einem Ort im Inland und einem Ort des Auslands zustande gekommen sind. Unter die Auslandsgeschäfte fallen daher alle Arbitragegeschäfte zwischen einem Ort im Inland und einem ausländischen Börsenplatz.

II. Anschaffungsgeschäfte

1. Begriff

Anschaffungsgeschäfte sind entgeltliche Verträge, die auf den Erwerb des Eigentums an Wertpapieren gerichtet sind (§ 18 Abs. 1 KVStG). Das der BörsenUSt unterliegende Anschaffungsgeschäft ist das obligatorische Rechtsgeschäft, das auf den Erwerb von Wertpapieren gerichtet ist, nicht das Erfüllungsgeschäft (BFH v. 21. 7. 1970, BFH E 100/328). Es handelt sich hier i. d. R. um gegenseitige Verträge i. S. des BGB, also auf einen Leistungsaustausch gerichtete Vereinbarungen.

Kein Anschaffungsgeschäft i. S. des § 18 Abs. 1 KVStG liegt nach dem BFH-U. v. 19. 12. 1973 (BFH E 112, 78, BStBl 1974 II S. 400) vor, wenn infolge einer übertragenden Umwandlung Wertpapiere auf den Hauptgesellschafter übergehen. Der Umwandlungsbeschluß ist nach Ansicht des BFH kein Vertrag, sondern ein Gesamtakt des dazu berufenen Organs der umzuwandelnden Gesellschaft.

Kein entgeltlicher Vertrag liegt nach dem BFH-U. v. 17. 7. 1957 (BStBl III S. 294) vor, wenn sich der Anteilseigner zur Abtretung eines GmbH-Anteils gegen Vorbehalt des Nießbrauchs und des Stimmrechts verpflichtet hat. Die Einräumung des Nießbrauchsvorbehalts bedeutet hier kein Entgelt, so daß ein Leistungsaustausch zu verneinen ist. Hier wird nach Ansicht des BFH nur der Gesamtvorgang – die unentgeltliche Übertragung des GmbH-Anteils – in zwei Teile aufgespalten.

2. Arten der Anschaffungsgeschäfte

§ 20 KVStG versteht unter Anschaffungsgeschäften Händlergeschäfte, Kundengeschäfte und Privatgeschäfte.

a) Händlergeschäfte

Händlergeschäfte sind Anschaffungsgeschäfte, bei denen alle Vertragsteilnehmer Händler sind. Händler i. S. des § 21 KVStG sind die Deutsche Bundesbank, die Kreditanstalt für Wiederaufbau, der Unschuldungsverband Deutscher Gemeinden, Kreditinstitute, auf die die Vorschriften des Gesetzes über das Kreditwesen Anwendung finden, sowie vergleichbare ausländische Kreditinstitute, Makler i. S. des § 30 Börsengesetz, an der Börse zugelassene Makler, sowie vergleichbare ausländische Makler.

Beispiel: Die Deutsche Bundesbank kauft von der Commerzbank AG für 1 Mio. DM eine 8% Anleihe der Deutschen Bundespost aus dem Jahre 1970. Es handelt sich hier um ein Händlergeschäft. Oder die Deutsche Bank AG kauft nachbörslich im Freiverkehr von dem freien Makler 10 000 DM Girmes-Aktien, die sie an den Kunden B weiterveräußern möchte. Das Geschäft zwischen der Deutschen Bank und dem freien Börsenmakler ist ein Händlergeschäft.

Händlergeschäfte sind für die BörsenUSt grundsätzlich ohne Bedeutung, weil sie nach § 22 KVStG von der Besteuerung ausgenommen sind; es sei denn, es handelt sich um Geschäfte über GmbH-Anteile.

Beispiel: Die Dresdner Bank AG kauft von der Concordia Versicherung AG eine 25% Beteiligung an der X-GmbH. Dieses Geschäft unterliegt der BörsenUSt.

b) Kundengeschäfte

Kundengeschäfte sind Anschaffungsgeschäfte, bei denen nur ein Vertragsteilnehmer inländischer Händler ist. Hierunter fallen alle Geschäfte, in denen ein Bankkunde seine Hausbank beauftragt, für ihn Aktien zu erwerben.

Beispiel: A beauftragt die Westfalenbank, Bochum, für ihn 50 Stück Mannesmann-Aktien zum Tageskurs zu erwerben.

c) Privatgeschäfte

Privatgeschäfte sind alle übrigen Anschaffungsgeschäfte. Hierunter fallen alle Geschäfte zwischen Nichtbanken, die auf den Erwerb von Wertpapieren gerichtet sind.

Beispiel: Sultan N kauft von dem Großkaufmann A eine 10%ige Beteiligung an der X-AG, ohne daß eine Bank in Erscheinung tritt.

3. Sonstige Anschaffungsgeschäfte

Bei den in § 18 Abs. 2 und 3 KVStG aufgezählten Rechtsgeschäften handelt es sich um Anschaffungsgeschäfte im weiteren Sinne. Hierunter zählen folgende Rechtsvorgänge: Geschäfte, die das Einbringen von Wertpapieren in eine Kapitalgesellschaft oder eine andere Personenvereinigung zum Gegenstand haben. Ein Anschaffungsgeschäft stellen auch der Verschmelzungs- und der Umwandlungsbeschluß dar, wenn und insoweit sich im Betriebsvermögen Wertpapiere befinden (BFH v. 13. 2. 1980, BStBl II S. 376; v. 13. 2. 1980, BStBl II S. 378; v. 19. 3. 1980, BStBl II S. 380).

Beispiel: A tritt als Gesellschafter in die X-GmbH ein. Seine Einlage erbringt er in der Weise, daß er seine 20%-Beteiligung an der Y-GmbH einbringt.

Ebenfalls handelt es sich um Anschaffungsgeschäfte, wenn im Rahmen einer Auseinandersetzung der Kapitalgesellschaft mit ihren Gesellschaftern bei der Auflösung einer anderen Personenvereinigung oder beim Ausscheiden eines Gesellschafters aus einer Personenvereinigung den Gesellschaftern Wertpapiere aus dem Vermögen der Gesellschaft übertragen werden.
Ein Anschaffungsgeschäft i. S. der §§ 17, 18 Abs. 1 KVStG ist gegeben, wenn Wertpapiere von einer Personengesellschaft auf eine andere Personengesellschaft bei Gesellschafteridentität übertragen werden (BFH v. 12. 4. 1978, BStBl II 422). Ein Anschaffungsgeschäft liegt auch dann vor, wenn ein sich im Gesellschaftsvermögen befindlicher GmbH-Anteil zerlegt wird und die neuen Anteile auf die Gesellschafter unmittelbar übertragen werden (BFH v. 9. 3. 1977, BStBl II S. 658). Ein Anschaffungsgeschäft liegt ebenfalls vor, wenn ein Gesellschafter einer Personengesellschaft das gesamte Betriebsvermögen mit der Gesellschaft übernimmt bzw. dieses auf den Gesellschafter übergeht und sich im Betriebsvermögen Wertpapiere befinden (BFH v. 19. 10. 1977, BStBl 1978 II S. 187).

Nicht zu den Personenvereinigungen i. S. des § 18 Abs. 1 Nr. 2 KVStG gehören Erbengemeinschaften (BFH v. 20. 11. 1952, BStBl 1953 III S. 2). Werden im Rahmen einer Erbauseinandersetzung mehrere gleichartige im Nachlaß befindliche Wertpapiere an die Miterben entsprechend ihrem Erbanteil verteilt, liegt kein Geschäft i. S. des § 18 Abs. 1 KVStG vor, das eine freiwillige Entscheidung voraussetzt. Werden Wertpapiere an Erben abweichend von einer ausdrücklichen Teilungsanordnung des Erblassers oder von den – mangels letztwilliger Anordnungen des Erblassers – maßgeblichen gesetzlichen Vorschriften zugewiesen, so liegt ein börsenustpfl. Anschaffungsgeschäft nur insoweit vor, als die Zuweisung nicht erzwungen werden kann, sondern auf gütlicher Einigung der Beteiligten beruht (BFH v. 10. 6. 1959, BStBl III S. 420). Ein Anschaffungsgeschäft liegt auch dann bereits vor, wenn durch einen auf den Erwerb des Eigentums an Wertpapieren gerichteten Vertrag eine spätere Erbfolge vorweggenommen wird (BFH v. 26. 2. 1958, BStBl III S. 204).

Ist die Übertragung von Wertpapieren unter einer Bedingung oder einer Befristung des Anschaffungsgeschäftes erfolgt, so hat dies keinen Einfluß auf die Besteuerung (§ 18 Abs. 2 Nr. 3 KVStG). Anders ist die Rechtslage, wenn die Übertragung der Wertpapiere von einer Genehmigung abhängt. Hier entsteht die Steuerpflicht erst mit der Genehmigung des Anschaffungsgeschäftes (vgl. BFH v. 15. 6. 1951, BStBl III S. 143).

Bei der Versicherung eines Wertpapieres gegen Verlosung entsteht abweichend von § 18 Abs. 2 Nr. 3 KVStG die Steuerpflicht erst mit dem Eintritt des Versicherungsfalles, also wenn der Versicherer dem Versicherten zur Ersatzbeschaffung verpflichtet ist (§ 18 Abs. 2 Nr. 4 KVStG).

Im Falle eines Wertpapiertausches gilt sowohl die Vereinbarung über die Leistung als auch die Vereinbarung über die Gegenleistung als Anschaffungsgeschäft i. S. des § 18 Abs. 3 Nr. 1 KVStG.

Erfolgt die Übertragung von Wertpapieren in Form eines Kommissionsgeschäftes, so werden zwei Steuertatbestände verwirklicht. Wird das Geschäft unter Banken aufgrund eines Kundenauftrages ausgeführt, so ist das Geschäft mit dem Dritten als sog. Händlergeschäft steuerfrei. Ist das nicht der Fall, so unterliegt sowohl das Ausführungsgeschäft, welches der Kommissionär im eigenen Namen abschließt (§ 383 HGB), als auch das sog. Abwicklungsgeschäft der Steuer.

Das gleiche trifft auch bei Geschäften für gemeinschaftliche Rechnung (sog. Metageschäfte) zu. Auch hier werden zwei Steuertatbestände verwirklicht. Beim Metageschäft tritt nur eine Person nach außen als Käufer der Wertpapiere auf. Diese Person handelt aber im Innenverhältnis gleichzeitig für Rechnung weiterer Personen. Die Steuerpflicht des Erwerbs der Wertpapiere durch für die allein nach außen hin handelnde Person ergibt sich aus § 18 Abs. 1 KVStG. Die Auseinandersetzung zwischen den Gesellschaftern im Innenverhältnis wird nach § 18 Abs. 3 Nr. 3 KVStG besonders besteuert.

Beispiel: A verkauft an B seine 30%ige Beteiligung an der X-AG. B, der die Aktien nicht alleine für sich erwerben will, hat vor dem Abschluß des Übertragungsgeschäftes mit C und D vereinbart, daß diese sich an dem Erwerb mitbeteiligen. Die Kaufverhandlungen werden allein zwischen A und B geführt und auch das Erfüllungsgeschäft nur zwischen beiden. Nach Abschluß des Vertrages überträgt B auf C und D jeweils 10%. Hier liegen zwei getrennte Anschaffungsgegenstände vor, die beide zu versteuern sind. Kein Anschaffungsgeschäft ist bei Schenkungen gegeben (BFH v. 31. 3. 1976, BStBl II S. 532).

III. Wertpapiere

1. Schuldverschreibungen

Was unter Schuldverschreibungen zu verstehen ist, ist in § 12 KVStG geregelt. Hiernach gelten als Schuldverschreibungen Wertpapiere, in denen verzinsliche Forderungsrechte verbrieft sind, wenn die Wertpapiere auf den Inhaber lauten oder durch Indossament übertragen werden können oder in Teilabschnitten ausgefertigt sind oder mit Zinsscheinen (Rentenscheinen) versehen sind.

Sinn und Zweck dieser Regelung ist die Erfassung solcher Kreditaufnahmen, in denen der Schuldner den allgemeinen Kapitalmarkt in Anspruch nimmt. Die bloße Kreditaufnahme bei einem Kreditinstitut unterliegt daher nicht der BörsenUSt, auch wenn über diesen Kredit eine Urkunde ausgestellt sein sollte. Es muß sich in vorliegendem Falle um eine verkehrsfähige, verzinsliche Forderung handeln, die auf den Inhaber lautet, also nicht an eine Person gebunden ist, und durch Indossament übertragen werden kann. Die Schuld muß in Form eines Wertpapieres i. S. der §§ 397, 808 a BGB verbrieft sein.

Als Schuldverschreibungen werden auch im Inland ausgestellte Schuldscheine behandelt, wenn sie über Teile eines Gesamtdarlehns ausgestellt sind. Das trifft für sog. Schuldscheindarlehen zu, wenn das sog. Gesamtschuldscheindarlehn in Unterabschnitte aufgeteilt wird. In diesem Falle wird auch das Schuldscheindarlehen als Wertpapier i. S. des § 12 KVStG angesehen. Voraussetzung ist, daß die Schuldscheine im Inland ausgestellt sind. Hat der Schuldner seinen Sitz im Ausland, und hat eine ausländische Bank die Unterbringung der Schuldscheindarlehn übernommen, so entsteht keine BörsenUSt.

2. Dividendenwerte

Als Wertpapiere gelten weiter Dividendenwerte (§ 19 Abs. 1 Nr. 2 KVStG). Nach § 19 Abs. 2 KVStG umfaßt der Begriff Dividendenwerte Aktien, Kuxe und andere Anteile an inländischen und ausländischen Kapitalgesellschaften. Hierunter fallen insbesondere GmbH-Anteile, Zertifikate über Anteile an ausländischen Kapitalgesellschaften, Genußscheine und Bezugsrechte auf Dividendenwerte. Der Begriff des Wertpapieres setzt nicht voraus, daß für den Anteil eine Urkunde ausgestellt ist.

Keinen Dividendenwert stellt der Anteil der Komplementär-GmbH dar (vgl. BFH v. 13. 2. 1980, BStBl II S. 236). Nach Ansicht des BFH ist die Bestimmung des § 6 Abs. 1 KVStG für die GesSt auch auf die BörsenUSt anzuwenden.

Es war lange Zeit umstritten, ob auch der Kommanditanteil an einer GmbH & Co KG ein Wertpapier i. S. dieser Vorschrift darstellt. Nunmehr hat der BFH, U. v. 3. 9. 1975 (BStBl 1976 II S. 7), sich auf den Standpunkt gestellt, daß auch die Kommanditeinlage an einer GmbH & Co KG ein Wertpapier i. S. dieses Gesetzes sei. Daher unterliegt auch der Abschluß von Anschaffungsgeschäften über Kommanditanteile an einer GmbH & Co KG der BörsenUSt.

3. Anteilscheine an Kapitalanlagegesellschaften

Als Wertpapiere gelten schließlich auch Anteilscheine an Kapitalanlagegesellschaften (§ 19 Abs. 1 Nr. 3 KVStG). Diesen Anteilscheinen sind vergleichbare Urkunden ausländischer Unternehmen, deren Geschäftszweck dem der Kapitalanlagegesellschaften entspricht, gleichgestellt. Wesentliches Merkmal einer Kapitalanlagegesellschaft ist nach deutschem Recht, daß die Wertpapiere sich in einem Sondervermögen befinden, das grundsätzlich nicht für die Verbindlichkeiten der Gesellschaft haftet und von einem anderen Kreditinstitut zu verwahren ist (§ 9 Abs. 2, § 11 des Gesetzes über Kapitalanlagegesellschaften v. 16. 4. 1957, BGBl I S. 378, BStBl I S. 224).

IV. Ausnahmen von der Besteuerung

Nach § 22 KVStG sind verschiedene Arten von Anschaffungsgeschäften von der BörsenUSt befreit.

1. Händlergeschäfte

Händlergeschäfte sind grundsätzlich von der BörsenUSt befreit. Soweit sich jedoch das Anschaffungsgeschäft auf GmbH-Anteile bezieht, sind auch Händlergeschäfte steuerpflichtig.

2. Geschäfte, die die Zuteilung von Wertpapieren an den ersten Erwerber zum Gegenstand haben

Der Ersterwerb von Gesellschaftsrechten unterliegt grundsätzlich der GesSt. Durch die Ausnahmeregelung des § 22 Nr. 2 KVStG soll daher die Doppelbelastung durch GesSt und BörsenUSt vermieden werden. Kein Ersterwerb liegt vor, wenn die Anteilscheine einer Kapitalanlagegesellschaft bei Rücknahme durch die Gesellschaft und Wiederausgabe an Käufer unverändert in Sammelverwahrung bleiben (§ 19 Abs. 1 des Gesetzes über Kapitalanlagegesellschaften, vgl. hierzu BFH v. 16. 5. 1973, BStBl II S. 699).

3. Annahme von Schuldverschreibungen bestimmter öffentlich-rechtlicher Körperschaften

Die Annahme dieser Schuldverschreibungen ist steuerfrei, wenn sie zur Entrichtung öffentlicher Abgaben an Zahlungs Statt hingegeben werden (§ 22 Nr. 3 KVStG).

4. Anschaffungsgeschäfte über Schatzwanweisungen des Bundes oder eines Landes

Sie sind steuerfrei, wenn die Schatzanweisungen spätestens binnen vier Jahren seit dem Tag des Geschäftsabschlusses fällig werden (§ 22 Nr. 4 KVStG).

5. Tauschgeschäfte über Wertpapiere gleicher Gattung

Sie sind unter gewissen Voraussetzungen steuerfrei (§ 22 Nr. 5 KVStG). Der Austausch der Wertpapiere muß Zug um Zug ohne andere Gegenleistung erfolgen. Dies gilt auch, wenn die ausgetauschten Wertpapiere verschiedene Zinszahlungstage haben und der Unterschiedsbetrag der Zinsen durch Zuzahlung ausgeglichen wird.

6. Rückerwerb der in § 19 Abs. 1 Nr. 3 KVStG bezeichneten Wertpapiere

Es handelt sich hier um Anteilscheine an Kapitalanlagegesellschaften und vergleichbare Urkunden ausländischer Unternehmen mit einem der den Kapitalanlagegesellschaften entsprechenden Geschäftszweck. Der Rückerwerb dieser Papiere für die Gesellschaft hat für Rechnung des Sondervermögens zu erfolgen (§ 22 Nr. 6 KVStG). Dadurch soll der Rückerwerb von Anteilscheinen, zu welchen die Kapitalanlagegesellschaft nach § 10 Abs. 2 des Gesetzes über Kapitalanlagegesellschaften verpflichtet ist, steuerlich entlastet werden.

V. Steuermaßstab, Steuersatz, Steuerschuldner

1. Steuermaßstab

Steuermaßstab ist regelmäßig der vereinbarte Preis. Unter Preis ist hier die gesamte vereinbarte Gegenleistung zu verstehen. Hierzu gehört nicht nur der Barpreis, sondern auch eine neben diesem vereinbarte geldwerte Leistung (BFH v. 8. 5. 1974, BStBl II S. 740). Das gilt auch dann, wenn nur andere Leistungen vereinbart worden sind, z. B. ein Rentenversprechen (BFH v. 25. 1. 1978, BStBl II S. 258). Bei gemischten Schenkungen ist die Bemessungsgrundlage die Gegenleistung (BFH v. 25. 1. 1978, a. a. O.). Ist ein Preis nicht vereinbart worden, ist der mittlere Börsen- oder Marktpreis, für den das Wertpapier am Tag des Geschäftsabschlusses erworben werden kann, zugrunde zu legen. Fehlt es sowohl an einer Preisvereinbarung als auch an einem Börsen- oder Marktpreis, so ist der Wert des Wertpapiers zugrunde zu legen.
Kosten, die durch den Geschäftsabschluß entstehen, und Stückzinsen, soweit sie bei den Geschäften über Schuldverschreibungen besonders berechnet werden, sind dem Preis nicht hinzuzurechnen. Bei Stellgeschäften wird das Stellgeld dem Kaufpreis hinzugerechnet.

Beispiel: A hat seiner Hausbank Auftrag gegeben, für ihn 10 Stück Mannesmann-Aktien zu erwerben. Nach Ausführung des Auftrages stellt ihm die Hausbank folgende Beträge in Rechnung

10 Stück Mannesmann-Aktien zum Kurse von 126 =	1 260,— DM
Händlergebühr	12,60 DM
Courtage	3,— DM
Spesen und sonstige Auslagen	2,— DM
BörsenUSt	3,15 DM

Bemessungsmaßstab für die BörsenUSt ist allein der Kurswert der Aktien, die Nebenkosten bleiben hier außer Betracht.

2. Steuersatz

Die Steuer beträgt bei Anschaffungsgeschäften über Schuldverschreibungen des Bundes, eines Landes, einer ausländischen Gemeinde, eines Gemeindeverbandes, eines Zweckverbandes, des Umschuldungsverbandes Deutscher Gemeinden, der inländischen öffentlich-rechtlichen Kreditanstalten, der inländischen Hypothekenbanken, der inländischen Schiffspfandbriefbanken, der inländischen Eisenbahngesellschaften, der Wohnungsunternehmen, die als gemeinnützig oder als Organe der staatlichen Wohnungspolitik anerkannt sind, und der Industriekreditbank Aktiengesellschaft 1 v. T. Bei Anschaffungsgeschäften über Anteilscheine an Kapitalanlagegesellschaften 2 v. T. Bei Anschaffungsgeschäften über andere Schuldverschreibungen und über Dividendenwerte beträgt der Steuersatz 2,5 v. T. Die Steuer ermäßigt sich bei Anschaffungsgeschäften, die im Ausland abgeschlossen werden, auf die Hälfte, wenn nur der eine Vertragsteil Inländer ist. Die Steuer ist bei Anschaffungsgeschäften über GmbH-Anteile und bei Privatgeschäften über andere Wertpapiere auf 10 Pf. nach oben abzurunden.

3. Steuerschuldner

Steuerschuldner bei Kundengeschäften sind die Händler, bei Privatgeschäften die Vertragsteile als Gesamtschuldner.

Teil III: Grunderwerbsteuer

Auf Initiative des Bundesrates wird zur Zeit ein neues GrEStG beraten. Der Gesetzesentwurf sieht vor die Grunderwerbsteuerbefreiung soweit wie möglich zu beseitigen. Dafür soll der GrESt-Satz von zur Zeit 7 v. H. auf 2 v. H. gesenkt werden. Der Gesetzesentwurf wird z. Z. im Finanzausschuß des Bundestages beraten.

Überblick

entgeltlicher Erwerb durch	Kaufvertrag Auflassung Übereignung des Eigentums Meistgebot sonstige Tatbestände des § 1 Abs. 1 GrEStG Übertragung einer Verwertungsbefugnis Vereinigung von Gesellschaftsanteilen in einer Hand Tausch
von Gebäuden	Grundstücke grundstücksgleiche Rechte Erbbaurecht Gebäude auf fremdem Boden Wohnungs- und Teileigentum
durch andere Rechtspersonen	natürliche Personen Personengesellschaften und übrige Gesamthandsgemeinschaften juristische Personen

von der Besteuerung ausgenommen	Erwerb von Todes wegen Erwerb im Rahmen der Erbauseinandersetzung Erwerb bei Begründung der ehelichen Gütergemeinschaft Erwerb bei Teilung der Gütergemeinschaft Erwerb durch Abkömmlinge Erwerb durch eine ausschließlich aus dem Veräußerer und seinen Abkömmlingen oder aus diesen allein bestehenden Vereinigungen beachte: bei Schenkungen werden Auflagen als Entgelt angesehen.
Ausnahmen aus sozialen und anderen öffentlichen Gründen	Kleinwohnungsbau Arbeiterwohnstättenbau Umlegungsverfahren öffentliche Straße, Plätze und Grünanlagen usw.
Befreiungen soweit der Einbringende an der Gesamthand bereiligt ist	bei Übergang auf eine Gesamthand
soweit der Ausgeschiedene an der Gesamthand beteiligt war	bei Übergang von der Gesamthand

I. Einleitung

Gegenstand der Grunderwerbsteuer (GrESt) ist die rechtsgeschäftliche Übertragung von Grundstücken auf einen anderen Rechtsträger. Die einzelnen Rechtsvorgänge, die der GrESt unterliegen, sind in § 1 Abs. 1 bis 3 GrEStG abschließend aufgezählt. Da der Grundstücksumsatz an bestimmte im einzelnen aufgeführte Rechtsvorgänge des bürgerlichen Rechts anknüpft, ist die GrESt eine Rechtsverkehrsteuer.

Im Gegensatz zur ErbSt und SchenkSt unterliegt der GrESt grundsätzlich der entgeltliche Grundstückserwerb, da nach § 3 Nr. 2 GrEStG der Grundstückserwerb von Todes wegen und Schenkungen unter Lebenden i. S. des ErbStG von der Besteuerung nach dem GrEStG ausgenommen sind. Somit überschneiden sich GrESt und ErbSt grundsätzlich nicht.

Ebenfalls sind Rechtsvorgänge, die der GrESt unterliegen, nach § 4 Nr. 9 a UStG ustbefreit. Lediglich in bezug auf die KVSt ist eine Überschneidung möglich. So wird GrESt neben der BörsenUSt bei einer Anteilsvereinigung i. S. des § 1 Abs. 3 GrEStG erhoben. Wird in eine Kapitalgesellschaft ein Grundstück gegen Gewährung von Gesellschaftsrechten eingebracht, so unterliegt der Vorgang sowohl der GesSt (§ 2 Abs. 1 Nr. 1 KVStG), als auch der GrESt (§ 1 Abs. 1 GrEStG). Die GrESt ermäßigt sich nach § 13 Abs. 2 Nr. 1 GrEStG um 1 v. H., was der Belastung mit GesSt von 1 v. H. entspricht. Es tritt somit in diesem Falle keine doppelte Belastung ein.

Bis zum Inkrafttreten des Finanzreformgesetzes vom 1. 1. 1970 stand die Gesetzgebungshoheit ausschließlich den Ländern zu. Die Länder haben jedoch erst sehr spät von ihrem Gesetzgebungsrecht Gebrauch gemacht. Bis dahin galt das GrEStG vom 29. 3. 1940 (RGBl I S. 585) als Landesgesetz weiter. Inzwischen haben alle Länder das GrEStG neu gefaßt, wobei die wesentlichen Grundzüge des GrEStG 1940 erhalten geblieben sind.

Es sind lediglich einige Befreiungstatbestände und Begünstigungsvorschriften hinzugekommen.

Die Verwaltungshoheit steht nach Art. 108 GG ausschließlich den Ländern zu. Das gilt grundsätzlich auch für die Ertragshoheit, wobei die Länder die Möglichkeit haben, das Aufkommen ganz oder teilweise den Gemeinden oder Gemeindeverbänden zu überlassen (Art. 106 GG).

GrESt beträgt grundsätzlich 7 v. H., wovon 2,5 v. H. den Ländern und 4,5 v. H. den Gemeinden bzw. Gemeindeverbänden zusteht (so in NRW).

Seit der Änderung des GG durch das Finanzreformgesetz (Art. 1 Nr. 3 a) vom 12. 5. 1969 (BGBl I S. 359) hat der Bund die konkurrierende Gesetzgebung (Art. 105 Abs. 2 GG).

Der Bund hat bereits in mehreren Einzelgesetzen von seinem Gesetzgebungsrecht Gebrauch gemacht, so in § 77 Städtebauförderungsgesetz vom 27. 7. 1971 (BGBl I S. 1125) und im Gesetz zur Änderung bewertungsrechtlicher und anderer steuerrechtlicher Vorschriften vom 27. 7. 1971 (BGBl I S. 1157), in Art. 6 des Vermögensteuerreformgesetzes vom 17. 4. 1974 (BGBl I S. 949) und in Art. 1 des Einführungsgesetzes zur Körperschaftsteuer (Umwandlungssteuergesetz 1977) in den §§ 27 und 28 Umwandlungssteuergesetz 1977, im Gesetz zur Grunderwerbsteuerbefreiung beim Erwerb von Einfamilienhäusern, Zweifamilienhäusern und Eigentumswohnungen vom 11. 7. 1972 (BGBl I S. 1213).

II. Steuerpflichtige Tatbestände

Die einzelnen der GrESt unterliegenden Rechtstatbestände ergeben sich aus § 1 GrEStG.

1. Grunderwerbsteuerpflichtige Rechtspersonen

Der Begriff des Rechtsträgers ist im GrESt-Recht weiter als im bürgerlichen Recht und auch im übrigen Steuerrecht gefaßt. Das GrESt-Recht versteht als Rechtsträger nicht nur natürliche und juristische Personen, sondern auch die im Gesamthandseigentum gebundenen Sondervermögen.

Es entsteht keine GrESt-Pflicht, wenn der Veräußerer und der Erwerber identisch sind. So stellt die formwechselnde Umwandlung einer Kapitalgesellschaft in eine Kapitalgesellschaft anderer Rechtsform unter Wahrung der Identität nach §§ 362–393 AktG keinen grestpfl. Vorgang dar. Identität besteht auch nicht zwischen einer Erbengemeinschaft und der aus denselben Personen bestehenden Gesellschaft bürgerlichen Rechts (BFH vom 13. 11. 1974, BStBl 1975 II S. 249).

Ein grestbarer Rechtsvorgang wird aber grundsätzlich angenommen, wenn innerhalb einer Organschaft Grundstücksgeschäfte zwischen einer Mutter- und Tochtergesellschaft erfolgen, da das GrESt-Recht das Institut der Organschaft nicht kennt (BFH v. 14. 2. 1967, BStBl III S. 346).

Als Gesamthandsgemeinschaften sind auch die GbR, der nicht rechtsfähige Verein (BFH v. 25. 7. 1956, BStBl III S. 585), die OHG (BFH v. 4. 5. 1951, BStBL III S. 116, v. 27. 10. 1970, BStBl 1971 II S. 278), die Kommanditgesellschaft (BFH v. 14. 11. 1956, BStBl 1957 III S. 19) und die Erbengemeinschaft (BFH v. 29. 1. 1964, BStBl III S. 160) selbständige Rechtsträger. Anders jedoch die Gütergemeinschaft (BFH v. 4. 4. 1967, HFR S. 395).

Somit unterliegen grundsätzlich auch der GrESt Grundstücksübergänge von einer Gesamthandsgemeinschaft auf eine andere Gesamthandsgemeinschaft, auch wenn an dieser die gleichen natürlichen oder juristischen Personen beteiligt sind (BFH v. 27. 10. 1970, BStBl 1971 II S. 278). Die grestliche Selbständigkeit der Gesamthandsgemeinschaft schließt nicht aus, daß ihr Eigenschaften verwandtschaftlicher Art oder anderer grestlich erheblicher Verhältnisse zugerechnet werden können (BFH v. 25. 2. 1969, BStBl II S. 400, und v. 27. 10. 1970, BStBl 1971 II S. 278).

Beispiel: A überträgt ein Grundstück auf eine mit seinen Abkömmlingen gebildete Personengesellschaft.

Der Personengesellschaft wird die Eigenschaft eines Abkömmlings zugelegt mit der Folge, daß die Grundstücksübertragung nach § 3 Ziff. 7 GrEStG steuerbefreit ist. GrEStpfl. ist der Eigentumsübergang auf eine Gesamthandsgemeinschaft. Kein grestbarer Vorgang liegt vor, wenn der Gesellschafter einer Personengesellschaft dieser ein Grundstück zur Benutzung überläßt, das aber in seinem Eigentum verbleibt. Soweit das Grundstück nicht Gesamthandsvermögen geworden ist, liegt kein stpfl. Erwerb der Gesellschaft vor.

Grundsätzlich fällt auch der Erwerb durch einen Treuhänder unter § 1 Abs. 1 GrEStG. Hinsichtlich weiterer Einzelheiten vgl. Ländererlaß v. 20. 3. 1978, BStBl I S. 214.

2. Grundstücksbegriff

a) Grundstücke

Der GrESt unterliegt grundsätzlich nur der Erwerb eines im Inland belegenen Grundstücks. Das Grundstück muß in dem Gebiet eines Landes liegen, das die Steuerhoheit hat. Auf den Ort des Vertragsabschlusses kommt es nicht an, ebensowenig auf die Staatsangehörigkeit der Vertragsparteien. Der Grundstücksbegriff ergibt sich aus dem bürgerlichen Recht (§§ 93–96 BGB). Hiernach umfaßt der Begriff des Grundstücks nicht nur den Grund und Boden einschließlich der abbaubaren Ton-, Kies-, Sand-, Bims- oder Mineralvorkommen (vgl. BFH v. 31. 10. 1963, HFR 1965 S. 24, v. 22. 6. 1966, BStBl III S. 552, v. 22. 6. 1966, BStBl III S. 550, und v. 29. 6. 1966, BStBl III S. 631), sondern auch die mit dem Grund und Boden fest verbundenen wesentlichen Bestandteile. Das gilt insbesondere für Gebäude, die mit dem Grund und Boden fest verbunden sind. Nach dem BFH-U v. 24. 5. 1963 (BStBl III S. 376) ist ein Gebäude ein Bauwerk von eigener Selbständigkeit, das fest mit dem Boden verbunden ist und Menschen, Tieren oder Sachen durch räumliche Umfriedung Schutz gegen äußere Einflüsse gewährt, soweit Menschen es betreten und sich darin aufhalten können. Bei Vorhandensein eines festen Fundaments oder wenn Gebäudeteile mit in das Erdreich eingelassenen Pfählen oder Trägern verbunden sind, ist die feste Verbindung mit dem Grund und Boden regelmäßig gegeben. Ist auf dem Grund und Boden eine Baracke ohne Fundament auf dem Erdboden aufgestellt, so ist die Baracke nicht Bestandteil des Grund und Bodens (vgl. BFH v. 24. 4. 1953, BStBl III S. 156; v. 21. 2. 1973, BStBl II S. 507).

Beispiel: A verkauft ein unbebautes Grundstück, aber mit einer aufgesetzten Garage. Die Garage ist Bestandteil des Grundstücks, auch wenn keine feste Verbindung vorhanden ist. Ein Pavillon in Fertigbauweise auf eingegrabenen Betonstützen ist wesentlicher Bestandteil des Grundstücks (BGH v. 10. 2. 1978, JZ S. 396).

Außer den festverbundenen Bauwerken gehören zu den wesentlichen Bestandteilen eines Grundstücks nach § 94 Abs. 1 Satz 1 BGB auch dessen Erzeugnisse, solange sie mit dem Boden zusammenhängen.

Nach § 94 Abs. 2 BGB gehören die zur Herstellung des Gebäudes eingefügten Sachen zu dessen wesentlichen Bestandteilen. Hierunter fallen die Baurohstoffe und die daraus erstellten Gebäudeteile. Unter anderem gehören zu den wesentlichen Bestandteilen auch eingebaute Wandschränke, Kacheln und sonstige mit dem Bauwerk verbundene Wandverkleidungen.

Nach § 95 Abs. 1 Satz 1 BGB gehören solche Sachen nicht zu den Bestandteilen eines Grundstückes, die nur zu einem vorübergehenden Zweck mit dem Grund und Boden verbunden sind. Es handelt sich hier nur um sog. Scheinbestandteile.

Beispiel: A hat von B ein unbebautes Grundstück für 30 Jahre verpachtet. B ist gestattet worden, auf dem Grundstück ein Lagerhaus zu errichten, was er aber nach Ablauf der Pachtzeit wieder zu entfernen hat.

Da die Lagerhalle nur zu einem vorübergehenden Zweck mit dem Grund und Boden verbunden ist, handelt es sich hier nicht um einen wesentlichen Bestandteil des Grund und Bodens.

Gem. § 96 BGB gehören zu den Bestandteilen eines Grundstückes außer den Sachbestandteilen auch die mit dem Eigentum am Grundstück verbundenen sog. subjektiv dinglichen Rechte. Hierzu zählen: Grunddienstbarkeiten (§ 1018 BGB), Reallasten (§ 1105 Abs. 2 BGB), das dinglich gesicherte Vorkaufsrecht (§ 1094 Abs. 2 BGB) usw.

Nicht zu den wesentlichen Bestandteilen des Grundstücks zählen Maschinen und Betriebsvorrichtungen aller Art, die zu einer Betriebsanlage gehören, ohne Rücksicht auf ihre Bestandteilseigenschaft (§ 2 Abs. 1 Satz 2 Nr. 1 GrEStG).

Nach Abschn. 22 Abs. 1 Satz 2 VStR gehören zu den Betriebsvorrichtungen alle Vorrichtungen einer Betriebsanlage, die in so enger Beziehung zu einem Gewerbebetrieb stehen, daß dieser unmittelbar mit ihnen betrieben wird (BFH v. 2. 6. 1971, BStBl II S. 673).

Ebenso umfaßt der Grundstücksbegriff nicht das Zubehör, also diejenigen beweglichen Sachen, die ohne Bestandteil der Hauptsache zu sein, dem wirtschaftlichen Zweck der Hauptsache zu dienen bestimmt sind und zu ihr in einem dieser Bestimmung entsprechenden räumlichen Verhältnis stehen (§ 97 BGB).

b) Grundstücksgleiche Rechte

Den Grundstücken gleichgestellt werden Erbbaurechte. Hierunter versteht man das veräußerliche und vererbliche Recht, auf oder unter der Oberfläche eines Grundstücks ein Bauwerk zu haben (§ 1 Abs. 1 ErbbauVO). Das Erbbaurecht, das durch Einigung und Eintragung im Grundbuch entsteht, wird auch bürgerlich-rechtlich wie ein Grundstück behandelt. Das gleiche gilt für Erbpachtrechte. Auch die Aufhebung und Teilaufhebung eines Erbbaurechts unterliegt der GrESt (BFH v. 5. 12. 1979, BStBl 1980 II S. 136).

Der GrESt unterliegen auch Gebäude auf fremdem Boden. Begrifflich liegt ein Gebäude vor bei einem Bauwerk, das mit dem Boden fest verbunden und von einiger Beständigkeit und standfest ist. Nach dem BFH-U v. 21. 2. 1973 (BStBl II S. 507) ist auch ein durch seine Schwerkraft auf Holzpfählen ruhendes Holzfertighaus (Wochenendhaus) mit dem Grund und Boden fest verbunden und daher als Gebäude i. S. des § 2 Abs. 2 Nr. 3 GrEStG anzusehen. Die Veräußerung eines auf fremdem Grund und Boden stehenden Gebäudes unter-

Beispiel: A verkauft sein Unternehmen. Im Betriebsvermögen befindet sich ein Gebäude, das auf einem für 30 Jahre gemieteten Grundstück errichtet ist.

Kauft jemand eine Fabrikhalle aus Fertigteilen auf fremdem Grund und Boden in Kenntnis dessen, daß der Mietvertrag gekündigt ist, so unterliegt der Kauf nicht der GrESt (BFH v. 31. 6. 1978, BStBl II S. 532).

Auch im Falle von Wohnungs- und Teileigentum i. S. des § 1 Abs. 1 des Gesetzes über das Wohnungseigentum und Dauerwohnrecht (WEG) handelt es sich um grundstücksgleiche Rechte, die auch grestlich wie Grundstücke zu behandeln sind (§ 2 Abs. 3 GrEStG).

3. Erwerbsvorgänge im Sinne des Grunderwerbsteuergesetzes

a) Verpflichtungsgeschäft

Der GrESt unterliegen alle Rechtsgeschäfte, die einen Anspruch auf Übereignung eines inländischen Grundstücks begründen. Das dem Anspruch auf Übereignung zugrunde liegende Rechtsgeschäft muß den Anspruch auf Auflassung begründen (BFH v. 29. 1. 1972, BStBl II S. 496, v. 31. 5. 1972, BStBl II S. 828). Ob Hauptgegenstand des Kaufvertrages ein unbebautes Grundstück oder ein Grundstück mit Gebäude ist, richtet sich nach dem Einzelfall.

Beispiel: A kauft von dem Architekten B ein unbebautes Grundstück. Gleichzeitig wird vereinbart, daß Architekt B auf dem Grundstück ein Wohnhaus nach bereits erstellten Plänen errichtet und es A nach Fertigstellung schlüsselfertig übergibt.

Hier erstreckt sich der Vertrag auf ein bebautes Grundstück (vgl. a. BFH v. 14. 2. 1973, BStBl II S. 366).

Gleiches gilt bei einem Kaufvertrag über Wohnungseigentum und einem Werkvertrag, in dem sich der Verkäufer verpflichtet, für den Erwerber die für diesen bestimmte

Eigentumswohnung zu beschaffen. Hier ist rechtlich ein einheitlicher Vertrag gegeben, wenn beide Verträge voneinander abhängig sind (vgl. BFH v. 25. 7. 1979, BStBl 1980 II S. 11).

aa) *Kaufvertrag*
Als wichtigstes Verpflichtungsgeschäft kommt der Kaufvertrag in Betracht. Gegenstand des Kaufvertrages ist entweder die Übertragung eines Grundstücks selbst oder eines Erbbaurechtes, eines Miteigentumsanteiles oder eines Teileigentums am Grundstück. Der Vertrag kommt durch Angebot und Annahme dieses Angebotes zustande. Der Vertrag bedarf der notariellen Form (§ 313 Satz 1 BGB). Beim Kauf besteht die Gegenleistung in Geld. Bei einem Erwerb in freiwilliger Versteigerung kommt der Vertrag durch Erteilung des Zuschlages (§ 156 BGB) zustande.

bb) *Andere Verpflichtungsgeschäfte*
Um ein Verpflichtungsgeschäft handelt es sich auch beim Tausch. Besteht die Gegenleistung wiederum in der Übereignung eines Grundstücks, ist jeder der beiden Vertragspartner als Käufer und Verkäufer eines Grundstücks anzusehen. In diesem Falle unterliegt sowohl die Vereinbarung über die Leistung des einen als auch diejenige über die Leistung des anderen Vertragsteils der GrESt (§ 1 Abs. 4 GrEStG). Nach dem BFH-U. v. 20. 2. 1974 (BStBl II S. 428) liegt ein Grundstückstausch nicht vor, wenn ein Vertragsteil für ein ihm übereignetes Grundstück auf dem Grundstück eines anderen ein Gebäude errichtet.

Unter andere Rechtsgeschäfte fallen auch sog. Einbringungsverträge, z. B. Grundstücksübertragungen gegen die Gewährung von Gesellschaftsrechten. Hier ist jedoch die Befreiungsvorschrift des § 5 GrEStG zu beachten. Dieser Vorgang ist steuerbefreit, soweit der Übertragende an der Gesellschaft beteiligt ist. Soweit es sich bei der Einbringung um Umwandlungsvorgänge i. S. des § 27 UmwStG handelt, ist der Vorgang ebenfalls steuerbefreit.

Auch Auseinandersetzungsverträge, die die Auflösung von Bruchteils- und Gesamthandsgemeinschaften zum Gegenstand haben, sind Rechtsgeschäfte i. S. des § 1 Abs. 1 Nr. 1 GrEStG. Hier ist zu beachten, daß bei Auseinandersetzungsverträgen, soweit es sich um eine Erbauseinandersetzung handelt, § 3 Ziff. 3 GrEStG und bei den übrigen Auseinandersetzungen die Vorschrift des § 6 GrEStG gilt.

Für die GrESt-Pflicht ist es unerheblich, ob der endgültige Erwerber des Grundstücks bereits feststeht. Erwirbt z. B. ein Strohmann für sich oder einen noch zu benennenden Dritten ein Grundstück, ist der Kaufvertrag mit dem Strohmann nach § 1 Abs. 1 Nr. 1 GrEStG stpfl. (vgl. a. BFH v. 10. 7. 1974, BStBl 1975 II S. 47).

b) Auflassung und Übergang des Eigentums am Grundstück als grunderwerbsteuerpflichtige Tatbestände (§ 1 Abs. 1 Nr. 2 und 3 GrEStG)

Die Auflassung als GrESt-Tatbestand kommt nur in Betracht, wenn der Auflassung kein Rechtsgeschäft vorausgegangen ist, das den Anspruch auf Übereignung begründet. Das wäre bei aufgrund Gesetzes erworbener Auflassungsansprüche (z. B. § 667 BGB) der Fall.

Der Übergang des Eigentums ohne Verpflichtungsgeschäft und ohne Auflassung liegt vor, wenn die Übertragung des Eigentums durch Ausspruch einer Behörde und kraft Gesetzes erfolgt.

Hierunter fallen insbesondere Eigentumsübertragungen im Enteignungs-, Flurbereinigungs- und Umlegungsverfahren.

Auch der Erwerb des letzten Erbanteils, also die Vereinigung aller Miterbenanteile in einer Hand, ist bei Zugehörigkeit eines Grundstücks zum Nachlaß nach § 1 Abs. 1 Nr. 3 GrEStG grestbar (vgl. BFH v. 10. 6. 1964, BStBl III S. 486). Allerdings ist zu beachten, daß GrESt-Freiheit nach § 3 Nr. 3 GrEStG eintreten kann. Auch Vermögensübertragungen im Falle von Verschmelzungen oder Fusionen sind grundsätzlich grestbar. Sie sind jedoch unter den Voraussetzungen des § 27 UmwStG steuerbefreit.

Wird ein Geschäft mit allen Aktiven und Passiven gem. § 142 HGB übernommen, liegt insoweit ein grestpfl. Tatbestand vor (§ 1 Abs. 1 Nr. 3 GrEStG), als Grundstücke auf den übernehmenden Gesellschafter übergehen (BFH v. 16. 2. 1977, BStBl II S. 671).

c) Meistgebot im Zwangsversteigerungsverfahren (§ 1 Abs. 1 Nr. 4 GrEStG)

Im Zwangsversteigerungsverfahren unterliegt nicht der Zuschlag, sondern bereits das Meistgebot der GrESt (§ 1 Abs. 1 Nr. 4 GrEStG). Es ist zu beachten, daß im Falle des Meistgebotes durch einen Grundpfandgläubiger zur Rettung seines Rechts nach § 9 GrEStG Steuerfreiheit eintritt, wenn die dort genannten Voraussetzungen erfüllt sind. Ebenso unterliegt der GrESt ein Rechtsgeschäft, das den Anspruch auf Abtretung des Übereignungsanspruchs oder der Rechte aus einem Meistgebot begründet (§ 1 Abs. 1 Nr. 5 GrEStG). § 1 Abs. 1 Nr. 6 und 7 GrEStG behandeln Optionsrechte hinsichtlich des Erwerbes von Grundstücken verschiedener Art. Auf diese Vorschriften sei hingewiesen.

d) Übertragung von Verwertungsbefugnissen

Der GrESt unterliegen auch Rechtsvorgänge, die es ohne Begründung eines Anspruchs auf Übereignung einem anderen rechtlich oder wirtschaftlich ermöglichen, ein inländisches Grundstück auf eigene Rechnung zu verwerten (§ 1 Abs. 2 GrEStG). Diese Vorschrift gilt zur Verhütung von Steuerumgehungen. Dieser Ersatztatbestand soll diejenigen Fälle erfassen, in denen die Beteiligten von der Übertragung des Eigentums und dem Abschluß entsprechender Verpflichtungsgeschäfte absehen (vgl. hierzu BFH v. 9. 5. 1962, BStBl III S. 313, und BFH v. 10. 10. 1962, BStBl 1963 III S. 15).

Die Übertragung der wirtschaftlichen Verwertungsbefugnis an einem Grundstück liegt dann vor, wenn der Berechtigte an der ganzen Substanz des Grundstücks teilhaben soll und ggf. auch die Substanz angreifen kann. Die Einwirkungsmöglichkeit auf die Substanz und die Verwertungsbefugnis müssen auf eigene Rechnung des Grundstücksbesitzers erfolgen (vgl. BFH v. 27. 1. 1965, BStBl III S. 265). So ist nach Ansicht des BFH v. 12. 12. 1973 (BStBl 1974 II S. 251) eine Verwertungsmöglichkeit i. S. des § 1 Abs. 2 GrEStG gegeben, wenn beim Erwerb auf Grund vertraglicher Vereinbarungen mit einem beurkundeten, für 24 Jahre bindenden Verkaufsangebot zu einem festen Kaufpreis, Auflassungsvormerkung und Darlehensgewährung und sofortiger Nutzungsüberlassung mit der Befugnis zur Vermietung und Verpachtung, der Grundstücksbesitzer sich praktisch wie ein Eigentümer fühlen konnte. Nicht notwendig ist, daß dem Grundstücksinhaber alle einem Eigentümer zustehenden Rechte eingeräumt werden (BFH v. 19. 6. 1975, BStBl 1976 II S. 27).

Wird ein Grundstück von einem Gesellschafter derart in die Gesellschaft eingebracht, daß es nicht Gesamthandsvermögen wird, sondern der Gesellschaft lediglich die Nutzung dieses Grundstückes überlassen wird, so liegt noch keine Verwertungsbefugnis i. S. des § 1 Abs. 2 GrEStG vor; auch dann nicht, wenn die Gesellschaft entsprechende Buchungen und Folgerungen bei den Ertragsteuern und Vermögensteuern gezogen hat (vgl. BFH v. 10. 3. 1970, BStBl II S. 522). Es kommt nicht allein darauf an, daß die Gesellschaft das Grundstück besitzt, nutzt und die Lasten trägt, sondern auch, daß die Wertsteigerungen und Wertminderungen des Grundstücks die Gesamthandsgesellschaft trifft (BFH v. 8. 12. 1965, BStBl 1966 III S. 148). Erhält im Falle der Auseinandersetzung der formelle Eigentümer des Grundstücks wieder die Verwertungsbefugnis übertragen, so ist auch hierin ein grestpfl. Tatbestand i. S. des § 1 Abs. 2 GrEStG zu sehen (vgl. BFH v. 20. 4. 1971, BStBl II S. 751, BFH v. 27. 7. 1975, BStBl 1976 II S. 30).

e) Anteilsvereinigung

Grundsätzlich unterliegt ein Gesellschafterwechsel sowohl bei den Personengesellschaften (OHG, KG und GbR) als auch bei den juristischen Personen, wie Kapitalgesellschaften, nicht der GrESt, auch wenn sich im Gesellschaftsvermögen ein Grundstück befindet, weil es sich bei diesen Personenvereinigungen um selbständige grestpfl. Rechtspersönlichkeiten handelt. Das gilt sowohl für das Ausscheiden von Gesellschaftern bei Personengesellschaften als auch für den Neueintritt von Gesellschaftern und den Gesellschafterwechsel.

Die Übertragung von Gesellschaftsanteilen auf einen anderen Gesellschafter unterliegt nach § 1 Abs. 3 Nr. 1–4 GrEStG der GrESt, wenn durch die Übertragung des Gesellschaftsanteils alle Anteile der Gesellschaft in der Hand des Erwerbers allein oder in der Hand des Erwerbers und seines Ehegatten oder seiner Kinder oder im Falle der Organschaft auf den Organträger vereinigt würden.

Beispiel: A ist mit 50 v. H. an der X-GmbH beteiligt; er erwirbt den Anteil des B mit ebenfalls 50 v. H. hinzu, so daß er an dem Unternehmen mit 100 v. H. beteiligt ist. Die GmbH ist Eigentümerin eines Betriebsgrundstückes. Es handelt sich hier um einen grestpfl. Tatbestand nach § 1 Abs. 3 Nr. 1 GrEStG.

Eine Anteilsvereinigung in einer Hand liegt auch dann vor, wenn eine GmbH, die lediglich 2 Gesellschafter hat, den Anteil des einen Gesellschafters als eigenen Anteil erwirbt.

Beispiel: Die X-GmbH, an der A und B zu je 50 v. H. beteiligt sind, hat ein Stammkapital von 500 000,– DM. Die GmbH ist Eigentümerin eines Grundstücks. Die Gesellschafter A und B setzen sich derart auseinander, daß die Gesellschaft den Anteil des B als eigenen Anteil erwirbt (vgl. BFH v. 27. 4. 1966, HFR S. 457).

Eine Vereinigung der Anteile in einer Hand liegt nicht vor, wenn A im vorgenannten Beispiel nur 45 v. H. des B erwerben und B weiterhin mit 5 v. H. Gesellschafter bleiben würde (vgl. auch BFH v. 23. 3. 1977, BStBl II S. 565). Eine Anteilsvereinigung liegt auch dann vor, wenn eine Organgesellschaft Grundstücke erwirbt und das beherrschende Unternehmen die Restanteile des Organs erwirbt. Das gilt auch dann, wenn das beherrschende Unternehmen ebenfalls als Veräußerer des Anteils mit 100% beteiligt war (BFH v. 8. 11. 1978, BStBl 1979 II S. 153).

Handelt es sich um eine Personengesellschaft und scheidet ein Gesellschafter aus einer zweigliedrigen Personengesellschaft aus, so daß der Anteil des ausgeschiedenen dem verbleibenden Gesellschafter zuwächst, der somit Alleineigentümer des Grundstücks wird, so liegt kein Erwerb i. S. des § 1 Abs. 3 GrEStG vor, sondern einer nach § 1 Abs. 1 Nr. 1 GrEStG (vgl. auch BFH v. 19. 1. 1977, BStBl 1977 II S. 359).

Scheiden alle Gesellschafter bis auf einen aus einer OHG aus, wobei andere Personen wirksam in das Unternehmen eintreten, entsteht nach BFH v. 30. 8. 1978 (BStBl 1979 II S. 381) GrESt-Pflicht. Jedoch hat der BFH im U. v. 30. 10. 1979 (BStBl 1980 II S. 74) entschieden, daß die Auswechselung aller

Gesellschafter nicht zur GrESt bei einer Personengesellschaft führt. Nach dem U. des BFH v. 7. 6. 1978 (BStBl II S. 605) fällt auch für den Fall, daß zum gleichen Zeitpunkt alle Gesellschafter einer Personengesellschaft aus einer Personengesellschaft ausscheiden und dafür neue Gesellschafter eintreten, keine Grunderwerbsteuer an.

III. Allgemeine Steuerbefreiung

1. Erwerb von Todes wegen

Von der Besteuerung ist unter anderem ausgenommen der Grundstückserwerb von Todes wegen (§ 3 Nr. 2 GrEStG). Diese Befreiungsvorschrift ergibt sich aus dem Vorrang der ErbSt vor der GrESt. Alle unentgeltlichen Erwerbe sollen grundsätzlich der ErbSt bzw. SchenkSt unterliegen.

Beispiel: A ist verstorben. Im Nachlaß befindet sich ein Grundstück im Werte von 300 000,- DM. Steuerwert: 90 000,- DM. Erben sind seine 3 Söhne X, Y und Z. Der Erwerb durch X, Y und Z im Wege des Erbfalls unterliegt nicht der GrESt. Unter den Erwerb von Todes wegen fallen alle in § 3 Abs. 1 Nr. 1 ErbStG aufgeführten Erwerbvorgänge. Das gilt auch für das Vermächtnis.

Beispiel: A ist verstorben. Sein Nachlaß ist auf seine Erben X, Y und Z übergegangen. Der Erblasser hat im Testament angeordnet, daß das Grundstück seine Tante T erhalten sollte. Aufgrund dieses Vermächtnisses übertragen X, Y und Z das Grundstück auf T.

Es handelt sich hier um den Erwerb von Todes wegen, der nach § 3 Nr. 2 GrESt befreit ist. Das gilt auch für das sog. Verschaffungsvermächtnis (vgl. BFH v. 13. 3. 1974, BStBl II S. 555).

Der Pflichtteilsberechtigte steht jedoch dem Erben nicht gleich (vgl. BFH v. 29. 8. 1973, BStBl 1974 II S. 40). Der Pflichtteilsberechtigte hat grundsätzlich nur einen Geldanspruch. Wird ein Pflichtteilsberechtigter für den Verzicht auf den entstandenen Pflichtteilsanspruch mit einem Grundstück abgefunden, so gilt das Grundstück nach § 3 Abs. 2 ErbStG als vom Erblasser zugewendet. Anders liegt der Fall, wenn der Pflichtteilsberechtigte bereits seinen Pflichtteilsanspruch geltend gemacht hat und dieser Pflichtteil als Anspruch mit der Übertragung eines Grundstücks erfüllt wird. Es handelt sich hier um die Hingabe an Erfüllungs Statt, die nach § 1 Abs. 1 Nr. 1 GrEStG stpfl. ist (vgl. BFH v. 17. 11. 1955, BStBl 1956 III S. 7).

2. Grunderwerbsteuerliche Behandlung der Erbauseinandersetzung

Der Erwerb eines zum Nachlaß gehörenden Grundstücks durch Miterben zur Teilung des Nachlasses ist von der Besteuerung ausgenommen. Den Miterben steht der überlebende Ehegatte gleich, wenn er mit den Erben des verstorbenen Ehegatten gütergemeinschaftliches Vermögen zu teilen hat.

Steuerbefreit ist lediglich die Erbauseinandersetzung hinsichtlich eines Grundstücks innerhalb der Miterbengemeinschaft. Voraussetzung ist eine endgültige Eigentumsregelung an dem Grundstück in angemessener Frist nach Eintritt des Erbfalls. Es kommt für die Frage der Steuerfreiheit nicht darauf an, ob der Wert des Grundstücks dem Wert seines Erbanteils entspricht.

Auch soweit der Erbe nicht aus Mitteln der Erbschaft, sondern aus seinem Privatvermögen den Gesellschaftern einen Ausgleich zahlt, entfällt die GrESt-Befreiung nicht (BFH v. 15. 12. 1972, BStBl 1973 II S. 363).

Voraussetzung für den steuerfreien Erwerb ist, daß der Nachlaß zum Zeitpunkt der Grundstücksveräußerung als solcher noch bestand. Erwirbt ein Miterbe von einem anderen Erben nach durchgeführter Erbauseinandersetzung das Grundstück, ist der Vorgang grundsätzlich grestpfl. (vgl. BFH v. 26. 2. 1975, BStBl II S. 457).

Die Erbauseinandersetzung gilt als beendet, wenn das Eigentum am Nachlaßgrundstück von der Erbengemeinschaft auf eine aus den gleichen Personen bestehenden Bruchteilsgemeinschaft übergegangen ist (vgl. BFH v. 21. 11. 1974, BStBl 1975 II S. 271).

Wird der Nachlaß derart auseinandergesetzt, daß die Miterben ein Grundstück in eine von ihnen gegründete OHG einbringen, die den Gewerbebetrieb des Erblassers fortführt, so ist das Grundstück formalrechtlich auf eine andere Personengesellschaft übertragen worden (vgl. BFH v. 27. 10. 1970, BStBl 1971 II S. 278).

Da die persönlichen Eigenschaften einer Person auf die Anteile dieser Person an der Gesellschaft mit übergehen, tritt Steuerfreiheit ein, soweit die Gesellschafter mit der Erbengemeinschaft identisch sind (§ 5 Abs. 1 GrEStG) oder es sich bei den Gesellschaftern um Abkömmlinge der einbringenden handelt (§ 3 Nr. 6 GrEStG). Vgl. hierzu BFH v. 21. 3. 1968, BStBl II S. 619, v. 25. 2. 1969, BStBl II S. 400, v. 24. 6. 1969, BFHE 96, S. 370.

Eine Steuerbefreiung tritt auch dann ein, wenn eine Personengesellschaft eine Teilungsanordnung eines Gesellschafters befolgt, wenn neben dem Erblasser nur dessen Ehefrau und Abkömmlinge beteiligt waren (BFH v. 12. 12. 1979, BStBl 1980 II S. 220).

Auch für den Fall, daß ein Miterbe nicht die einzelnen Miteigentumsanteile an dem Grundstück erwirbt, sondern die Erbanteile, und somit Volleigentümer des zum Nachlaß gehörenden Grundstücks wird, dürfte eine Erbauseinandersetzung i. S. des § 3 Nr. 3 GrEStG vorliegen (vgl. BFH v. 15. 12. 1972, BStBl 1973 II S. 363).

Das trifft aber nicht zu, wenn ein Dritter die Erbanteile erwirbt; denn durch den Erbteilskauf wird der Erwerber zwar Teilnehmer der Erbschaft, aber selbst nicht Miterbe.

Der Erbteilskäufer, der nicht zugleich Miterbe ist, kann daher die Steuerbefreiung nach § 3 Nr. 3 GrEStG nicht für sich beanspruchen (BFH v. 15. 12. 1965, HFR 1966 S. 172).

3. Schenkung unter Lebenden

Wegen des Vorranges des ErbStG ist von der GrESt jede unentgeltliche Grundstücksübertragung ausgenommen. Es ist hierbei gleichgültig, wer der Erwerber des Grundstückes ist. Es handelt sich um Rechtsvorgänge des § 7 ErbStG. Hierunter ist im wesentlichen jede freigebige Zuwendung unter Lebenden, soweit der Bedachte durch sie auf Kosten des Zuwendenden bereichert wird, zu verstehen (hinsichtlich weiterer Einzelheiten wird auf die Ausführungen zur SchenkSt verwiesen). Keine freigebige Zuwendung unter Lebenden liegt vor, wenn Grundstücke wegen geleisteter Dienste auf die Ehefrau übertragen werden (BFH v. 2. 10. 1957, BStBl III S. 449).

a) Grunderwerbsteuerliche Behandlung von gemischten Schenkungen

Von einer *gemischten Schenkung* spricht man, wenn Leistung und Gegenleistung nicht in einem ausgewogenen Verhältnis zueinander stehen (ein offenbares Mißverhältnis ist nicht erforderlich) und sich der Schenker des Mehrwertes seiner Leistung dem anderen gegenüber bewußt ist und diesen Mehrwert dem anderen unentgeltlich zukommen lassen will. Eine Aufteilung des Rechtsgeschäfts in einen unentgeltlichen und in einen entgeltlichen Teil ist nicht erforderlich, da eine GrESt-Pflicht lediglich in Höhe der Gegenleistung entsteht.

Die gemischte Schenkung eines Grundstücks ist von der GrESt nur insoweit befreit, als das Geschäft unentgeltlich ist (BFH v. 20. 4. 1977, BStBl II S. 676).

b) Schenkungen unter einer Auflage (Rentenverpflichtung, Nießbrauch)

Schenkungen unter einer Auflage (hinsichtlich des Begriffes s. S. 46 f.) werden im GrESt-Recht nicht als eine Vollschenkung angesehen. Sie sind nur insoweit von der Besteuerung ausgenommen, als der Wert des Grundstücks (§ 12 GrEStG) den Wert der Auflage übersteigt. Die Auflage wird also als Entgelt für die Grundstücksübertragung angesehen, mit der Folge, daß der Wert der Auflage der GrESt unterliegt. Soweit der Beschenkte im Falle von unentgeltlichen Grundstücksübertragungen Verpflichtungen übernimmt, wie die Einräumung eines Nießbrauchs, Altenteils oder Dauerwohnrechts, Rentenzahlungen usw., unterliegt der Wert dieser Verpflichtungen der GrESt.

Beispiel: A überträgt seinem Neffen B ein Mietwohngrundstück, behält sich den Nießbrauch vor.

Der Übertragungsvorgang ist, soweit er den Grundstückswert des Nießbrauchs übersteigt, steuerfrei. In Höhe des Wertes des Nießbrauchs tritt GrESt-Pflicht ein (vgl. BFH v. 13. 7. 1960, BStBl III S. 413).

Schenkungen unter Nießbrauchsvorbehalt vgl. BFH v. 20. 4. 1977 BStBl 1977 II S. 676.

c) Hypothek und Grundschuld als Auflage

Wird ein Grundstück gegen Übernahme der Hypothekenlasten übertragen, so wird in der Übertragung der Hypothek eine Auflage gesehen; denn mit der Hypothek geht gleichzeitig die persönliche Schuld über. Geht jedoch nur das dingliche Recht, nämlich das Recht, das Grundstück im Wege der Zwangsversteigerung zu verwerten, auf den Erwerber über und nicht gleichzeitig auch die persönliche Schuld, so bleibt die Hypothek unberücksichtigt, mit der Folge, daß der gesamte Vorgang grdest befreit ist. Ist das Grundstück mit einer Grundschuld belastet, tritt GrESt-Pflicht in Höhe des Wertes der Grundschuld ein, da bei Grundschulden die Vermutung dafür spricht, daß der Schenker im Innenverhältnis zum Beschenkten auch von der persönlichen Schuld befreit sein soll, wenn dies nicht ausdrücklich vereinbart ist.

4. Grundstückserwerb zwischen Ehegatten

a) Grundsätzliches

Grundstücksübertragungen zwischen Ehegatten sind [soweit sie entgeltlich sind], grundsätzlich nicht von der GrESt ausgenommen. Grundstücksschenkungen zwischen Ehegatten sind nach § 3 Nr. 2 GrEStG befreit.

Beispiel: A überträgt seiner Ehefrau ein Grundstück im Werte von 200 000,- DM unter Übernahme der Hypotheken in Höhe von 120 000,- DM. Gleichzeitig ist der Hypothekenbank mitgeteilt worden, daß die Ehefrau auch in das persönliche Schuldverhältnis eintreten soll. In Höhe von 120 000,- DM unterliegt der Vorgang der GrESt.

Eine Schenkung ist nicht anzunehmen, wenn Ehegatten, die im Güterstand der Zugewinngemeinschaft bisher gelebt haben, Gütertrennung vereinbaren und der ausgleichende Ehegatte in diesem Zusammenhang ein Grundstück überträgt (vgl. BFH v. 16. 3. 1977, BStBl II S. 648).

b) Grundstückserwerb durch einen Ehegatten bei Begründung der ehelichen Gütergemeinschaft

Vereinbaren Ehegatten während bestehender Ehe die allgemeine Gütergemeinschaft, so wird das Vermögen der Ehegatten grundsätzliches gemeinschaftliches Vermögen. Dieser Erwerbsvorgang, der kraft Gesetzes eintritt, unterliegt nicht der GrESt (§ 3 Nr. 4 GrEStG; s. a. BFH v. 19. 7. 1962, BStBl III S. 394).

Beispiel: Die Eheleute A vereinbaren die allgemeine Gütergemeinschaft. Die Ehefrau ist Eigentümerin des Grundstücks im Werte von 800 000,– DM. Durch Vereinbarung der allgemeinen Gütergemeinschaft wird der Ehemann Miteigentümer des Grundstücks (Gesamthänder). Dieser Vorgang ist grundsätzlich grestbefreit.

Das gilt auch dann, wenn später einer der Ehegatten ein Grundstück erwirbt, das auf Grund der Vereinbarung der allgemeinen Gütergemeinschaft gemeinschaftliches Vermögen wird.

c) Teilung des Gesamtgutes der ehelichen Gütergemeinschaft

Erwerben Teilnehmer an einer ehelichen oder fortgesetzten Gütergemeinschaft ein zum Gesamtgut gehörendes Grundstück zur Teilung des Gesamtgutes, so ist der Vorgang nach § 3 Nr. 5 GrEStG steuerbefreit. Die Steuerbefreiung tritt jedoch nur ein, wenn im Zusammenhang mit der Grundstücksübertragung das Gesamtgut geteilt wird. Eine Befreiung tritt hingegen nicht ein, wenn bei bestehender allgemeiner Gütergemeinschaft je ein Grundstück aus dem Gesamtgut herausgenommen und in das Gut eines Ehegatten überführt wird.

d) Auseinandersetzung innerhalb einer Ehescheidung

Erhält ein Ehegatte im Rahmen der Scheidung von dem anderen Ehegatten ein Grundstück zu Eigentum übertragen, so liegt hierin im allgemeinen kein unentgeltlicher Vorgang i. S. des § 3 Nr. 3 GrEStG. Es ist davon auszugehen, daß die Ehegatten im Rahmen der Scheidung sich nichts schenken wollen (vgl. BFH v. 23. 11. 1972, BStBl 1973 II S. 368). Das gilt insbesondere, wenn mit dem Grundstück ein Zugewinnsausgleichanspruch oder ein Unterhaltsanspruch des anderen Ehegatten abgegolten werden soll.

5. Erwerb durch Abkömmlinge

Nach § 3 Nr. 6 GrEStG ist der Erwerb eines Grundstücks durch Personen, die mit dem Veräußerer in gerader Linie verwandt sind, grundsätzlich von der GrESt befreit. Es ist hierbei gleichgültig, ob es sich um ein entgeltliches oder unentgeltliches Übertragungsgeschäft handelt. Den Abkömmlingen stehen die durch Annahme an Kindes Statt Verbundenen, den Kindern die Stiefkinder gleich. Den Abkömmlingen stehen außerdem deren Ehegatten gleich, wenn sie auf Grund bestehenden Güterstands das Grundstück ohne besondere rechtsgeschäftliche Übertragung miterwerben.

Beispiel: A überträgt seinem Sohn ein Grundstück im Werte von 400 000,- DM gegen Übernahme der Hypothekenlasten in Höhe von 120 000,- DM und Einräumung eines Dauerwohnrechts. Sohn B lebt mit seiner Ehefrau im Güterstand der allgemeinen Gütergemeinschaft.

Mit der Übertragung geht das Grundstück automatisch wegen des Güterstandes der allgemeinen Gütergemeinschaft auf die Ehefrau mit über. Obwohl es sich bei der Ehefrau nicht um einen Abkömmling handelt, ist wegen der Vereinbarung des Güterstandes der Vorgang auch insoweit von der GrESt befreit.

§ 3 Nr. 6 Satz 1 GrEStG ist auch anwendbar, wenn jemand einen Grundstücksmiteigentumsanteil von einer KG erwirbt, an welcher eine mit ihm in gerader Linie verwandte Person beteiligt ist (BFH v. 21. 11. 1979, BStBl 1980 II S. 217).

6. Übertragung von Grundstücken auf eine Familiengesellschaft

Wird Grundbesitz auf eine ausschließlich auf dem Veräußerer und seinen Abkömmlingen oder aus diesen allein bestehende Vereinigung übertragen, so ist auch dieser Vorgang nach § 3 Nr. 7 GrEStG steuerfrei. Der Erwerb des Grundstücks unterliegt jedoch der GrESt mit der Aufnahme eines Gesellschafters, der nicht zu den Abkömmlingen des Veräußerers zählt. Die Voraussetzung für die Befreiung ist grundsätzlich dann nicht gegeben, wenn an der Gesellschaft gleichzeitig noch der Ehegatte des Veräußerers beteiligt ist.

Beispiel: An der A-KG sind A, seine Ehfrau und die beiden Söhne zu je $1/4$ = 25% beteiligt. A veräußert an diese Gesellschaft ein unbebautes Grundstück für 100 000,- DM.
Der Vorgang ist nicht nach § 3 Nr. 7 GrEStG steuerbefreit, weil die Gesellschaft nicht ausschließlich aus dem Veräußerer und seinen Abkömmlingen besteht. Soweit jedoch der Veräußerer an der Gesellschaft beteiligt ist, gilt § 5 Abs. 1 GrEStG, soweit die Abkömmlinge an der Gesellschaft beteiligt sind (§ 3 Nr. 6 GrEStG).

Eine aus dem Veräußerer und seinen Abkömmlingen gebildete Personenvereinigung liegt ebenfalls nicht vor, wenn persönlich haftende Gesellschafterin der KG eine GmbH ist, an der der Veräußerer und seine Abkömmlinge ausschließlich beteiligt sind (vgl. BFH v. 18. 9. 1974, BStBl 1975 II S. 360).

IV. Steuerbefreiungen aus sozialen und anderen Gründen

1. Kleinwohnungsbau (Sozialer Wohnungsbau)

Steuerbefreit ist der Erwerb eines Grundstücks zur Schaffung von Kleinwohnungen durch ein Unternehmen, das als gemeinnütziges Wohnungsunternehmen oder als Organ der staatlichen Wohnungspolitik anerkannt ist (§ 4 Abs. 1 Nr. 1 a GrEStG). Weiter ist unter anderem begünstigt der Erwerb (Grsterwerb) eines von einem gemeinnützigen Bauträger geschaffenen Wohnhauses, das den für Kleinwohnungen geltenden Bestimmungen entspricht, durch eine Person, die das Hausgrundstück als Eigenheim übernimmt. Steuerbefreit ist auch der Erwerb eines Grundstücks durch den Bauträger zur Beschaffung von Kleinwohnungen (Ersterwerb) sowie eines von einem gemeinnützigen Bauträger geschaffenen Wohnhauses. Auch der Rückerwerb und die Weiterveräußerung eines Eigenheimes, das den für Kleinwohnungen geltenden Bestimmungen entspricht, ist steuerbegünstigt.

Hinsichtlich dieser Steuerbefreiungen sind Sondersteuergesetze der Länder ergangen, so z. B. in Nordrhein-Westfalen das Gesetz über GrESt-Befreiung für den Wohnungsbau (GrEStWoBauG) i. d. F. der Bekanntmachung v. 20. 7. 1970 (GVBl S. 620) mit späterer Änderung. Von der GrESt befreit ist der Grundstückserwerb für den sozialen Wohnungsbau. Erfolgt der Erwerb eines unbebauten Grundstücks in der Absicht, darauf ein Gebäude zu errichten, so ist der Erwerb grestfrei, wenn die Voraussetzungen des 2. Wohnungsbaugesetzes erfüllt sind.

Der Erwerb des Grundstücks ist auch dann begünstigt, wenn sich auf ihm ein Gebäude befindet, das im Zeitpunkt des Erwerbs zu mehr als 50 v. H. beschädigt ist (§ 1 Nr. 3 GrEStWoBauG NW) oder das Grundstück sich im Zustand der Bebauung befunden hat.

Ein Grundstück befindet sich im Zustand der Bebauung, solange es nicht fertiggestellt ist und den künftigen Bewohnern der Einzug noch nicht zugemutet werden kann (vgl. BFH v. 8. 4. 1954, BStBl III S. 175). Der Begriff der Fertigstellung bedeutet jedoch nicht, daß an dem Grundstück entsprechend der

Planung keine Arbeiten zu verrichten sind (BFH v. 14. 8. 1974, BStBl 1975 II S. 67, vgl. auch BFH v. 2. 2. 1977, BStBl 1977 II S. 437).
Nicht ein Grundstück befindet sich im Zustand der Bebauung, wenn dieses mit einem Erbbaurecht belastet ist und aufgrund dieses Rechts ein Mietgrundstück errichtet wird, sondern das Erbbaurecht (vgl. BFH v. 28. 7. 1976, BStBl 1977 II S. 85).

Werden später Gebäudeteile hinzuerworben (Sondereigentum an einem Zubehörraum, Miteigentumsanteil an einer Sammelgarage), ist der Erwerb unter der Voraussetzung steuerfrei, daß der Erwerb des Einfamilienhauses bzw. Eigentumswohnung unbeschadet des Sondereigentums bzw. Miteigentumsanteils steuerfrei gewesen wäre, wenn er im Zeitpunkt des Hinzuerwerbs erfolgt wäre (BFH v. 14. 12. 1977, BStBl 1978 II S. 316; v. 14. 12. 1977, BStBl 1978 II S. 317). Hinsichtlich des Hinzuerwerbes eines Kellerraumes s. BFH v. 15. 12. 1976 (BStBl 1977 II S. 329).

a) Bauherr

Voraussetzung für die Steuerbefreiung ist, daß der Erwerber gleichzeitig Bauherr ist (BFH v. 2. 9. 1959, BStBl III S. 453; v. 22. 8. 1962, BStBl 1963 III S. 12; v. 20. 6. 1967, BStBl III S. 677). Wer als Bauherr anzusehen ist, richtet sich im wesentlichen nach der vertraglichen Gestaltung und danach, ob der Erwerber Einfluß auf die Baugestaltung hat (vgl. hierzu BFH v. 4. 9. 1974, BStBl 1975 II S. 89). Die einkommensteuerlichen Grundsätze können nicht ohne weiteres auf das GrESt-Recht übertragen werden.

b) Absicht der Errichtung eines Gebäudes beim Erwerb

Der Erwerber muß bereits beim Erwerbsvorgang die Absicht haben, ein steuerbegünstigtes Wohnhaus zu bauen, wiederherzustellen oder fertigzustellen. Die nachträgliche Absicht, ein steuerbegünstigtes Bauwerk zu errichten, ist nicht ausreichend.
Die subjektive Absicht allein, den steuerbegünstigten Zweck erfüllen zu wollen, reicht nicht aus (vgl. BFH v. 19. 6. 1974, BStBl II S. 690), es muß vielmehr hinzukommen, daß der steuerbegünstigte Zweck (objektiv) erfüllt werden kann.

c) Schaffung von öffentlich gefördertem oder als steuerbegünstigt anerkanntem Wohnraum

Das Gebäude muß Wohnungen enthalten, die entweder nach den Bestimmungen des 1. Wohnungsbaugesetzes vom 25. 8. 1953 (BStBl I S. 1045) grundsteuerbegünstigt oder nach denen des 2. Wohnungsbaugesetzes vom 1. 9. 1965 (BStBl I S. 605) öffentlich gefördert oder als steuerbegünstigt anerkannt sind. Z. B. dürfen gewisse Flächengrößen für die einzelnen Wohnungen nicht überschritten werden. Ferner muß der Anteil der Wohnfläche an der anrechenbaren Grundfläche mindestens 66 $^2/_3$ betragen.

Der Erwerber selbst hat grundsätzlich die Voraussetzungen für die Vergünstigungen zu schaffen. Das ist nicht der Fall, wenn er einem Dritten ein Erbbaurecht bestellt und dieser den begünstigten Wohnraum schafft (vgl. BFH v. 20. 10. 1976, BStBl 1977 II S. 90).

2. Erwerb eines Eigenheims oder einer Eigentumswohnung

Neben dem Erwerb eines unbebauten Grundstücks zur Erstellung eines begünstigten Bauwerks, ist auch der Ersterwerb eines Grundstücks mit einem fertiggestellten Wohngebäude begünstigt, wenn es den Voraussetzungen für den sozialen Wohnungsbau i. S. des § 1 Nr. 1 GrEStWoBauG NW entspricht und vom Erwerber innerhalb von 12 Jahren seit der Gebrauchsabnahme als Eigenheim übernommen wird. Das gleiche gilt für den Erwerb einer Eigentumswohnung. Unter Ersterwerb i. S. des § 1 Nr. 5 GrEStWoBauG NW, ist der unmittelbare Erwerb von einem tätig gewordenen Bauherrn zu verstehen (vgl. BFH v. 9. 7. 1975, BStBl II S. 743; v. 15. 10. 1975, BStBl 1976 II S. 71). Der Erwerb durch einen Erben im Wege der Gesamtrechtsnachfolge gilt nicht als Ersterwerb. Er ist nur Rechtsnachfolger und tritt daher in die Stellung des Erblassers ein (vgl. BFH v. 26. 7. 1961, BStBl III S. 475). Nach dem BFH-U. v. 26. 2. 1975 (BStBl II S. 447) ist ein Ersterwerb nicht anzunehmen, wenn ein Miterbe das Grundstück, das im Wege der Erbauseinandersetzung erworben worden ist, weiter veräußert. Kein Ersterwerb ist weiter anzunehmen, wenn dem Erwerb ein anderer Erwerb vorausgegangen ist. Wird ein Erwerb rückgängig gemacht, gilt der nachfolgende Erwerber nur dann als Ersterwerber, wenn die Rückgängigmachung vor der Eigentumsübertragung erfolgt ist.

Der Erwerb durch einen Strohmann für einen Hintermann ist Ersterwerb, die Übertragung auf den Hintermann stellt Nacherwerb dar (vgl. BFH v. 22. 12. 1976, BStBl 1977 II S. 359).

Der Erwerb ist auch dann begünstigt, wenn gemeinnützige Bauträgergesellschaften Grundstücke zwecks Bebauung erwerben und ein Erbbaurecht für sich an diesen bestellen und die Kleinwohnungen unter Bestellung eines Erbbaurechts weiter veräußert (vgl. BFH v. 20. 10. 1976, BStBl 1977 II S. 326, § 4 Abs. 1 Nr. a GrEStG Hessen).

3. Steuerbefreiungen beim Erwerb von Einfamilienhäusern, Zweifamilienhäusern und Eigentumswohnungen

Nach dem Gesetz zur Grunderwerbsteuerbefreiung beim Erwerb von Einfamilienhäusern, Zweifamilienhäusern und Eigentumswohnungen vom 11. 7. 1977 (BStBl 1977 I S. 360) ist der Erwerb von Einfamilienhäusern, Eigentumswohnungen steuerbefreit, wenn es vom Erwerber, seinem Ehegatten oder einem Verwandten in gerader Linie (Kinder und Eltern) binnen fünf Jahren mindestens ein Jahr lang ununterborchen bewohnt wird und zu mehr als $66^2/_3$ v. H. Wohnzwecken dient. Entsprechendes gilt, wenn die obengenannten Objekte wesentlicher Bestandteil eines Erbbaurechtes sind. Somit ist auch die Anschaffung von bebauten Grundstücken unter diesen Voraussetzungen begünstigt.

Die Fünfjahresfrist beginnt mit dem Erwerb oder wenn zu diesem Zeitpunkt das Einfamilienhaus, das Zweifamilienhaus oder die Eigentumswohnung noch nicht fertiggestellt war, mit der Bezugsfertigkeit.

Die Steuerbefreiung ist jedoch wertmäßig beschränkt. Beim Einfamilienhaus und einer Eigentumswohnung tritt GrESt-Befreiung nur insoweit ein, als der für die Berechnung maßgebende Wert (Entgelt oder gemeiner Wert) 250 000 DM nicht übersteigt, bei Zweifamilienhäusern 300 000 DM, bei Erwerb eines auf einem Erbbau-Grundstück errichteten Einfamilienhauses 100 000 DM. Es handelt sich hier um einen Freibetrag, d. h. der Freibetrag wird auch dann gewährt, wenn die Höchstgrenze überschritten ist.

Beispiel: A erwirbt ein Einfamilienhaus von B für 350 000 DM am 1. 8. 1977. Die Voraussetzungen des § 1 des Befreiungsgesetzes vom 11. 7. liegen vor.
GrESt-pflichtig ist nur der 250 000 DM übersteigende Betrag des Entgeltes. Bemessungsgrundlage für die GrESt sind 100 000 DM. Die GrESt beträgt somit 7 000 DM.

Es besteht keine Objektbeschränkung wie bei der Vorschrift des § 7 b EStG. Die einzige Beschränkung besteht darin, daß er Erwerber oder ein in § 1 genannter innerhalb der letzten fünf Jahre mindestens ein Jahr ununterbrochen in dem begünstigten Objekt gewohnt haben muß.

Die Steuervergünstigung wird für alle Erwerbsvorgänge nach dem 31. 12. 1976 gewährt, sofern der entsprechende Antrag gestellt worden ist (§ 1).

Sind die Voraussetzungen für die GrESt-Befreiung nicht innerhalb der Fünfjahresfrist seit dem Erwerb erfüllt, so entfällt die GrESt für die Vergangenheit.

Die Steuer ist vom Zeitpunkt der Ausstellung der Unbedenklichkeitsbescheinigung bis zur Festsetzung der Steuer, längstens jedoch bis zum Ablauf der Fünfjahresfrist zu verzinsen. Der Zinssatz beträgt nach § 238 AO $^1/_2$ v. H. für den vollen Monat.

4. Weitere Befreiungen

Unter den Voraussetzungen des § 1 Nr. 7 GrEStWoBauG NW ist der nachträgliche Erwerb des Grund- und Bodens steuerfrei. Der Zwischenerwerb durch eine Gemeinde ist nach § 1 Nr. 2 a GrEStWoBauG NW ein solcher, der durch ein Unternehmen zur Weiterveräußerung an Betriebsangehörige nach § 1 Nr. 2 b GrEStWoBauG NW steuerbefreit. Der Zwischenerwerb zur Aufteilung von Wohnungseigentum ist unter der Voraussetzung steuerbefreit, daß die Eigentumswohnungen ausschließlich ohne Gewinn an die endgültigen Erwerber weiterveräußert werden.

Das gilt auch für den Fall, daß die Grundstücke, die zur Vermeidung der Umlegung erworben worden sind, selbst Gegenstand eines förmlichen Umlegungsverfahrens hätten sein können (BFH v. 3. 11. 1976 BStBl 1977 II S. 254).

5. Sonstige Steuerbefreiungen

Weiter ist steuerbefreit der Grundstückserwerb zum Zwecke der Umlegung sowie zum Zwecke sonstiger Maßnahmen zur besseren Gestaltung von Grundstücken und im Auseinandersetzungsverfahren (§ 4 Abs. 1 Nr. 3 GrEStG). Das gilt sowohl für das förmliche Umlegungsverfahren als auch für den freiwilligen Austausch und den Ringtausch. Die GrESt-Befreiung ist in diesen Fällen davon abhängig, daß der Austausch von der zuständigen Behörde als zweckdienlich anerkannt wird. Verweigert die zuständige Behörde die Erteilung der Bescheinigung, so ist die Steuerbefreiung zu versagen (vgl. BFH v. 23. 3. 77, BStBl 1977 II S. 487).

Ein Tausch dient der Vermeidung der Umlegung, wenn ein verbindlicher Bebauungsplan vorliegt, aus dem sich die Notwendigkeit einer Grundstücksumlegung ergibt. Steuerbefreiungen ergeben sich hier auch aus den Flurbereinigungsgesetzen. Im Rahmen des Flurbereinigungsverfahrens ist ein Zwischenerwerb durch eine Teilnehmergemeinschaft steuerbefreit, wenn ein beteiligter Landwirt das Grundstück zu Eigentum erhält (BFH v. 14. 12. 1977, BStBl 1978 II S. 203).

Weiter ist von der GrESt befreit der Grundstückserwerb zur Schaffung von öffentlichen Straßenplätzen und Grünanlagen (§ 4 Abs. 1 Nr. 4 a und b GrEStG).

6. Nachversteuerung

Ist das Grundstück nicht dem vorgeschriebenen begünstigten Zweck innerhalb von 5 Jahren zugeführt worden, ist eine Nachversteuerung durchzuführen. Das gilt u. a. dann, wenn

1. auf dem unbebauten Grundstück kein Wohngebäude errichtet worden ist, das den steuerbegünstigten Zweck erfüllt, oder
2. eine Gemeinde oder eine andere der in § 1 Nr. 2 a GrEStWoBauG NW aufgeführten Körperschaften das erworbene Grundstück nicht weiter veräußert oder nicht durch Vergabe eines Erbbaurechts weitergegeben hat.

Die Frist beginnt mit dem Tage der Ausstellung der Unbedenklichkeitsbescheinigung. Bei Aufgabe des begünstigten Zwecks entsteht die Steuerschuld schon vor Ablauf der Frist.

Die 5-Jahresfrist ist für Erwerbsvorgänge auf 10 Jahre verlängert worden, soweit das Grundstück zum Zeitpunkt des Erwerbs noch nicht erschlossen war oder in einem Sanierungsgebiet liegt (§ 3 Abs. 1 Nr. 1 und Abs. 3 GrEStWoBauG).

Die Steuerbefreiungen des § 4 Abs. 1 GrEStG setzen voraus, daß das Grundstück in der Absicht erworben wird, es dem begünstigten Zweck zuzuführen und diese Absicht in die Tat umgesetzt wird. Geschieht dies in den Fällen des § 4 Abs. 1 Nr. 1, 2 und 4 GrEStG nicht innerhalb des Zeitraums von 5 Jahren oder wird in den vorgenannten Fällen innerhalb von 5 Jahren die Absicht aufgegeben, so unterliegen diese Grunderwerbsvorgänge mit Ablauf der Frist der Steuer. Für den Fall der Schaffung von Kleinwohnungen (Sozialwohnungen) hat der BFH im Urt. v. 10. 10. 1962 (BStBl 1963 III S. 16) eine Verwendung zum begünstigten Zweck erst dann als gegeben angesehen, wenn die Kleinwohnungen bezugsfertig erstellt worden sind.

Die GrESt ist nachzuerheben, wenn der Erwerber das von ihm steuerfrei erworbene Grundstück weiterveräußert, selbst wenn der Nacherwerber einerseits den steuerbegünstigten Zweck erfüllen will (BFH v. 3. 5. 1978, BStBl II S. 472).

Die Nachversteuerung darf nicht allein deswegen erfolgen, weil der Erwerber sofort oder innerhalb einer Frist die Voraussetzungen für die Befreiung durch eine förmliche Bescheinigung nachgewiesen hat (BFH v. 26. 4. 1978, BStBl II S. 438).

Die GrESt entsteht mit der Aufgabe des begünstigten Zweckes (BFH v. 23. 8. 1978, BStBl 1979 II S. 198).

Keine Verlängerung der Frist wird gewährt, wenn Umstände für eine Bebauung hinderlich sind, die bereits bei Erwerb vorgelegen haben (BFH v. 2. 2. 1977, BStBl II S. 484).

V. Grundstücksübertragungen auf eine Gesamthand und Auseinandersetzung des gemeinschaftlichen Eigentums an Grundstücken

1. Grundsätzliches

Wie unter II, 1 ausgeführt, wird die Gesamthandgesellschaft in Form einer GbR, OHG, KG oder Erbengemeinschaft als eine gegenüber ihren Gesellschaftern selbständige Rechtspersönlichkeit im GrESt-Recht anerkannt. Daher sind grundsätzlich alle Grundstücksübertragungen von den Gesellschaftern auf die Gesamthandgesellschaft und auch umgekehrt grestpflichtig. Die Übertragungsvorgänge sind jedoch steuerbefreit, soweit es sich um eine Erbauseinandersetzung oder eine ausschließlich mit Abkömmlingen gebildete Gesamthandgemeinschaft handelt.

2. Übergang auf eine Gesamthand

Geht ein Grundstück von mehreren Miteigentümern auf eine Gesamthand (Gemeinschaft zur gesamten Hand) über, so wird die Steuer nicht erhoben, soweit der Anteil des einzelnen am Vermögen der Gesamthand Beteiligten seinem Bruchteil am Grundstück entspricht.

> *Beispiel:* A und B sind Miteigentümer an einem Grundstück zu je $^1/_2$. Sie bringen das Grundstück in eine von ihnen gegründete OHG ein, an der beide wiederum mit 50 v. H. beteiligt sind.

Wegen der Beteiligungsidentität entsteht keine GrESt.

> *Beispiel* wie zuvor: An der OHG sind A mit 60 v. H. und B nur mit 40 v. H. beteiligt.
> Da keine Beteiligungsidentität vorliegt, wird GrESt nicht erhoben, soweit der Anteil des Einzelnen am Vermögen der Gesamthand seinem Bruchteil entspricht. Die Beteiligung des A an der Gesamthand in Höhe von 60 v. H. weicht von seinem Bruchteilseigentum am Grundstück (50 v. H.) um 10 v. H. ab. Soweit die Einbringung des Grundstücks dem Anteil des A entspricht, wird die GrESt in Höhe von 50 v. H. nicht erhoben. Bei B hingegen, der nur mit 40% an der neuen Gesamthand beteiligt ist, sind 40 v. H. GrESt frei. Somit ist die Einbringung des Grundstücks in die Gesamthandgemeinschaft zu 90 v. H. von der GrESt befreit, zu 10 v. H. grestpfl.

Geht jedoch ein Grundstück von einem Alleineigentümer auf eine Gesamthand über, so wird GrESt in Höhe des Anteils nicht erhoben, zu dem der Veräußerer der Gesamthand beteiligt ist.

Beispiel: A, B und C gründen gemeinsam eine OHG. An dieser sollen A mit 40 v. H., B und C mit jeweils 30 v. H. beteiligt sein. Es ist u. a. vereinbart, daß A seine Einlageverpflichtung dadurch erbringt, daß er in die Personengesellschaft ein Grundstück im Werte von 200 000,– DM einbringt.
Nach § 5 Abs. 2 GrEStG ist der Vorgang insoweit steuerbefreit, als A an der Gesellschaft beteiligt ist. Da A mit 40 v. H. am gesamten Vermögen der Gesellschaft beteiligt ist, ist insoweit die Grundstücksübertragung auf die Gesamthandgemeinschaft steuerfrei. Der GrESt unterliegen 60 % = 120 000,– DM.

3. Übergang von einer Gesamthand auf eine andere Gesamthand bzw. auf einen oder mehrere Gesellschafter

Geht ein Grundstück von einer Gesamthand in das Miteigentum mehrer an der Gesamthand beteiligten Personen über, so wird die Steuer nicht erhoben, soweit der Bruchteil, den der einzelne Erwerber erhält, dem Anteil entspricht, zu dem er am Vermögen an der Gesamthand beteiligt ist. Bei Grundstücksübertragungen im Zusammenhang mit der Auflösung der Gesamthand ist die Auseinandersetzungsquote maßgebend.

Beispiel: Gesellschafter der A-OHG sind die Gesellschafter A, B, C und D. Die Gesellschafter beschließen, die Gesellschaft zu liquidieren. Es ist vereinbart worden, daß das Grundvermögen der OHG als schlichtes Miteigentum der Gesellschafter in das Privatvermögen übergehen soll.
Der Übergang des Grundstücks vom Sondervermögen der Gesamthand in das schlichte Miteigentum der Gesellschafter ist von der GrESt befreit, da die quotenmäßige Beteiligung am Grundstück der Beteiligung an der Gesamthand entspricht.

Geht ein Grundstück von einer Gesamthand in das Alleineigentum einer an der Gesamthand beteiligten Person über, so wird die Steuer in Höhe des Anteils nicht erhoben, zu dem der Erwerb am Vermögen der Gesamthand beteiligt ist. Geht ein Grundstück bei Auflösung der Gesamthand in das Alleineigentum eines Gesamthänders über, so ist die Auseinandersetzungsquote maßgebend.

Beispiel: Der Gesellschafter A erwirbt von der X-OHG, an der er mit 20 v. H. beteiligt ist, ein Baugrundstück im Wert von 200 000,– DM. Der Kaufpreis ist bar entrichtet worden. Da A an der Personengesellschaft mit 20 v. H. beteiligt war, ist der Grundstücksübergang in Höhe von 20 v. H. (= 40 000,– DM) grestfrei.

Das gleiche gilt, wenn ein Gesellschafter aus der Gesellschaft ausscheidet und in der Form abgefunden wird, daß er aus dem Sondervermögen ein Grundstück erhält.

Beispiel: A ist an der C-OHG mit nominal 100 000,– DM beteiligt. Der Wert seiner Beteiligung beträgt 300 000,– DM. Er kommt mit den übrigen Gesellschaftern überein, daß er zum Jahresende aus der Gesellschaft gegen Abfindung eines Betrages von

300 000,- DM ausscheidet. A ist damit einverstanden, daß er anstelle eines Barbetrages ein Grundstück im Werte von 300 000,- DM aus dem Betriebsvermögen erhält. Im Gesellschaftsvertrag war vereinbart worden, daß er im Falle der Liquidation 25. v. H. des Vermögens erhalten sollte.
Der Übertragungsvorgang ist in Höhe von 25. v. H. grestfrei, da er mit 25 v. H. am Gesellschaftsvermögen (= Liquidationsquote) beteiligt war. Somit ist der Erwerb von 75 000,- DM steuerfrei. Der Erwerb in Höhe von 225 000,- DM ist grestpfl.

4. Umwandlung von gemeinschaftlichem Eigentum in Flächeneigentum

Wird ein Grundstück, das mehreren Miteigentümern gehört, von den Miteigentümern flächenweise geteilt, so wird die Steuer nicht erhoben, soweit der Wert des Teilgrundstücks, das der einzelne Erwerber erhält, dem Bruchteil entspricht, zu dem er am gesamten zu verteilenden Grundstück beteiligt ist.

Beispiel: A, B, C und D besitzen ein Grundstück von 10 000 qm im Werte von 1 000 000,- DM. A, B, C und D kommen überein, daß sie das Grundstück flächenmäßig und wertmäßig gleichmäßig auf die vier Miteigentümer aufteilen, so daß jeder 2500 qm erhält.

Der Vorgang ist grestfrei, da der Wert der Teilgrundstücke, die die einzelnen Erwerber erhalten, dem Wert der Bruchteile entspricht, zu dem diese am gesamten zu verteilenden Grundstück beteiligt waren. Entsprechendes gilt, wenn ein Grundstück, das sich im Gesamthandvermögen befindet, auf die an der Gesamthand beteiligten Personen flächenmäßig aufgeteilt wird.
(Vgl. BFH v. 27. 4. 1977, BStBl 1977 II S. 677).

VI. Steuerbefreiungen auf Grund des Umwandlungssteuergesetzes (§ 27 UmwStG)

Nach § 27 UmwStG sind Rechtsvorgänge im Sinne der landesrechtlichen Grunderwerbsteuergesetze von der GrESt befreit, wenn sie durch Umwandlungen nach den Vorschriften des 2. bis 4. Abschnitts des UmwG i. d. F. der Bekanntmachung vom 6. 11. 1969 (BGBl I S. 2081) verwirklicht werden. Es handelt sich hier um das Einbringen eines Betriebes, eines Teilbetriebs oder eines Mitunternehmeranteils in eine Kapitalgesellschaft (AG, KGaA, GmbH) gegen die Gewährung von Gesellschaftsrechten, wenn der Einbringende Einzelunternehmer, eine offene Handelsgesellschaft oder Kommanditgesellschaft ist. Erhält jedoch der Einbringende auch andere Wirtschaftsgüter für das Einbringen der Beteiligung, so gilt die Ausnahme von der Besteuerung nur, wenn der Wert der anderen Wirtschaftsgüter 30 v. H. des Werts des eingebrachten Betriebs, Teilbetriebs oder Mitunternehmeranteils nicht übersteigt. Diese Vorschrift ist bis zum

31. 12. 1981 befristet. Die GrESt-Befreiung trifft auch zu für Grundstücke, die sich im Sonderbetriebsvermögen eines Gesellschafters befunden haben und im Zusammenhang mit der Betriebsübertragung auf die Kapitalgesellschaft auf diese übertragen werden (vgl. BFH v. 19. 10. 1977, BStBl 1978 II S. 199).

VII. Bemessungsgrundlage

Die Steuer wird grundsätzlich vom Wert der Gegenleistung berechnet. Als Gegenleistung gelten beim Kauf der Kaufpreis einschließlich der vom Verkäufer übernommenen sonstigen Leistungen und der dem Käufer vorbehaltenen Nutzungen. Hat also der Käufer die Verpflichtung zur Übernahme der GrESt, Maklergebühren und sonstigen Veräußerungskosten übernommen, so sind diese Kosten in das Entgelt einzubeziehen.

Bei Bestellung eines Erbbaurechts ist die als Gegenleistung zu bewertende Zinsverpflichtung mit dem Kapitalwert anzusetzen (BFH v. 5. 12. 1979, BStBl 1980 II S. 135).

Zur Gegenleistung gehören auch Leistungen, die der Erwerber des Grundstücks dem Veräußerer neben der beim Erwerbsvorgang vereinbarten Gegenleistung zusätzlich gewährt. Jedenfalls gehören zum Entgelt die Belastungen, die auf dem Grundstück ruhen, soweit sie auf den Erwerber kraft Gesetzes übergehen, wie z. B. die Hypothekengewinnabgabe. Zum Entgelt i. S. des § 11 GrEStG gehören auch sonstige Leistungen wie Duldungen von Entnahmen (vgl. BFH v. 22. 6. 1977, BStBl II S. 703). Beim Tausch ist die Tauschleistung des anderen Vertragsteils einschließlich GrEStG. (Erschließungskosten als Gegenleistung BFH v. 16. 11. 1976, BStBl 1977 II S. 327.)

Bei Veräußerung eines Grundstücks auf Rentenbasis ist das Entgelt der Kapitalwert der Rente (vgl. BFH v. 26. 11. 1980, BStBl 1981 II S. 284).

Die Steuer wird vom Wert des Grundstücks berechnet, wenn eine Gegenleistung nicht vorhanden oder nicht zu ermitteln ist, oder bei der Vereinigung aller Anteile oder beim Übergang aller Anteile einer Gesellschaft und bei den entsprechenden schuldrechtlichen Belastungen. Der Einheitswert des Grundstücks kommt als Besteuerungsgrundlage nur in Betracht, wenn die Gegenleistung überhaupt nicht vorhanden oder etwa wegen fehlender Angaben als solche nicht zu ermitteln ist, nicht aber, wenn die vorhandene Gegenleistung auch der Art nach nicht zu ermitteln ist und lediglich der Wert der bekannten Gegenleistung geschätzt werden muß (vgl. BFH v. 26. 1. 1971, BStBl 1971 II S. 184).

Bemessungsgrundlage bei Erwerb eines Geschäfts vgl. BFH v. 16. 2. 1977 BStBl 1977 II S. 671.

Verkauft eine Kapitalgesellschaft ein Grundstück an ihre Gesellschafter zu einem unter dem gemeinen Wert liegenden Preis, so daß der Verkauf körperschaftsteuerrechtlich als verdeckte Gewinnausschüttung zu behandeln ist, stellt die Differenz zwischen dem Kaufpreis und dem gemeinen Wert keine Gegenleistung des kaufenden Gesellschafters an die Gesellschaft dar, um den sich die Bemessungsgrundlage der GrESt erhöhen würde (BFH v. 26. 10. 1977, BStBl 1978 II S. 201).

Übernimmt ein Gesellschafter einer Personengesellschaft deren Gesellschaftsvermögen, zu dem Grundstücke gehören, gegen Abfindung der übrigen Gesellschafter, so ist die Gegenleistung, die auf die Grundstücke einteilig entfällt, das grestpfl. Entgelt (vgl. BFH v. 19. 1. 1977, BStBl II S. 359; v. 16. 2. 1977 BStBl II S. 671).

Für eine Einbringung eines Grundstücks in eine Kapitalgesellschaft stellt die Gewährung von Gesellschaftsrechten die Gegenleistung dar. Es handelt sich hier um ein Austauschverhältnis. Der Wert der Gegenleistung wird dem Grundsatz nach durch den Wert des neuen Geschäftsanteils bestimmt. Das gilt nach Ansicht des BFH v. 23. 4. 1980, BStBl II S. 595 insoweit nicht, als der Wert des neuen Geschäftsanteils nicht auf die Einlageverpflichtung zurückzuführen ist, sondern darauf, daß die alten Anteile im Zuge der Kapitalerhöhung ihrerseits an Wert eingebüßt haben. Nach Ansicht des BFH ist der Wert des neuen Geschäftsanteils insoweit nicht durch den Einbringenden des Grundstücks, sondern durch die Vermögensverschiebungen zwischen den alten Geschäftsanteilen und dem neuen Geschäftsanteil entstanden.

VIII. Steuersatz

Die Steuer beträgt grundsätzlich 2,5 v. H. in NRW (§ 13 GrEStG).
Sie ermäßigt sich jedoch auf 1,5 v. H., soweit Grundstücke in eine Kapitalgesellschaft (§ 5 Abs. 1 und 2 KVStG) gegen Gewährung von Gesellschaftsrechten eingebracht werden. Das gilt nicht für Gesellschaften, die lediglich den Erwerb, die Verwertung oder die Verwaltung von Grundstücken betreiben; und für den Fall, daß bei der Verschmelzung von Genossenschaften Grundstücke der aufzunehmenden Genossenshaft auf die aufnehmende Genossenschaft übergehen. Damit wird der Tatsache Rechnung getragen, daß diese Einbringungsvorgänge gleichzeitig der GesSt unterliegen.
Zur GrESt wird zu Gunsten der kreisfreien Städte und Landkreise ein Zuschlag

erhoben. Der Zuschlag beträgt 4,5 v. H. des Betrages, von dem die GrESt berechnet wird; somit beträgt die GrESt insgesamt 7 v. H.

IX. Steuerschuld

Wer als Steuerschuldner anzusehen ist, ergibt sich aus § 15 GrEStG. Das sind regelmäßig die an einem Erwerbsvorgang als Vertragsteile beteiligten Personen, also der Veräußerer und der Erwerber. Beim Erwerb kraft Gesetzes ist es der bisherige Eigentümer und der Erwerber. Im Falle einer Enteignung der Erwerber. Im Zwangsversteigerungsverfahren ist es der Meistbietende. Im Falle der Vereinigung aller Anteile einer Gesellschaft ist es derjenige, in dessen Hand die Anteile vereinigt werden.

Die Steuer für den vorausgegangenen Erwerbsvorgang ist zu erstatten, wenn der Veräußerer das Eigentum an dem veräußerten Grundstück zurückerworben hat und die Vertragsbestimmungen des Rechtsgeschäftes, das den Anspruch auf Übereignung begründet hat, nicht erfüllt und deshalb das Rechtsgeschäft aufgrund eines Rechtsanspruches rückgängig gemacht wird (§ 17 Abs. 1 Nr. 3 GrEStG). Das gilt nach BFH v. 15. 2. 1978 (BStBl S. 379) auch dann, wenn der Kaufpreis wegen Sachmängel zunächst gemindert, später aber im Wege des Vergleiches gewandelt wird. Der Veräußerer muß jedoch seine ursprüngliche Rechtsstellung wieder erlangt haben (vgl. BFH v. 6. 10. 1976, BStBl 1977 II 232; v. 29. 9. 1976, BStBl 1977 II S. 87).

X. Zuständigkeit, Steuererhebung und Fälligkeit der Steuer

Für die Festsetzung der Steuer und des Zuschlags ist das FA örtlich zuständig, in dessen Bezirk das Grundstück gelegen ist (im übrigen vgl. § 15 a GrEStG NW). Das FA setzt die Steuer und den Zuschlag durch schriftlichen Steuerbescheid fest. Es fordert im Steuerbescheid auch den Zuschlag an (§ 13 Abs. 3, § 15 b GrEStG NW). Die Steuer wird binnen einem Monat nach Bekanntgabe des Steuerbescheids fällig. Das FA darf eine längere Zahlungsfrist festsetzen (§ 16 GrEStG NW).

Teil IV: Wechselsteuer

I. Gegenstand der Wechselsteuer

1. Wechsel

Wechsel i. S. des WStG sind *gezogene Wechsel* (Tratten, Art. 75 WG) und *eigene Wechsel* (Solawechsel, Art. 73 ff. WG). Unter den Begriff Wechsel fallen auch unvollständige und wechselähnliche Urkunden (§§ 4,5 WStG). Es ist nicht erforderlich, daß bei Aushändigung des Wechsels alle Formerfordernisse erfüllt sind, d. h. auf dem Wechsel alle Wechselerklärungen enthalten sind. Unter Wechselerklärungen (§§ 2,3 WStG) sind Unterschriften auf Wechsel, Ausfertigungen oder Abschriften zu verstehen, z. B. Indossamente, Wechselbürgschaften, Ehrenannahmen. Sog. Blankoakzepte sind wstpfl.

Unvollständige Wechsel gelten als Wechsel, wenn vereinbart ist, daß sie vervollständigt werden dürfen. Eine Vereinbarung zur Vervollständigung liegt vor, wenn der Empfänger des Wechsels erklärt, diesen bei Gelegenheit verwerten zu wollen und der Geber sich verpflichtet, die Ermächtigung zur Vervollständigung zu erteilen. Hierunter fallen auch die *Sicherheitswechsel*, die erst vom Empfänger als Aussteller unterschrieben und verwertet werden dürfen, wenn zu einem bestimmten Termin nicht gezahlt wird.

Wechselähnliche Urkunden sind solche, die, ohne Rücksicht auf die äußere Form, *Anweisungen* (§ 783 BGB) über die Zahlung von Geld enthalten, sofern sie durch Indossament übertragen werden können oder auf den Inhaber lauten oder an den Inhaber gezahlt werden können. Ferner gehören hierzu durch Indossament übertragbare, auf einen Geldbetrag lautende Verpflichtungsscheine, wie kaufmännische Anweisungen und Verpflichtungsscheine (§ 363 HBG). Auch die promissory notes sind wechselähnliche Urkunden.

2. Aushändigung des Wechsels

Gegenstand der Wechselsteuer (WSt) ist das Aushändigen des Wechsels. Aushändigen ist jedes „Aus-den-Händen-geben", jedes „In-den-Verkehr-bringen", um den Wechselanspruch in irgend einer Weise zu realisieren. Hierzu zählen insbesondere:

Akzepteinholung, Anbieten als Zahlungsmittel oder als Sicherheit, Diskontierung, Indossierung usw. Bei Übergabe an die Bank vermutet die Verkehrsauffassung den endgültigen Verwertungswillen (wenn auch widerlegbar). Die wstrechtlich bedeutsamen Handlungen ergeben sich aus § 9 Abs. 2 WStG.
Die WSt wird nur einmal für die ganze Laufzeit des Wechsels entrichtet. Prolongationen, die auf den Wechsel gesetzt werden, lösen daher nicht erneut WSt aus, sondern nur dann, wenn im Wege der Prolongation ein neuer Wechsel gegeben wird.

II. Ausnahmen von der Besteuerung

1. Transitwechsel

Nach § 6 Abs. 1 Nr. 1 WStG sind von der Besteuerung ausgenommen die Aushändigung eines vom Ausland auf das Ausland gezogenen Wechsels und eines im Ausland ausgestellten eigenen Wechsels, wenn die Wechsel im Ausland zahlbar sind. Vom Ausland auf das Inland gezogene Wechsel sind dagegen auch dann nicht befreit, wenn sie im Ausland zahlbar sind.

2. Exportwechsel

Von der Besteuerung ausgenommen sind nach § 6 Abs. 1 Nr. 2 WStG die Aushändigung eines vom Inland auf das Ausland gezogenen Wechsels, wenn er nur im Ausland, und zwar auf Sicht oder innerhalb von 10 Tagen nach dem Ausstellungstag zahlbar ist und vom Aussteller unmittelbar ins Ausland versendet wird. Es handelt sich hier um kurzfristige Inkassowechsel. Die unmittelbare Versendung in das Ausland ist erforderlich, um ein vorheriges In-Umlaufsetzen im Inland als Kreditmittel zu verhindern.

3. Schecks und Platzanweisungen

Weiterhin sind steuerbefreit Schecks, die den Vorschriften des Schecksgesetzes entsprechen, und Platzanweisungen (§ 6 Abs. 1 Nr. 3 und 4 WStG).

III. Besteuerungsgrundlage

Besteuerungsgrundlage ist die Wechselsumme. Vereinbarte Zinsen sind der Wechselsumme nicht hinzuzurechnen (§ 7 Abs. 1 WStG).

Bei unvollständigen Wechseln ist die durch die Aushändigung entstandene WSt zunächst nach einer Wechselsumme von 10 000 DM zu berechnen. Spätere Abweichungen in der Höhe führen entweder zu einer Nachentrichtung oder zu einer Erstattung.

Für auf ausländische Währung lautende Wechsel können durch den BdF Mittelwerte festgesetzt werden.

IV. Steuersatz

Die WSt beträgt 15 Pfennig für je 100 DM oder einen Bruchteil dieses Betrages. Sie ermäßigt sich auf die Hälfte
1. bei einem Wechsel, der vom Inland auf das Ausland gezogen und im Ausland zahlbar ist,
2. bei einem Wechsel, der vom Ausland auf das Inland gezogen und im Inland zahlbar ist.

Die ermäßigte Steuer beträgt mindestens 10 Pfennig. Höhere Steuerbeträge sind auf volle 10 Pfennig nach oben aufzurunden.

V. Steuerschuldner

Steuerschuldner ist derjenige, der den Wechsel im Zeitpunkt der Entstehung der Steuerschuld aushändigt.

Neben dem Steuerschuldner haftet auch derjenige, der eine Erklärung auf den Wechsel gesetzt, ihn erworben, veräußert, verpfändet oder als Sicherheit angenommen hat. Aber auch derjenige, der den Wechsel zur Zahlung vorlegt oder die Zahlung aus diesem empfängt, sie leistet, eine Quittung auf den Wechsel gesetzt oder diesen mangels Zahlung protestiert hat, haftet für die WSt.

Die WSt wird durch WSt-Marken, die auf der Rückseite des Wechsels aufzukleben und gleichzeitig zu entwerten sind, entrichtet. Der Vertrieb der WSt-Marken erfolgt durch die Bundespost.

Teil V: Versicherungsteuer

I. Gegenstand der Versicherungsteuer

1. Allgemeines

Der Versicherungsteuer (VersSt) unterliegt die Zahlung des Versicherungsentgeltes auf Grund eines durch Vertrag oder auf sonstige Weise entstandenen Versicherungsverhältnisses. Voraussetzung ist jedoch, daß der Versicherungsnehmer bei der jeweiligen Zahlung seinen Wohnsitz oder gewöhnlichen Aufenthalt im Inland hat oder der Gegenstand, der versichert ist, zur Zeit der Begründung des Versicherungsverhältnisses sich im Inland befand.

2. Versicherungsverträge

Der Begriff des Versicherungsvertrages wird in § 2 VersStG bestimmt.
Ein Versicherungsvertrag ist auf die Abdeckung eines Risikos gerichtet. In einem solchen Vertrag verpflichtet sich die Versicherungsgesellschaft dem Versicherungsnehmer gegenüber, diesem oder einem von ihm benannten Dritten bei Eintritt eines Ereignisses oder bei Ablauf des Versicherungsvertrages eine bestimmte Geldsumme zu zahlen und zwar gegen Zahlung eines Einmalbetrages oder laufende Zahlungen. Man unterscheidet zwischen Personen- und Sachversicherungen. Unter Personenversicherungen versteht man solche Versicherungen, die auf eine Person abgestellt sind, nämlich Krankenversicherung, Lebensversicherung, Unfall- und Haftpflichtversicherungen; unter Sachversicherungen versteht man solche Versicherungen, die eine Sache zum Gegenstand haben, wie Hausrat-, Gebäude-, Brand-, Diebstahl-, Kredit-, Sturm- und Hagelversicherungen. Auch wird zwischen Risikoversicherungen und Kapitalversicherungen, Versicherungen auf den Überlebensfall, unterschieden.

Neben diesen vorgenannten Versicherungen gelten als Versicherungsverträge auch Vereinbarungen zwischen mehreren Personen oder Personenvereinigungen, solche Verluste oder Schäden gemeinsam zu tragen, die den Gegenstand einer Versicherung bilden können.

Als Versicherungsvertrag gilt nicht ein Vertrag, durch den der Versicherer sich verpflichtet, für den Versicherungsnehmer Bürgschaft oder sonstige Sicherheit zu leisten.

3. Versicherungsentgelt

Versicherungsentgelt im Sinne dieses Gesetzes ist jede Leistung, die für die Begründung und zur Durchführung des Versicherungsverhältnisses zu bewirken ist.
Das Gesetz zählt hier als Beispiel auf: Prämien, Beiträge, Vorbeiträge, Vorschüsse, Nachschüsse, Umlagen, Eintrittsgelder, Gebühren für die Ausfertigung des Versicherungsscheins und die sonstigen Nebenkosten. Sonderleistungen, z. B. für Zweitausfertigungen, zählen nicht zum Entgelt.
Werden Gutschriften mit Prämien verrechnet, gilt nur der Differenzbetrag als Versicherungsentgelt. Das gleiche gilt für Erstattungen.

Beispiel: A zahlt eine Kfz-Versicherungsprämie von 600 DM. 100 DM werden ihm wegen unfallfreien Fahrens neben dem Schadensfreiheitsrabatt zurückvergütet. Das der VersSt zugrunde liegende Entgelt beträgt 500 DM.

II. Steuerbefreiungen

Bestimmte Versicherungen, die im § 4 VersStG aufgeführt sind und deren Abschluß im öffentlichen Interesse liegt, sind von der Besteuerung ausgenommen.

III. Steuerberechnung

Die Steuer wird für die einzelne Versicherung regelmäßig vom Versicherungsentgelt berechnet (also jeweils von den einzelnen Beitragsleistungen). Bei bestimmten Hagelversicherungen von der Versicherungssumme und für jedes Versicherungsjahr (§ 5 Abs. 1 Nr. 1 und 2 VersStG).

IV. Steuersatz

Der Steuersatz beträgt 5 v. H. des Versicherungsentgelts. Bei Hagelversicherungen 20 Pfennig für 1000 DM der Versicherungssumme. Bei Seeschiffskaskoversicherungen 2 v. H. des Versicherungsentgelts.

V. Steuerschuldner

Steuerschuldner ist der Versicherungsnehmer. Der Versicherer haftet für die Steuerschuld. Er hat die Steuer für Rechnung des Versicherungsnehmers zu entrichten (§ 7 VersStG).

Teil VI: Kraftfahrzeugsteuer

I. Steuergegenstand

1. Allgemeines

Das KraftStG ist durch das Gesetz v. 1. 2. 1979. (BGBl I S 132, BStBl I S. 96) neu gefaßt worden. Der Kraftfahrzeugsteuer (KraftSt) unterliegen
1. das Halten von einheimischen Fahrzeugen zum Verkehr auf öffentlichen Straßen,
2. das Halten von gebietsfremden Fahrzeugen zum Verkehr auf öffentlichen Straßen, solange die Fahrzeuge sich im Geltungsbereich dieses Gesetzes befinden.

Die weiteren Tatbestände sind Ergänzungstatbestände; hierunter fallen die Zuteilung von Kennzeichen für Probe- und Überführungsfahrten mit Kraftfahrzeugen und Kraftfahrzeuganhängern, die widerrechtliche Benutzung eines Kraftfahrzeugs oder eines Kraftfahrzeuganhängers auf öffentlichen Straßen (§ 1 KraftStG).

2. Kraftfahrzeug

Der Begriff Kraftfahrzeug ist im Gesetz selbst nicht geregelt. Ein einheimisches Fahrzeug liegt vor, wenn es nach den Vorschriften der Bundesrepublik Deutschland zugelassen, ein gebietsfremdes Fahrzeug, wenn es im Zulassungsbereich eines anderen Staates zugelassen ist. Nach § 1 KraftStDV richten sich die Begriffe Kraftfahrzeug und Kraftfahrzeuganhänger, soweit nichts anderes bestimmt ist, nach den verkehrsrechtlichen Vorschriften. Die Art eines Fahrzeugs ergibt sich aus der Eintragung im Kraftfahrzeug- oder Anhängerbrief. Unter Kraftfahrzeug i. S. des Verkehrsrechtes versteht man ein maschinell angetriebenes, nicht an Gleise gebundenes Landfahrzeug. Die Art des Antriebstoffes ist hierbei unerheblich.

3. Halten eines Fahrzeugs zum Verkehr auf öffentlichen Straßen

Der Begriff des Haltens ist identisch mit dem Recht zur Benutzung des Fahrzeugs. Es wird i. d. R. durch die förmliche Zulassung, d. h. durch die Erteilung der Betriebserlaubnis, und Zuteilung eines amtlichen Kennzeichens unter Aushändigung des Kfz-Scheins erworben. Auf den tatsächlichen Gebrauch und den Umfang des Gebrauchs kommt es hierbei nicht an. Das Halten endet durch Abmeldung des Fahrzeugs bzw. Untersagung der Nutzungserlaubnis.

II. Steuerbefreiungen und Ermäßigungen

Nach § 3 KraftStG sind im wesentlichen steuerbefreit Kraftfahrzeuge, die im Dienst der Bundeswehr, Polizei, Zollgrenzdienst, Bundesgrenzschutz und Bundespost sind. Sie müssen äußerlich als solche erkennbar sein. Gleiches gilt für Fahrzeuge von den in § 3 KraftStG genannten öffentlich-rechtlichen Körperschaften, wenn die Fahrzeuge ausschließlich für Wegebau (Ziff. 3) zu Straßenreinigung und Abfallbeseitigung verwandt werden.

Steuerermäßigungen werden für Körperbehinderte, die sich infolge ihrer Körperbehinderung ein Kraftfahrzeug halten müssen, gewährt (§ 3 Nr. 11 KraftStG). Die Höhe der Ermäßigung richtet sich nach dem Umfang der Körperbehinderung. Bei Schwerbeschädigten führt sie auf Antrag in vollem Umfange zu einem Erlaß.

III. Steuerschuldner

Steuerschuldner (§ 7 KraftStG) ist der Kfz-Halter, d. h. derjenige, auf dessen Namen das Kraftfahrzeug zugelassen ist, bzw. der Händler, wenn er das Fahrzeug zum Wiederverkauf erworben hat. Bei einem gebietsfremden Fahrzeug ist Steuerschuldner die Person, die das Fahrzeug im Geltungsbereich dieses Gesetzes benutzt.

Bei roten Kennzeichen, ist Steuerschuldner die Person, der ein Kennzeichen zugeteilt worden ist; bei widerrechtlicher Benutzung derjenige, der das Fahrzeug widerrechtlich benutzt hat.

IV. Dauer der Steuerpflicht

Die Steuerpflicht dauert grundsätzlich von der Zulassung bis zur endgültigen Außerbetriebsetzung durch den Eigentümer, oder bis zur Betriebsuntersagung durch die Verwaltungsbehörde (§ 5 KraftStG). Durch vorübergehende Abmeldung kann die Steuerpflicht unterbrochen werden (vgl. § 5 Abs. 4 KraftStG). Die Steuerpflicht dauert jedoch mindestens einen Monat.

Die Steuerpflicht endet grundsätzlich mit Außerbetriebsetzung durch den Eigentümer oder Untersagung des Betriebes durch die Verwaltungsbehörde; bei vorübergehender Nichtbenutzung mit der Abmeldung, oder mit Einziehung des Kraftfahrzeugscheines.

Geht ein im deutschen Zulassungsverfahren zugelassenes Fahrzeug auf einen anderen Steuerschuldner über, so endet die Steuerpflicht für den bisherigen Steuerschuldner mit Ablauf des Tages, an dem die Anzeige hinsichtlich des Übergangs des Fahrzeuges bei der Zulassungsbehörde eingegangen ist, spätestens jedoch mit der Aushändigung des neuen Fahrzeugscheines an den Erwerber. Gleichzeitig beginnt die Steuerpflicht für den Erwerber.

V. Bemessungsgrundlage für die Steuer

Bei Zweirädern, Dreirädern und Personenkraftwagen wird die Steuer nach dem Hubraum, soweit diese Fahrzeuge durch Hubkolbenmotore angetrieben werden, bemessen. Bei allen anderen Fahrzeugen, insbesondere bei Zugmaschinen, Kraftomnibussen, Lastkraftwagen sowie bei Anhängern, wird die Steuer nach dem verkehrsrechtlich zulässigen Gesamtgewicht berechnet.

VI. Höhe der Steuer

Bei Zweirädern beträgt die Steuer 3,60 DM je 25 cm^3 Hubraum, bei Dreirädern und Personenkraftwagen 14,40 DM je angefangene 100 cm^3 Hubraum. Hinsichtlich der sonstigen Nutzfahrzeuge wird auf § 9 Abs. 1 Nr. 3 KraftStG verwiesen.

Bei Gebietsfremden beträgt die KraftSt für Zwei- und Dreiräder und PKW's 1,– DM pro Kalendertag (§ 9 Abs. 3 KraftStG). Bei LKW mit mehr als 2 Achsen ist das zulässige Gesamtgewicht maßgebend. Eine Sonderregelung gilt für rote Kennzeichen (§ 9 Abs 4 KraftSt) und auch für Kraftfahrzeuganhänger (§ 10 KraftStG).

VII. Entstehung, Fälligkeit, Entrichtung, Festsetzung, Erstattung

Die Steuerschuld entsteht, wenn der gesetzliche Tatbestand erfüllt ist, das ist i. d. R. der Zeitpunkt der Zulassung. Die Steuer ist zu entrichten, wenn das Fahrzeug zum Verkehr zugelassen wird, vor Aushändigung des Kraftfahrzeug- oder Anhängerscheines durch die Verwaltungsbehörde. Hier ist zwischenzeitlich durch das maschinelle Verfahren, insbesondere durch das Abbuchungsverfahren, eine Änderung eingetreten. Der Kraftfahrzeughalter erteilt mit der Anmeldung des Fahrzeugs eine Einziehungsermächtigung. Hinsichtlich der übrigen Fälligkeiten vgl. § 12 KraftStG.

Die KraftSt ist jeweils für die Dauer eines Jahres im voraus zu entrichten. Sie darf für Fahrzeuge, deren Steuer mehr als 1000 DM beträgt, für die Dauer eines halben Jahres, oder wenn die Jahressteuer mehr als 2000 DM beträgt, für die Dauer eines Vierteljahres entrichtet werden. Die Jahressteuer erhöht sich jedoch bei Halbjahreszahlern um 3 v. H., bei Vierteljahreszahlern um 6. v. H. Bei Gebietsfremden darf eine Summe bis zu 30 Tagen auch tageweise berechnet werden, wenn die Fahrzeuge in einem Mitgliedsland der EG zugelassen sind oder die Gegenseitigkeit gewährleistet ist.

Endet die Steuerpflicht vor Ablauf der Zeit, für die die Steuer entrichtet worden ist, hat der Steuerpflichtige einen Erstattungsanspruch; das gilt insbesondere für die vorübergehende Abmeldung und für die Veräußerung.

Fälle und Lösungen

Fall Nr. 1:

Sachverhalt:

A ist am 1. 4. 1977 verstorben. Erben sind seine Ehefrau (E) zu ½ und seine beiden Söhne (B) und (C) zu je einem Viertel. Die Eheleute lebten im Güterstand der Zugewinngemeinschaft. Der Zugewinnausgleich der Ehefrau im Falle einer Scheidung würde 210 000,- DM betragen. Die Söhne sind 30 und 31 Jahre alt. Die Ehefrau hat keine Versorgungsbezüge.

Er hinterließ folgendes Vermögen: Mietshaus Neustadt, Bergstraße, Anschaffungskosten 130 000,- DM, Verkehrswert 250 000,- DM, Einheitswert zum 1. 1. 1974 100 000,- DM (1. 1. 64). Ein Einfamilienhaus, Verkehrswert 500 000,- DM, Einheitswert 200 000,- DM (1. 1. 64). Ein Einzelunternehmen, Buchkapital 300 000,- DM, gemeiner Wert 730 000,- DM, Einheitswert des Betriebsvermögens (zum Todeszeitpunkt ermittelt) 500 000,- DM. Wertpapiervermögen, gemeiner Wert 300 000,- DM. Sonstiges Vermögen, Hausrat, Kunstgegenstände 30 000,- DM. Die Verbindlichkeit des Erblassers betragen 100 000,- DM.

Lösung:

Bei der Ehefrau des Erblassers und den beiden Söhnen handelt es sich um einen Erwerb von Todes wegen (§ 3 Abs. 1 Nr. 1 ErbStG). Gem. § 10 ErbStG gilt als steuerpflichtiger Erwerb die Bereicherung des Erwerbers, soweit er nicht steuerfrei ist. Der Wert der Bereicherung ist nach § 12 ErbStG zu ermitteln.

Bei Grundvermögen ist der Einheitswert (§ 12 Abs. 2 ErbStG), bei gewerblichen Vermögen der Wert, der nach den Grundsätzen der Einheitsbewertung des Betriebsvermögens ermittelt wird (§ 12 Abs. 5 ErbStG) und beim sonstigen Vermögen und den Verbindlichkeiten der gemeine Wert zugrunde zu legen (§ 12 Abs. 1 ErbStG). Der Wert des Nachlasses, der zur Hälfte der Ehefrau und zu je einem Viertel den Söhnen zuzurechnen ist (Quote), errechnet sich wie folgt:

	gem. Wert	Steuerwert	Ehefrau E	B	C
GrSt	250 000 DM	140 000 DM	70 000 DM	35 000 DM	35 000 DM
Einf.H.	500 000 DM	280 000 DM	140 000 DM	70 000 DM	70 000 DM
BV	700 000 DM	500 000 DM	250 000 DM	125 000 DM	125 000 DM
Wertp.	300 000 DM	300 000 DM	150 000 DM	75 000 DM	75 000 DM
Sonstiges	30 000 DM	(30 000 DM)	–	–	–
		–	(10 000 DM)	(10 000 DM)	(10 000 DM)
			Freibetrag § 13 ErbStG		
Verbindlichk.	100 000 DM	–	50 000 DM	25 000 DM	25 000 DM
Übertr.:	1780 000 DM	1 120 000 DM	560 000 DM	280 000 DM	280 000 DM
Freibetr. § 5 (1) ErbStG			./. 140 000 DM		
			420 000 DM	280 000 DM	280 000 DM
Freibetr. § 16 ErbStG			250 000 DM	90 000 DM	90 000 DM
			170 000 DM	190 000 DM	190 000 DM
Versorgungsfreibetrag § 17 Abs. 1			250 000 DM	–	–
			0	190 000 DM	190 000 DM
Steuer 5,5 v. H.				10 450 DM	10 450 DM

Die Eheleute haben im Güterstand der Zugewinngemeinschaft gelebt, der Erwerb ist daher nach § 5 Abs. ErbStG 1 in Höhe des Betrages, den sie im Falle des § 1371 Abs. 2 BGB als Zugewinnausgleich hätte geltend machen können, steuerfrei. Da der Ausgleichsanspruch nach dem Verkehrswert des Nachlasses ermittelt worden ist, ist lediglich der dem Steuerwert des Nachlasses entsprechende Betrag steuerfrei. Das Verhältnis des Steuerwertes zum gemeinen Wert beträgt zwei Drittel.

Der Ehefrau steht ein Freibetrag von 250 000,– DM zu. Allen übrigen Angehörigen der Steuerklasse I, wozu auch die Söhne gehören, steht ein Freibetrag von 90 000,– DM zu.

Der Ehefrau steht ferner ein Versorgungsfreibetrag von 250 000,– DM in voller Höhe zu, da ihr keine steuerfreien Versorgungsbezüge zustehen (§ 17 Abs. 1 ErbStG). Hinsichtlich der Söhne liegen die Voraussetzungen für die Gewährung eines Versorgungsfreibetrages i. S. des § 17 Abs. 2 ErbStG nicht vor.

Fall Nr. 2:

Sachverhalt:

A, Ministerialrat im Wirtschaftsministerium von Neuland, ist am 20. 4. 1977 verstorben. Erben sind seine Witwe W (im Zeitpunkt des Todes 47 Jahre alt) zu ½ und seine beiden Söhne B, 19 Jahre alt, und C, 14 Jahre alt.

Er hinterließ ein Vermögen nach Abzug der Nachlaßverbindlichkeiten von 800 000,– DM. Die Ermittlung erfolgte nach § 12 ErbStG. Am 1. 3. 1974 hatte er von seinem Vater ein Wertpapierdepot im Werte von 400 000,– DM geerbt. Ein Zugewinnsausgleich seitens der Witwe besteht nicht. W. erhält eine Pension von jährlich 28 000,– DM, die der ErbSt nicht unterliegt.

Lösung:

Der Erwerb bei W, B und C ist nach § 3 Abs. 1 Nr. 1 ErbStG erbstpflichtig. Und zwar gilt als Erwerb die Bereicherung, die jeder Erbe aufgrund des Erbfalls erfahren hat, abzüglich der steuerfreien Beträge.

Nachlaß	Wwe. W	B	C
800 000,– DM	400 000,– DM	200 000,– DM	200 000,– DM
Freibetrag § 16 ErbStG	250 000,– DM	90 000,– DM	90 000,– DM
	150 000,– DM	110 000,– DM	110 000,– DM
Freibetrag § 17 ErbStG	–	20 000,– DM	30 000,– DM
	150 000,– DM	90 000,– DM	80 000,– DM
Steuer 5 v. H. bzw. 4 v. H.	7 500,– DM	3 600,– DM	3 200,– DM

W steht kein Versorgungsfreibetrag in Höhe von 250 000,– DM zu, da der nach § 14 BewG ermittelte Kapitalwert der steuerfreien Pensionszahlungen den Versorgungsfreibetrag von 250 000,– DM übersteigt.

B steht ein Versorgungsfreibetrag von 20 000,– DM zu, weil er über 15 Jahre alt ist, aber noch nicht das 20. vollendet hat und der steuerpflichtige Erwerb 150 000,– DM nicht überstiegen hat. C steht ein Versorgungsfreibetrag von 30 000,– DM zu, weil sein Alter zwischen 10 und 15 Jahren beträgt.

Die Steuer ermäßigt sich infolge mehrfachen Erwerbs desselben Vermögens nach § 27 ErbStG. Hiernach ermäßigt sich ein Vermögensanfall von Todes wegen bei Personen der Steuerklasse I oder II, der auf dieses Vermögen entfallende Steuerbetrag, wenn in den letzten 10 Jahren vor dem Erwerb Vermögen bereits von Personen dieser Steuerklassen erworben worden ist, und für das nach diesem Gesetz eine Steuer zu erheben war. Die Steuer ermäßigt sich im vorliegenden Falle um 40 v. H.

Zur Ermittlung des Steuerbetrages, der auf das begünstigte Vermögen entfällt, ist die Steuer für den Gesamterwerb in dem Verhältnis aufzuteilen, in dem der Wert des begünstigten Vermögens zu dem Wert des steuerpflichtigen Gesamterwerbs ohne Abzug des dem Erwerber zustehenden Freibetrages steht. Dabei ist der Wert des begünstigten Vermögens um den früher gewährten Freibetrag, oder, wenn dem Erwerber ein höherer Freibetrag zusteht, um diesen höheren Freibetrag zu kürzen. Ist im letzteren Falle der Gesamterwerb höher als der Erwerb des begünstigten Vermögens, so ist das begünstigte Vermögen um den Teil des höheren Freibetrags zu kürzen, der dem Verhältnis des begünstigten Vermögens zum Gesamterwerb entspricht.

	W	B	C
Anteiliger früherer Erwerb	200 000,- DM	100 000,- DM	100 000,- DM
Gesamterwerb	400 000,- DM	200 000,- DM	200 000,- DM
begünstigter Erwerb	200 000,- DM	100 000,- DM	100 000,- DM
anteiliger Freibetrag ($^1/_2$)	125 000,- DM	45 000,- DM	45 000,- DM
	75 000,- DM	55 000,- DM	55 000,- DM
	7500 × 75 000	3600 × 55 000	3200 × 55 000
	400 000,- DM	200 000,- DM	200 000,- DM
Steuerermäßigung	1 406,- DM	990,- DM	880,- DM
urspr. Steuer	7 500,- DM	3 600,- DM	3 200,- DM
Steuerschuld	6 094,- DM	2 610,- DM	2 320,- DM

Fall Nr. 3:

Sachverhalt:

A ist verstorben. Er ist mit 25 v. H. an der X-KG beteiligt. Die Gesellschafter B und C sind mit jeweils 37$^1/_2$ v. H. an der Gesellschaft beteiligt. Das Kapitalkonto des A betrug im Zeitpunkt seines Todes 400 000,- DM, der Steuerwert 500 000,- DM, der Teilwert des Anteils 700 000,- DM. Im Gesellschaftsvertrag ist vereinbart, daß im Falle des Todes eines Gesellschafters die Gesellschaft mit den übrigen Gesellschaftern fortgesetzt wird und daß im

Falle eines Ausscheidens aus irgend einem Grunde der Ausscheidende lediglich den Buchwert seines Kapitalkontos ausgezahlt erhält.

Das weitere Vermögen des A beträgt 400 000,– DM. In diesem weiteren Vermögen war ein Grundstück im Steuerwert von 200 000,– DM enthalten. Die Nettoeinnahmen dieses Grundstücks (Einkünfte) nach Abzug der Werbungskosten betrugen durchschnittlich jährlich 24 000,– DM. Erben sind seine Ehefrau zu 1/2 und seine beiden erwachsenen Kinder zu je 1/4. An dem o. g. Grundstück hat der Erblasser zugunsten seiner Schwester einen lebenslänglichen Nießbrauch angeordnet. Seine Schwester S war im Zeitpunkt der Nießbrauchsbestellung 69 Jahre alt.

Frage:

Wie sind die steuerpflichtigen Erwerbe zu behandeln?

Lösung:

1. Der Erwerb durch die Ehefrau und die Söhne H und P

Zum Nachlaß gehört lediglich der Auseinandersetzungsanspruch in Höhe von 400 000,– DM. Nach dem Gesellschaftsvertrag ist A mit seinem Tode aus der Gesellschaft ausgeschieden. Damit ist sein Anteil den übrigen Gesellschaftern zugewachsen. In den Nachlaß fällt daher nicht die Beteiligung des A, sondern lediglich der Auseinandersetzungsanspruch gegen die Gesellschafter B und C in Höhe von 400 000,– DM. Gemäß Sachverhalt beträgt das weitere Vermögen 400 000,– DM.

Die Steuer errechnet sich wie folgt.

	Ehefrau	Sohn H	Sohn P
	400 000,– DM	200 000,– DM	200 000,– DM
Nießbrauchslast	45 208,– DM	22 604,– DM	22 604,– DM
	354 792,– DM	177 396,– DM	177 396,– DM
Freibeträge § 16	250 000,– DM	90 000,– DM	90 000,– DM
	104 792,– DM	87 396,– DM	87 396,– DM
Versorgungsfreibeträge § 17	104 792,– DM		
	–	87 396,– DM	87 396,– DM
Steuer 4 v. H. Steuerklasse I	–	3 495,– DM	3 495,– DM

Die Anordnung des Nießbrauchs an dem Grundstück stellt eine Nachlaßverbindlichkeit dar, da die Ehefrau des Erblassers nicht nießbrauchsberechtigt ist. Die Nießbrauchslast ist daher als Verbindlichkeit zu berücksichtigen.

2. Besteuerung der Schwester

Als Erwerb von Todes wegen gilt auch das, was aufgrund eines Vermächtnisses des Erblassers erworben wird. Bei der Anordnung des Nießbrauchs handelt es sich um ein Vermächtnis des Erblassers. Aufgrund dieser Anordnung hat der Vermächtnisnehmer einen unmittelbaren Anspruch auf Bestellung des Vermächtnisses gegen die Erben. Der Wert der Bereicherung ergibt sich aus § 10 i. V. mit § 12 Abs. 1 ErbStG. Der Kapitalwert des Nießbrauchs ergibt sich aus § 14 i. V. mit § 16 BewG.

Der Kapitalwert des Nießbrauchs errechnet sich wie folgt:
Jahresertrag	24 000,– DM
Begrenzung auf $1/18$ v. 200 000	= 11 108,– DM
11 108,– DM × 8,140 (§ 14 BewG)	= 90 416,– DM
Kapitalwert des Nießbrauchs	90 416,– DM
Freibetrag nach § 16 ErbStG (Steuerklasse III)	10 000,– DM
Steuerpflichtiger Erwerb	80 416,– DM
Steuer 14 v. H.	11 264,– DM

Nach § 23 ErbStG hat der Nießbraucher das Recht, die Steuer jährlich im voraus vom Jahreswert (11 108,– DM) nach dem Steuersatz für den Gesamterwerb zu entrichten = 11 108,– DM × 14 v. H. = 1555,– DM.

3. Die Schenkungsteuer der verbleibenden Gesellschafter

Nach § 7 Abs. 7 ErbStG gilt auch als steuerpflichtiger Erwerb der Vermögenszuwachs, den die verbleibenden Gesellschaft dadurch erhalten, daß sie den ausgeschiedenen Gesellschafter bzw. dessen Erben mit dem Buchwert oder einem unter dem Steuerwert liegenden Wert abfinden. Als steuerpflichtiger Erwerb gilt der Betrag, um den der Steuerwert des Anteiles des Ausgeschiedenen den Abfindungsanspruch übersteigt.

Steuerwert des Anteils	500 000,– DM
Abfindungsanspruch	400 000,– DM
Steuerpflichtiger Erwerb	100 000,– DM
Für den einzelnen Gesellschafter	50 000,– DM
Freibetrag gem. § 16 ErbStG (Steuerkl. IV)	3 000,– DM
Steuerpflichtiger Erwerb	47 000,– DM
Steuer 20% für jeden Gesellschafter =	9 400,– DM

4. Grunderwerbsteuerliche Fragen

Die Beschwer des Erwerbes von Todes wegen mit einem Vermächtnis ist nach § 3 Nr. 2 GrEStG nicht wie die Schenkung unter einer Auflage in Höhe des Wertes der Auflage schenkstpflichtig.

Fall Nr. 4:

Sachverhalt:

Onkel H überträgt auf seinen Neffen M seinen Gewerbebetrieb. Der Wert des Aktivvermögens des Unternehmens beträgt 800 000,– DM. Das Betriebsgrundstück hat einen gemeinen Wert von 400 000,– DM. Es ist im Übergabevertrag vereinbart worden, daß M die Verbindlichkeiten in Höhe von 400 000,– DM (gesichert durch eine Grundschuld auf dem Betriebsgrundstück) übernimmt und eine monatliche Rente in Höhe von 2000,– DM zahlt. M verpflichtet sich, im Falle der Inanspruchnahme des Onkels H, diesen von den Verbindlichkeiten zu befreien. Der Einheitswert des Betriebsvermögen im Zeitpunkt der Schenkung beträgt 240 000,– DM. H war im Zeitpunkt der Schenkung 68 Jahre alt. Der Rentenbarwert beträgt 180 000,– DM. Der durchschnittliche Jahresbetrag des Unternehmens 120 000,– DM.

Frage:

Wie ist der Vorgang schenkungssteuerlich und grunderwerbsteuerlich zu behandeln?

Lösung:

1. Schenkungsteuer

Es liegt eine Schenkung i. S. des § 7 Abs. 1 Nr. 1 ErbStG vor. Eine gemischte Schenkung ist nicht anzunehmen, da die Rente nicht als Entgelt für die Übertragung des Betriebes anzusehen ist, sondern vielmehr die Versorgung des Onkels sicherstellen soll (Versorgungsrente), weil er sich seiner Einkunftsquelle begeben hat.

Nach § 12 Abs. 5 ErbStG ist der Wert des Betriebes nach den Grundsätzen, die für die Einheitsbewertung des Betriebsvermögens gelten, zum Stichtag der Schenkung zu ermitteln. Die übernommenen Betriebsschulden sind hierbei zu berücksichtigen.

Wert der Schenkung 240 000,- DM.

Da die Schenkung mit einer Rentenverpflichtung belastet ist, hat der Erwerber die Wahl, ob er die Versteuerung des Erwerbes in der Höhe, die dem Verhältnis des Jahreswertes der Rente zum Gesamtertrag (120 000,- DM) entspricht, aussetzt. (24 000,- DM zu 120 000,- DM = 20 v. H.) oder ob er sofort versteuert, mit der Folge, daß die Steuer, soweit sie auf den Kapitalwert der Rente entfällt, gestundet wird.

a) Aussetzung der Versteuerung

Wert des Erwerbes	240 000,- DM
Davon Versteuerung ausgesetzt in Höhe von 20 v. H. =	48 000,- DM
	192 000,- DM
Freibetrag nach § 16 ErbStG (als Neffe Steuerkl. III)	10 000,- DM
Steuerpflichtiger Erwerb	182 000,- DM
Steuer 18,5 v. H.	33 670,- DM

b) Sofortversteuerung

Erwerb	240 000,- DM
Freibetrag nach § 16 ErbStG (Steuerkl. III)	10 000,- DM
Steuerpflichtiger Erwerb	230 000,- DM
Steuer 20 v. H.	46 000,- DM
Kapitalwert der Rente	180 000,- DM
Stundung (³/₄ der Steuer, entsprechend Verhältnis Kapitalwert zu Erwerb)	34 500,- DM
sofort zu zahlen	11 500,- DM

2. Grunderwerbsteuer

Da es sich um eine Schenkung unter einer Auflage (Übernahme der Grundschuld) handelt, kommt möglicherweise eine GrESt-Befreiung nach § 3 Nr. 2 GrEStG in Frage. Voraussetzung für die Befreiung ist, daß der Wert des Grundstücks den Wert der Auflage übersteigt. Da die Grundschuld (in Höhe der Verbindlichkeiten) 400 000,- DM, der gemeine Wert des Grundstücks ebenfalls 400 000,- DM beträgt, ist die Voraussetzung für eine Befreiung nicht erfüllt, vielmehr unterliegt der gesamte Betrag der GrESt. Steuersatz: 7 v. H. (3 v. H. + 4 v. H. Gemeinde- und Kreisanteil).
GrESt: 7 v. H. von 400 000,- DM = 28 000,- DM.

Fall Nr. 5:

Sachverhalt:

A ist Inhaber eines Einzelunternehmens.

Bilanz zum 31. 12. 1980

Grundstück	40 000,- DM	Kapital	300 000,- DM
Gebäude	160 000,- DM	Verbindlichkeiten	200 000,- DM
Maschinen	40 000,- DM		
Umlaufvermögen	260 000,- DM		
	500 000,- DM		500 000,- DM

Der Einheitswert des Grundstücks und Gebäudes beträgt 100 000,- DM, der Einheitswert des Betriebsvermögen 240 000,- DM. Der Durchschnittsgewinn der letzten 5 Jahre betrug 125 000,- DM, abzüglich eines Geschäftsführergehaltes von 50 000,- DM. A bringt das Unternehmen in eine GmbH ein. Die bürgerlich-rechtlichen Formvorschriften sind gewahrt. A übernimmt das volle Stammkapital (Geschäftsanteile) von 300 000,- DM.

Frage:

Wie hoch ist die anfallende GesSt, welche GrESt fällt an?

Lösung:

Bei der Gründung der GmbH handelt es sich um einen gesstpflichtigen Vorgang i. S. des § 2 Abs. 1 Nr. 1 KVStG. Maßstab für die GesSt ist nach § 8 der Wert der Gegenleistung.
Gegenleistung ist die Einbringung eines Unternehmens. Der Wert des Unternehmens ist nach Abschn. 79 VStR mangels anderer Anhaltspunkte (Verkäufe, Anteilserwerbe) zu schätzen.

Einheitswert des Betriebsvermögens	240 000,– DM
./. EW des Grundstücks (140 v. H.)	140 000,– DM
	100 000,– DM
+ 250 v. H. des EW	250 000,– DM
Wert des Betriebsvermögens	350 000,– DM
Abschlag 15 v. H.	52 500,– DM
bereinigter Substanzwert	297 500,– DM

Nominalwert 300 000,– DM = ca. 99,2 v. H. des Nominalwerts.

Jahresertrag	125 000,– DM
./. 30 v. H.	37 500,– DM
Entnahmefähiger Gewinn	87 500,– DM

$$\text{Wert des Anteils} = \frac{65}{100} \times (99 + [5 \times 29])$$
$$= \frac{65}{100} \times (99 + 145)$$
$$= \frac{65}{100} \times 244$$
$$= 158,60 \text{ v. H.}$$

Wert des eingebrachten Betriebes (158,60 v. H. von 300 000) =	475 800,– DM
GesSt 1 v. H.	4 758,– DM

Der Vorgang ist nach § 27 UmwStG 1977 grestbefreit, da es sich um die Einbringung eines Einzelunternehmens in eine Kapitalgesellschaft handelt.

Fall 6:

Sachverhalt:

A und B gründen eine GmbH & Co KG.
Am Kapital der GmbH & Co KG von 400 000,- DM sind
die GmbH mit   10 v. H.
A   mit   45 v. H.
B   mit   45 v. H.
beteiligt.

Es ist vereinbart, daß die GmbH zunächst einmal ihr bis dahin eingezahltes Kapital in Höhe von 10 000,- DM einbringt, A ein Grundstück im Werte (gemeiner Wert und Teilwert) von 90 000,- DM, B 90 000,- DM bar zahlt.
Diese Leistungen waren im Zeitpunkt der Eintragung in das Handelsregister erbracht. Die Resteinlage sollte aus den laufenden Gewinnen erbracht werden. Die Eintragung in das Handelsregister erfolgte am 1. 4. 1980, Geschäftsjahr ist das Kalenderjahr. Die Bilanz 1980 wurde zum 1. 3. 1981 erstellt. Vom Jahresgewinn 1980 wurden für jeden Gesellschafter 15 000,- DM auf das Kapitalkonto verbucht, so daß der Kapitalkontostand jeweils 105 000,- DM betrug.

Frage:

1. Wie ist die Gründung und die spätere Einzahlung von 150 000,- DM gesellschaftsteuerlich zu behandeln?
2. Ist die Einbringung des Grundstückes grunderwerbsteuerpflichtig und in welcher Höhe?

Lösung:

1. Gesellschaftsteuer

Es liegen zwei gesstliche Vorgänge vor:
a) Die Schaffung von Gesellschaftsrechten an der GmbH und
b) die Schaffung von Gesellschaftsrechten an der GmbH & Co KG.

a) Die GmbH

Es handelt sich um den Ersterwerb von Gesellschaftsrechten i. S. des § 6 KVStG an einer Kapitalgesellschaft i. S. des § 5 Abs. 1 KVStG, der nach § 2 Abs. 1 Nr. 1 KVStG gesstpflichtig ist. Die GesSt entsteht mit der Entstehung des Gesellschaftsrechts, also mit der Eintragung der GmbH in das Handelsregister. Nach § 8 KVStG ist Bemessungsmaßstab der Wert der Gegenleistung. Nominalwert der Anteile abzüglich der noch ausstehenden Einlagen = 10 000,-- DM. Die GesSt beträgt daher 1 v. H. = 100,- DM.

b) Die GmbH & Co KG

Auch im Falle der GmbH & Co KG handelt es sich um die Schaffung neuer Gesellschaftsrechte an einer Kapitalgesellschaft. Bei der GmbH & Co KG liegt eine Kapitalgesellschaft vor, weil an der Kommanditgesellschaft eine Kapitalgesellschaft als persönlich haftende Gesellschafterin beteiligt ist (§ 5 Abs. 3 KVStG). Bei den Kommanditanteilen handelt es sich um Gesellschaftsrechte i. S. des § 6 Nr. 1 KVStG, nicht jedoch hinsichtlich des Anteiles der GmbH an der KG. Das Gesellschaftsrecht entsteht nicht erst mit der Eintragung der Gesellschaft in das Handelsregister, sondern bereits mit dem Abschluß des Gesellschaftsvertrages, da die Eintragung bei einer Personengesellschaft lediglich deklaratorischen Charakter hat.

Nach § 8 KVStG ist Bemessungsgrundlage der Wert der Gegenleistung, soweit die Gegenleistung erbracht ist.

Das wären der Wert des Grundstücks	=	90 000,- DM
und die Bareinlage	=	90 000,- DM
		180 000,- DM
GesSt 1 v. H.	=	1 800,- DM

Der GesSt unterliegt ebenfalls die zum 1. 3. 1977 erfolgte Umbuchung aus dem Jahresgewinn 1976 in Höhe von jeweils 15 000,- DM = 30 000,- DM auf die Kapitalkonten der Gesellschafter. Es handelt sich hier um eine Leistung auf die noch ausstehende Einlage. Es handelt sich hier um Leistung eines Gesellschafters, da der Jahresgewinn den Gesellschaftern mit Abschluß des Wirtschaftsjahres zustand und somit zum Sondervermögen eines jeden Gesellschafters gehörte. Es steht einer GesSt-Pflicht nicht entgegen, daß die Leistungen an die Gesellschaft seitens der Gesellschafter aus Mitteln der Gesellschaft erbracht werden. Die Verbuchung des Jahresgewinns 1976 in Höhe von insgesamt 30 000,- DM unterliegt daher der GesSt.
Die GesSt beträgt 1 v. H., daher 300,- DM.

2. Grunderwerbsteuer

Die Einbringung eines Grundstücks in eine Personengesellschaft unterliegt der GrESt. Soweit jedoch der Einbringende an der Gesellschaft beteiligt ist (45 v. H.), ist der Vorgang grestbefreit (§ 5 Abs. 1 GrEStG).
Bemessungsgrundlage für die GrESt ist der Wert der Gegenleistung. Das ist in vorliegendem Falle der Wert des Gesellschaftsrechts. Da der Wert des Gesellschaftsrechts im Falle der Gründung einer Gesellschaft dem Wert der erbrachten Leistungen entspricht, ist er in vorliegendem Falle mit 90 000,– DM anzusetzen.
45 v. H. = 40 500,– DM sind steuerbefreit, da insoweit der Einbringende an der Gesellschaft beteiligt ist. Bemessungsgrundlage für die GrESt ist daher ein Betrag von 49 500,– DM.
Nach § 13 Abs. 2 GrEStG beträgt die Steuer 2 v. H., weil es sich hier um die Einbringung eines Grundstücks in eine Kapitalgesellschaft handelt. Hinzu kommt noch ein Zuschlag von 4 v. H. (Gemeinde- und Kreisanteil) = 6 v. H. Die GrESt beträgt daher 2970,– DM.

Fall Nr. 7:

Sachverhalt:

Die X-Bank hat der A-GmbH ein Darlehn in Höhe von 500 000,– DM gewährt. Der Gesellschafter G hat diesen Kredit verbürgt. Das Stammkapital der Gesellschaft beträgt 1 000 000,– DM. Am 15. 4. 1980 hatte die Gesellschaft beschlossen, für das Geschäftsjahr 1979 auf jeden Anteil einen Gewinn von 20 v. H. (= 200 000,– DM), bezogen auf das Stammkapital, auszuschütten. Die Gewinnvorträge aus den Vorjahren betrugen 300 000,– DM. Am 2. Mai 1980 fiel ein Großkunde unerwartet in Konkurs. Die A-GmbH hatte hierdurch einen Forderungsausfall in Höhe von 1,2 Millionen DM erlitten. Die X-Bank kündigte daraufhin den Kredit und nahm G aus der Bürgschaft in Anspruch. In der zum 20. 5. 1980 einberufenen Gesellschafterversammlung wurde folgendes beschlossen:

1. Der Gewinnvortrag in Höhe von 300 000,– DM wird zur Abdeckung des Verlustes verwendet.
2. Der Gewinnverteilungsbeschluß vom 15. 4. wird rückgängig gemacht.

3. Der Gesellschafter G verzichtet auf einen Regress aus der Bürgschaft gegenüber der Gesellschaft.
4. Der Gesellschafter E verzichtet auf eine Forderung aus einer Warenlieferung (100 000,- DM) gegenüber der Gesellschaft.

Frage:

Wie sind die Sanierungsmaßnahmen gesstlich zu beurteilen?

Lösung:

1. Verwendung des Gewinnvortrages

Hinsichtlich der Verwendung des Gewinnvortrages zur Abdeckung des Verlustes am Stammkapital in Höhe von 300 000,- DM liegt keine gesstliche Leistung vor, da die Mittel noch nicht den Gesellschaftern zur Verfügung standen. Es liegt ein Beschluß der Gesellschaft vor und nicht eine Verfügung der Gesellschafter über ihr Gläubigerrecht.
Also keine gesstliche Auswirkung.

2. Gewinnverzicht

Anders ist die Rechtslage hinsichtlich des Betrages von 200 000,- DM, über den bereits ein Ausschüttungsbeschluß vorlag.
Mit dem Ausschüttungsbeschluß ist der Dividendenanspruch als Gläubigerrecht entstanden. Die Rückgängigmachung ist als Forderungsverzicht zu behandeln. Es handelt sich daher um eine gesstpflichtige Leistung i. S. des § 2 Abs. 1 Nr. 4 KVStG in Höhe von 200 000,- DM.

3. Bürgschaft

In der Bestellung der Bürgschaft liegt noch keine gesstpflichtige Leistung. Die Übernahme einer Bürgschaft seitens eines Gesellschafters zugunsten der Gesellschaft hat Darlehnscharakter (bargeldloser Kredit).
Da es sich bei der Darlehnsgewährung nicht um eine gesstbare Leistung handelt, ist zum Zeitpunkt der Eingehung der Bürgschaft in Höhe von 500 000,- DM noch keine gesst-pflichtige Leistung entstanden. Auch die Inanspruchnahme aus

der Bürgschaft selbst stellt für sich betrachtet noch keine gesstpflichtige Leistung dar. Eine Leistung des Gesellschafters ist im Falle der Zahlung aus der Bürgschaft nur dann gegeben, wenn diese Zuschuß- bzw. Nachschußcharakter hat, weil ein Regreßanspruch gegenüber der Gesellschaft entweder nicht mehr durchsetzbar ist, oder der Gesellschafter auf einen Erstattungsanspruch gegenüber der Gesellschaft verzichtet hat.

In vorliegendem Falle hat der Gesellschafter in der Gesellschafterversammlung am 20. 5. ausdrücklich auf eine Erstattung in Höhe von 500 000,- DM auf Grund der Leistung aus der Bürgschaft verzichtet. Es liegt somit eine gesstpflichtige Leistung i. S. des § 2 Abs. 1 Nr. 4 a KVStG vor, weil der Verzicht des Gesellschafters auf Rückerstattung der Zahlung aus der Bürgschaft einem Zuschuß gleichkommt, der geeignet ist, den Wert der bereits vorhandenen Gesellschaftsrechte zu erhöhen.

4. Forderungsverzicht aus der Warenlieferung

Auch hier liegt eine gesstpflichtige Leistung i. S. des § 2 Abs. 1 Nr. 4 vor, weil der Forderungsverzicht eine Leistung des Gesellschafters darstellt, die geeignet ist das Gesellschaftsrecht zu erhöhen. Eine gesstpflichtige Leistung ist nur dann nicht gegeben, wenn der Forderungsverzicht im Rahmen einer allgemeinen Sanierung (Vergleich) erklärt worden ist. Aus dem Sachverhalt geht nicht hervor, daß sich alle Gläubiger der Gesellschaft an der Sanierung beteiligt haben. Sanierungsmaßnahmen, die sich lediglich auf den Gesellschafterkreis beschränken, sind als gesstpflichtige Leistungen i. S. des § 2 Abs. 1 Nr. 4 KVStG anzusehen. Die gesstpflichtige Leistung beträgt rund 100 000,- DM.

5. Bemessungsgrundlage und Tarif

Bemessungsgrundlage für die gesstpflichtigen Leistungen ist der Wert der Leistung. Die Summe der Leistungen beträgt 800 000,- DM.

Grundsätzlich beträgt die GesSt 1 v. H. der Bemessungsgrundlage, hier 800 000,- DM. Erfolgen die gesstpflichtigen Leistungen, was hier gegeben ist, zur Deckung einer Überschuldung oder zur Deckung eines Verlustes an dem durch Gesellschaftsvertrag oder die Satzung festgesetzten Kapital, so ermäßigt sich die Steuer um 50 v. H.

Somit beträgt die GesSt $^{1}/_{2}$ v. H. von 800 000,- DM = 4000,- DM.

Fall Nr. 8:

Sachverhalt:

A kauft vom Architekten B ein Grundstück für 160 000,- DM einschließlich aller Nebenkosten. Gleichzeitig wird in einem Sondervertrag vereinbart, daß Architekt B nach bereits vorliegenden Plänen ein Haus schlüsselfertig errichtet. Es ist ein Festpreis von 410 000,- DM vereinbart worden. Die Wohnfläche beträgt 250 qm.

Frage:

Auf welchen Gegenstand bezieht sich die GrESt und in welcher Höhe ist sie entstanden?

Lösung:

Die Verschaffung ist nicht auf ein unbebautes Grundstück, sondern auf ein Grundstück mit einem Gebäude gerichtet. Es ist hierbei gleichgültig, daß zwei getrennte Vorgänge vorliegen und auch das Gebäude im Zeitpunkt der Verschaffung der Verfügungsmacht des Grund und Bodens noch nicht errichtet war. Bei dem Vertrag über die Errichtung des Gebäudes handelt es sich nicht um einen Betreuungsvertrag und nicht um einen Werklieferungsvertrag. Die Frage, ob nur ein Kaufvertrag über ein Grundstück mit zu errichtendem Gebäude oder ein Kaufvertrag über ein Grundstück im Zustand der Bebauung und ein besonderer Werkvertrag über die Fertigstellung des Gebäudes vorliegt, kann nach dem Urt. des BFH v. 20. 6. 1967 (BStBl III S. 794) nur nach dem Gesamtbild unter Berücksichtigung aller Umstände des Einzelfalles entschieden werden. Wesentliches Merkmal ist, welche bürgerlich-rechtliche Wirkung die Parteien wirklich gewollt haben. Im vorliegenden Falle kann unterstellt werden, daß sich der Vertrag nicht nur auf das Grundstück allein, sondern auch auf das zu erstellende Gebäude beziehen sollte. Der Erwerber A ist zum Zeitpunkt der Bebauung noch nicht als wirtschaftlicher Eigentümer anzusehen. A hat im Zeitpunkt des Kaufvertrages auf eine künftige Einwirkungsmöglichkeit auf das Gebäude verzichtet, außerdem trägt Architekt B die Gefahr und das Risiko bis zur schlüsselfertigen Übergabe des Hauses, weil ein Festpreis vereinbart worden war (vgl. hierzu BFH-Urt. v. 14. 2. 1973, BStBl II S. 366).

Somit ist Gegenstand des Kaufvertrages nicht nur die Verschaffung der Verfügungsmacht an einem unbebauten Grundstück, sondern an dem ganzen noch zu erstellenden Gebäude. Bemessungsgrundlagen nach § 10 GrEStG ist das Entgelt.

Kaufpreis des Grundstücks einschließlich aller Nebenkosten 160 000,- DM
Herstellungskosten des Gebäudes (Kaufpreis) 410 000,- DM
= 570 000,- DM

Die GrESt beträgt 7 v. H. von dieser Bemessungsgrundlage. 7 v. H. von 570 000,- DM = 39 900,- DM. Da das Einfamilienhaus mit einer Nutzwohnfläche von 250 qm die nach dem 2. Bundeswohnungsbaugesetz zulässigen Grenzen übersteigt, ist der Grundstückserwerb nicht grdestbefreit.

Fall Nr. 9:

Sachverhalt

A ist Einzelunternehmer. Das Unternehmen befindet sich in gemieteten Räumen. Das Grundstück gehört seiner Ehefrau M. Die Eheleute kommen überein, das Einzelunternehmen und auch das Grundstück auf eine Kommanditgesellschaft zu übertragen, an der die beiden Eheleute und auch die beiden Kinder zu je ¼ beteiligt sind.

Das Grundstück hat einen gemeinen Wert von 500 000,- DM. Der Einheitswert zum 1. 1. 1974 beträgt 150 000,- DM. Der Wert des Grundstücks entspricht der Beteiligung von ¼ an dem Vermögen der Kommanditgesellschaft.

Frage:

Wie sind die Einbringungsvorgänge grestlich zu behandeln?

Lösung:

Die Übertragung eines Grundstücks auf eine Gesamthandgemeinschaft (hier KG) stellt grundsätzlich ein grestpflichtiges Veräußerungsgeschäft dar. Die Gesamthandgemeinschaft wird im GrESt-Recht als eine gegenüber ihren Gesellschaftern selbständige Rechtspersönlichkeit angesehen. Es handelte sich hier um eine entgeltliche Übertragung eines Grundstücks auf einen anderen Rechtsträger. Wert der Gegenleistung für die Übertragung des Grundstücks ist die Gewährung des Gesellschaftsrechts. Gemäß Sachverhalt kann davon ausgegangen werden, daß der Wert des eingebrachten Grundstücks dem Wert des Gesellschaftsrechts entspricht.

Soweit jedoch an der Gesellschaft Abkömmlinge der Einbringenden beteiligt sind, ist die Einbringung des Grundstücks nach § 3 Nr. 6 und 7 GrEStG steuerbefreit. Da die Kinder mit je ¼ an dem Gesellschaftsvermögen und damit auch zu je ¼ am Grundstück beteiligt sind, ist die Übertragung zur Hälfte steuerbefreit.

Nach § 5 Abs. 1 GrEStG tritt auch insoweit GrESt-Freiheit ein, als die Einbringende am Gesamthandvermögen beteiligt ist. Das wäre im vorliegenden Falle ein weiteres Viertel.

Somit sind ¾ des Einbringungsvorganges grestbefreit.

Bemessungsgrundlage für die GrESt ist der Wert des Anteils.

Wert des Grundstücks 400 000,- DM, davon ¼   = 100 000,- DM
7 v. H. von der Bemessungsgrundlage   = 7 000,- DM

Fall Nr. 10:

Sachverhalt:

A ist Gesellschafter der X-OHG. An dem Gesellschaftsvermögen ist er zu 40 v. H. und auch am Auseinandersetzungsguthaben im gleichen Verhältnis beteiligt. Sein Kapitalanteil betrug nominal 200 000,- DM. Weiterer Gesellschafter ist B mit 60 v. Hundert.

A hat zum 31. 12. 1980 das Gesellschafterverhältnis gekündigt.

Im Gesellschaftsvermögen befinden sich zwei Grundstücke

Bergstraße 20
Buchwert   100 000,- DM
EW   60 000,- DM
Verkehrswert   150 000,- DM
Talstraße 19
Buchwert   120 000,- DM
EW   80 000,- DM
Verkehrswert   200 000,- DM

Es wurde zwischen A und B vereinbart, daß A neben dem Grundstück Bergstraße eine Abfindung von 150 000,- DM in bar erhalten solle.

Frage:

Wie ist die betriebliche Auseinandersetzung grestlich zu behandeln?

Lösung:

Es liegt kein grestpflichtiger Vorgang i. S. des § 1 Abs. 3 GrESt, sondern einer nach § 1 Abs. 1 Nr. 3 GrEStG vor. Soweit auf den ausgeschiedenen Gesellschafter ein Grundstück als Abfindung übertragen wird, liegt eine Veräußerung eines Grundstücks durch die Gesellschaft an diesen vor. Das Entgelt ist der Verzicht auf den Abfindungsanspruch in Höhe von 150 000,- DM.

Soweit jedoch der ausgeschiedene Gesellschafter an der Gesellschaft beteiligt war, ist der Vorgang grestfrei (§ 5 Abs. 2 GrEStG).

40 v. H. von 150 000,- DM	= 60 000,- DM
Grestpflichtig	90 000,- DM
7 v. H. von 90 000,- DM	= 6 300,- DM.

Auch hinsichtlich des im Betriebsvermögen verbleibenden Grundstücks Talstraße 19 liegt insoweit eine Veräußerung vor, als der Ausscheidende an der Gesellschaft beteiligt war. Mit dem Ausscheiden des A ist B kraft Gesetzes der Anteil des A in Höhe von 40% am Betriebsvermögen zugewachsen. Infolge des Ausscheidens ist er somit auch voll Eigentümer des Grundstücks geworden. Kraft Gesetzes ist somit das Grundstück vom Sondereigentum der Gesamthandgesellschaft in das Alleineigentum des Gesellschafters übergegangen.

Die Vorschrift des § 1 Abs. 3 GrEStG findet auch hierauf keine Anwendung, da es sich nicht um einen Erwerb aller Anteile handelt (vgl. Boruttau/Klein, Kommentar zum Grunderwerbsteuergesetz, § 1, Anmerkung 200 mit weiteren Nachweisen aus der Rechtsprechung).

Die GrESt aus diesem Vorgang beträgt:
40 v. H. von 200 000,- DM = 80 000,- DM, d. h.
7 v. H. von 80 000,- DM = 5 600,- DM.

Stichwortverzeichnis

Abdeckung (Verluste) 116
Abfindung 31, 37, 40, 51 ff., 62, 154
- Gesellschafter 171
Abfindungsanspruch 34, 53
Abfindungsvereinbarungen 62
Abkömmling 27, 29, 34, 39, 48, 73, 141, 145, 153
Ablösungszeitraum 88
Abmeldung (Kfz) 166
Abtretung (GmbH-Anteil) 125
Abtretung (Übereignungsanspruch) 141
Adoptivkinder 73, 75, 77, 78
Aktie 95, 124
Aktiengesellschaft (AG) 93, 154
Alleineigentum 153
Altenteil 143
Anfall (Erbschaft) 29
Anmeldung des Erwerbs 84
Anteilscheine 124, 125 ff.
Anteilsvereinigung 138
Anwartschaft 34, 38
Anwartschaftsrechte 41, 62, 70
Aufenthalt (gewöhnlicher) 22, 23
Auflage 47, 49, 55, 59, 142, 161
Auflassung 137
Auflösung der Gesellschaft 51 ff.
Aufnahme eines Gesellschafters 145, 140
Auseinandersetzung 138
- Gesellschaft 185
Auseinandersetzungsquote 153
Auseinandersetzungsverträge 138
Ausländer 21 ff.
Auslandsaufenthalt 22
Auslandsbeamte 22
Auslandswechsel 158, 159
Ausscheiden (Gesellschaft) 141, 154
Ausschlagung (Erbschaft) 29, 38, 40, 62
- Vermächtnis 38
Außerbetriebsetzung Kfz 164

Bareinlage 99, 114
Bargeldzahlung 114
Bauherr 147, 148
Bauwerk 147

Bedingung 25, 49, 60, 62
Begünstigter 21
Bemessungsgrundlage 66 (ErbSt) 113 (GesSt.) 127, 155 (GrESt)
Bereicherung 34, 40, 49, 61
Berliner Testament 28
Beschenkter 45
Bestandteil wesentlicher 133
Besteuerungsgrundlage 158
Bestattungskosten 71
Beteiligung 51 ff.
Beteiligungsidentität 152
Betrieb eingebrachter 114 ff.
Betriebserlaubnis 163
Betriebsaufspaltung 95
Betriebsschulden 68
Betriebsvermögen 67 ff. 114, 154
Betriebsvorrichtungen 134
Bewertung 66 ff.
Bezugsfertigkeit 150
Börsen- oder Marktpreis 127
Börsenumsatzsteuer 91, 119
Bruchteil 152
Buchwertklausel 34, 49

Darlehn 93, 104, 115
Dauerwohnrecht 135, 142
Dividendenwerte 124
Doppelbesteuerungsabkommen 22
Durchgangserwerb(er) 55, 61

Ehe (ehelich) 27
Ehefrau 142
Ehegatte 27, 33, 143 ff., 150
- geschieden 78
- überlebender 28, 39, 40, 47, 74, 77, 79
Ehescheidung 144
Ehevertrag 39
Eigenkapital 115
Eigenkapitalausstattung 93
Eigenheim 149
Eigenmittel 98, 100
Eigentumsübertragung 137
Eigentum (privat) 18

187

Eigentumswohnung 149
Einbringung (Sachwerte) 114
Einbringungsverträge 135
Einführungsgesetz zur KSt 131
Einheitswert 53, 66 ff.
Einheitswert des Betriebsvermögens 66
Einheitswert des Grundvermögens 67, 155
Einkommensteuer 19
Eintragung (Handelsregister) 96
Einzahlung 100
Eltern 27, 73
Enkel 27, 77
Entgelt 98, 114
Entnahmebeschränkung 105, 107
Erbanfall 28, 60
Erbanfallverbindlichkeit 70
Erbanteil 137, 141
Erbauseinandersetzung 30, 60, 122, 136, 141, 142, 151, 154
Erbausgleich 49
– vorzeitiger 49
Erbbaurecht 134, 135
Erbe 21, 26, 28, 29, 31, 60, 140 ff.
Erbeinsetzung 60
Erbengemeinschaft 31, 122, 132, 141, 151
Erbersatzanspruch 25, 31, 73
Erbersatzsteuer 57
Erbfall 25, 42
Erbfolge 28, 60
– gesetzliche 27, 29
– gewillkürte 25, 29
– testamentarische 28
Erbfolgeregelungen voreggenommene 44
Erblasser 20, 21, 25, 27, 32
Erbquote 29
Erbrecht 18
Erbschaft 25, 49, 141
Erbschaftsbesitzer 81
Erbschaftsteuer
– Haftung 81
– Schuld 71
– Versicherungen 36
Erbschein 29
Erbteil 28, 40
Erbteilskauf(er) 141
Erbvertrag 27, 28, 32
Erbverzicht 34, 37, 48, 62

Ergebnisabführungsvertrag 117
Erstattungsanspruch (Kfz) 166
Ersterwerb 93, 146, 148
– Gesellschaftsrechte 96, 97, 125
Ertragsaussichten 114
Ertragshoheit 131
Ertragswert 115
Erwerb
– aufschiebende Bedingung 60, 68
– Auflage 37
– früherer 76, 170
– genehmigungspflichtig 62
– Gesellschaftsrechte 93, 95, 118
– mehrfacher 76, 82, 170, 171
– steuerpflichtiger 21, 29, 65 ff., 80
– unentgeltlich 142
– von Todes wegen 18, 26 ff., 59, 79, 142
Erwerber 20, 24, 79
Fälligkeit ErbSt 86
Familienangehörige 57, 59
Familiengesellschaft 145, 184
Familienrecht 26
Familienstiftung 56 ff, 78
Forderungsrechte 95
Forderungsverzichte 100, 101, 110
Freibeträge (ErbSt) 43, 48, 75, 79 ff., 84, 170
Gattungsvermächtnis 32
Gebäude 133
– teile 133
– auf fremdem Grund 134
Gegenleistung 47, 49, 113, 114, 136, 142, 155
Geldvermächtnis 32
Gemeinde 131, 150
Gemeiner Wert 67
GmbH 93, 95, 97, 102, 115, 116, 156
– Anteile 116, 119, 120, 124
GmbH & Co. KG 91, 94, 95, 96, 97, 98, 99, 103, 111 f., 113, 114, 124, 176, 179
Gründung 97, 176, 179
Genehmigung 47
– staatliche 54
Gewerbetreibender 48
Gesamtgut 38, 145
Gesamthand 74

Gesamthandseigentum 29, 131
Gesamthandsgemeinschaft 132, 136, 138
Gesamthandsvermögen 91, 95, 132, 138
Gesamtschuldner 128
Gesamtrechtsnachfolger 20, 40, 69, 148
Gesamtvermögen 84
Geschäftsanteil 95
Geschäftsleitung 108
Geschwister 78
Gesellschaftsanteil 63, 138, 151, 155
Gesellschaft(er) 35, 51 ff., 96, 152 ff.
– Wechsel 138
– rechte 91, 95, 96 ff., 110, 113
Gesellschaftsverhältnisse 18, 51
Gesellschafterversammlung 103
Gesellschaftsvertrag 34, 118
Gesetzgebungshoheit (GrESt) 131
Gewährung von Gesellschaftsrechten 130, 135
Gewinnabführung 110
Gewinnanspruch 102, 106
Gewinnbeteiligung 51, 52, 53, 96
– überhöhte 51 ff., 174
nicht entnommener 104 ff.
Gewinnverteilung 102, 104
Gewinnvorträge 99, 102
Gewinnverzicht 102
Großeltern 27
Grunderwerbsteuer 129 ff.
Grundpfandgläubiger 137
Grundschuld 143
Grundstücke 46, 130, 132 ff., 137, 140
– Begriff 182
– Besitzer 138, 144
– Erwerb 130, 140
– von Todes wegen 130
– Schenkung 143
– Tausch 135
Grundvermögen 66 ff., 71
Gütergemeinschaft 47, 132
– eheliche 143
– fortgesetzte 39, 86, 145

Halten (Kfz) 165
Händlergeschäfte 121, 125
Hauptsache 134
Hausrat 70
Hingabe an Erfüllungs Statt 140
Hypothek 143

Inkassowechsel 159
Inländer 20 ff., 120
Inland 94, 120
Inlandsvermögen 21, 22
Interessen wirtschaftliche 20

Jahreswert der Nutzungen 88
juristische Personen 93, 132

Kapitalanteil 51
Kapitalgesellschaften 125, 126
Kapitalerhöhung 97, 103, 104, 118, 119
Kapitalgesellschaft 91, 94, 96, 105, 109, 112, 118, 121 f., 132, 163
Kapitalkonto II 106
Kapitalkonten 116
Kapitalverkehrsteuer 91 ff.
Kapitalwert 52, 87
– Nießbrauch 89
Kapitalzuführung verdeckte 102
Kauf(preis) 155
– vertrag 135, 136
Kleinwohnung(sbau) 146, 150, 151
Kinder 25, 33, 78, 80, 144
– adoptierte 144
– nicht eheliche 80
Körperbehinderte 166
Kommanditanteile 95, 124
Kommanditist 96, 107, 116
Kommanditgesellschaft 94, 96, 107, 115, 122, 132, 156
Kommanditgesellschaft a. A. 93
Kosten(erstattungen) 99, 100
– Nachlaßregelung 70
Kraftfahrzeug 165
– halter 166
– Kennzeichen 166
– Steuer 165 ff.
– Zulassung 165
Kundenauftrag 123
Kundengeschäft 121, 122, 128
Kunstgegenstände 71 ff.

Laufzeit (Wechsel) 160
Lebensversicherung 36, 161
Lebensunterhalt 72
Leistung(s)austausch 19
– Einbringung 119
– freiwillige 19, 94, 100

Mehrheit von Erben 28, 30, 73, 86
Meistgebot 137
Minderjähriger 27
Mißbrauch von Gestaltungen 20, 93
Miteigentum(er) 152, 153, 154
– Anteil 135
Miterben(gemeinschaft) 28, 34, 55, 140, 141
Mittel der Gesellschaft 99
Mitunternehmeranteil 115
Muttergesellschaft 105, 110

Nacherbe 38, 40 ff., 48, 62, 70
Nacherbfall 40, 62
Nacherbschaft 40
Nachlaß 18, 28, 29, 39, 60, 68, 140
Nachlaßgegenstand 34
Nachlaßpfleger 60, 79
Nachlaßteilung 32
Nachlaßverbindlichkeiten 66, 69
Nachschüsse 100
Nachvermächtnis 43
Nachlaßverwalter 79, 83, 84
Nachversteuerung 151
Nennkapital 104
Nennwert (Heraufsetzung) 99, 113
Neugründung (KapGes) 98, 99, 114
nichtehelich 29, 31
Nichtigkeit Testament 31, 87
Niederlassung 109
Niederschrift 27
Niedrigbesteuerungsland 20
Nießbrauch(er) 19, 33, 41, 50, 88 ff, 142, 172
-s Last 90
Nießbrauchsvermächtnis 32, 40, 60, 70, 88, 143, 171
Nießbrauchsvorbehalt 120
Notar 83, 118
Nottestament 27
Nutzfahrzeuge 167

Objektbeschränkung 148
Offene Handelsgesellschaft 133, 153
Optionsrechte 137
Ordnung(ssystem) 25
Organschaft 109, 116
Ort (Vertragsabschluß) 134

Parentel 25
Pensionsverträge 36
Personengesellschaft 63, 141
– zweigliedrige 141
Personenverband 54
Personenvereinigung 93
Pflichtbeiträge 93
Pflichteinlage 104
Pflichtleistungen 104
Pflichtteil 34, 61, 70
– anspruch 38, 70
– berechtigter 21, 34, 70, 73, 80, 141
Preisvereinbarung 127
Privatgeschäfte 121, 122, 128
Privatkonto 107, 118
Progression 43
Prolongation (Wechsel) 159

Rabattgewährung 49
Reallasten 135
Rechtspersönlichkeit 18, 131
Rechtsträger 91, 131
Rechtsverhältnis 30
Rechtsvorgänge 18, 91, 130, 161
Reinnachlaß 83
Rente(n) 32
– berechtigter 86
– verpflichtung 86
– vermächtnis 60, 86
– zahlung 142
Reserven stille 19, 50, 115
Rücklagen 103, 108, 115
Rückerwerb von Wertpapieren 126

Sachbestandteile 133
Sachleistungen 100
Sammlungen 72
Sitzverlegung (KapGes) 108
Sitz der Gesellschaft 109
Sofortversteuerung 90, 171
Sondervermögen 154
Sozialversicherung 36
Substanzwert 115
Scheck 159
Scheinbestandteil 134
Schenker 46, 47, 55
Schenkung 18, 30, 46 ff., 49
– Ausführung 66
– auf den Todesfall 34

- Buchwertklausel 51
- gemischte 49 f., 142
- unter Auflage 49, 59, 142, 143, 175
- unter Lebenden 62, 130
- verdeckte 50
Schenkungsversprechen 34
Schriftform 26
Schuldbefreiung 72
Schuldscheine 124
Schuldverschreibungen 124, 126
Schwiegereltern 77
Schwiegerkinder 77

Staatsangehörigkeit 27, 134
Städtebauförderungsgesetz 132
Stämme (Parentel) 25
Standesämter 83
Steuerbefreiungen 66, 72, 74, 112 ff., 140
- Berechnung 76
- Bescheid 85, 119, 149
- Erhebung 119
- Erklärung 83
- Festsetzung 83
- Hoheit 134
- Klasse 27, 41, 55, 74, 76, 77 ff., 82
- Maßstab 113 ff., 127
- Pflicht 20 f., 64
- - beschränkte 20 f., 59, 71, 74, 78
- - erweitert beschränkte 20 f., 23
- - unbeschränkte 20 f., 59
- Satz 42, 116, 127, 159, 161, 162
- Schuld(ner) 61, 78, 119, 127, 128, 155
- - Entstehung 59 ff., 65, 118, 159
- - Erlöschen 86
- Schulden des Erblassers 69
- Tarif 76
- Wert 40, 53, 76
Stiefeltern 77
Stiefkinder 77, 79, 144
Stifter 57
Stiftung 18, 36, 43, 54 ff., 61, 78, 80
- Aufhebung 56, 68
- ausländische 57
- Errichtung 56, 67
- Form 55
- gemeinnützig 58
- inländische 58
- zweck 57
Stiftungsgeschäft 54, 55

Stille Beteiligung 96
Strohmann 137
Stückvermächtnis 32
Stundung 89

Tarif 79, 115
Tausch 136, 145
Tauschgeschäft 126
Teileigentum 134
Teilgrundstück 154
Teilung des Gesamtgutes 144
Teilungsanordnung 29, 30, 122
Testament 27, 29, 30, 31, 32
- Anfechtung 86
- Berliner 76
- eigenständiges 54
- Form 27
- gemeinschaftliches 26
- privatschriftliches 26
- öffentliches 26, 54, 55
Testamentsvollstrecker 60, 68
Testamentsvollstreckung 70, 81, 84
Todeszeitpunkt 60, 67
Tochtergesellschaft 110
Transitwechsel 159
Treuhänder 61

Überlassung
- Anwartschaften 37
- Gegenständen 100, 102
Überschuldung 116
Umlagen 100
Umlegungsverfahren 150
Umwandlung
- Aktien 101
- formwechselnde 111, 132
- Kapitalgesellschaft 110 ff.
- Rücklagen 103, 108
- übertragende 111, 117
- Steuergesetz 154
Unbedenklichkeitsbescheinigung 97
Ungültigkeit Testament 85
Unterhalt 48
- angemessener 73
- Anspruch 144
Unternehmer 114
Untervermächtnis 32

Verbindlichkeiten 67
Verfügung 32, 136

- von Todes wegen 64, 69 ff.
Verfügungsbeschränkungen 70, 84
Vergleich gerichtlich 30
Verhältnisse persönliche 60, 77
Verkehrswert 39
Verlust 116
- Ausgleich 117
- Übernahme 100, 101, 110, 116
Vermächtnis 31, 38, 54, 61, 67, 70, 88
- nehmer 21, 31 ff., 61, 70, 78
Vermögen 22
- Anfall 42
- - Wert 64 ff.
- Gegenstand 71
- sonstiges 38
- Schenker 45
- Steuer 18
- steuerpflichtiges 78

Vermögensübergang unter Lebenden 18
- Verwalter 84
- Zuwachs 18
Verpflichtungsgeschäft 135 ff.
Verrechnung Gewinnanspruch 106
Versicherungs Entgelt 161
- Gesellschaft 161
- Nehmer 161
- Steuer 161 ff.
- Verhältnis 161
Versicherungsvertrag 161
Versorgungsbezüge 79, 80
Versorgungsfreibetrag 79, 169
Verschaffungsvermächtnis 32, 140
Verschmelzung 137
Vertrag z. G. Dritter 35
- gegenseitiger 48
Vertreter gesetzlicher 81
Verwandtschaftsverhältnis 42
Verwertungsbefugnis 138
Vollerbe 41
Vorausvermächtnis 29, 31
Vorerbe 38, 40
Vorerbschaft 40, 41
Vorerwerber 82
Vorkaufsrecht 134
Vorteile 26

Wahlrecht 87
Wahlvermächtnis 32
Wechsel 158 ff.
- Aushändigung 158
- Summe 160
- Steuermarke 160
Wert Bereicherung 46, 59
- Besteuerungsgegenstand 113
- gemeiner 53
- Nachlaß 33
Wertminderung 47
Wertermittlung 65 ff., 168
Wertgrenze 73
Wertpapiere 124
- Einbringen 122
- Erwerb 123
- Übertragung 123
- Vermögen 67
Wertsteigerung 59
Wiederverheiratung 41
wirtschaftliche Betrachtung 91
wirtschaftlicher Eigentümer 63
Wohnfläche 149
Wohnsitz 20, 161
Wohnungseigentum 135

Zahlungsmittel 159
Zubußen 100
Zuschüsse 101
Zustand der Bebauung 148
Zugewinnausgleich 40, 47, 66, 146, 168
Zugewinngemeinschaft 39 ff., 168
Zuwendung 28, 29, 47, 49, 62
- freigebige 44, 58, 142
Zuwendungen
- satzungsmäßige 55
- unter Lebenden 46
Zusammenrechnung Erwerbe 76
Zweck gemeinnütziger 56, 74
- steuerbegünstigter 148
- vorübergehender 134
Zweckvermächtnis 32
Zweckzuwendung 54 ff., 76
Zweifamilienhaus 149
Zweigniederlassung 94, 109
Zwischenerwerb 151